U0828950

总第30卷

Commercial Law Review
商事法论集

Volume. 30

清华大学商法研究中心·编
朱慈蕴·主编

法律出版社
LAW PRESS CHINA

专题:公司决议研究

商法与公司法

证券法

专题：公司决议研究

日本公司法中股东大会决议瑕疵分类的考察

朱大明*

日本公司法对于股东大会决议瑕疵的分类有相对详细的规定。在日本公司法中,将股东大会决议的瑕疵明确区分为以下六种类型:第一类为“股东大会的召集程序或决议方法违反法律或公司章程”;第二类为“股东大会的召集程序或决议方法显著不公正”;第三类为“股东大会决议的内容违反公司章程”;第四类为“有特别利害关系的股东行使表决权从而形成显著不正当的决议”;第五类为“股东大会决议的内容违反法律”;第六类为“股东大会决议的不存在”。本文旨在全面考察日本公司法,对上述六种类型的股东大会决议瑕疵进行整理与说明。

一、股东大会的召集程序或决议方法违反法律或公司章程

在日本公司法中,与中国公司法相同,也规定了“股东大会的召集程序或决议方法违反法律或公司章程”作为股东大会决议的瑕疵,归属于一种决议可撤销的诉讼事由。“股东大会的召集程序或决议方法违反法律或公司章程”的具体内容与我国公司法基本相同。

关于“违反法律”中的“法律”的范围,虽然从字面上理解包括所有的法律,但是,在日本公司法中一般认为此处的法律仅包括强行法。[①]

二、股东大会的召集程序或决议方法显著不公正

在日本公司法中,“股东大会的召集程序或决议方法显著不公正”被明确规定为股东大会决议的瑕疵。其法律后果是“股东大会的召集程序或决议方法显著不公正”被纳入决议可撤销的事由。换言之,即使股东大会决议的召集程序或决议方法不违反法律,但只要构成召集程序或决议方法显著不公正,那么该决议也同样构成决议可撤销事由,属于被撤销的范围。

关于“股东大会的召集程序或决议方法显著不公正”的瑕疵分类是在1938年(昭和13年)日本修订商法之时引入的。

---

* 北京大学国际法学院副教授,日本国立一桥大学法学博士。

① 参见[日]竹内昭夫(弥永真生补订):《股份公司法讲义》,有斐阁2001年版,第491页。

三、股东大会决议的内容违反公司章程

从逻辑上来说，内容上的瑕疵一般归属于无效事由，因此，逻辑上，决议的内容存在瑕疵的情形本来应该归属于无效事由。事实上，1981 年（昭和 56 年）的《日本商法》修订之前，在法律上，决议的内容违反公司章程也一直被归纳在无效事由的范围。但是，因为公司的章程只是单纯的公司内部的自治性规范（公司章程一般只对内发生效力），其效力显然无法与法律相比，因此违反公司章程的法律效果当然也应当区别于违反法律的效果。根据这样的逻辑，1981 年《日本商法》修改时，将决议的内容违反法律的情形从归属于无效事由修改为可撤销事由的范畴（昭和 56 年《日本商法》第 247 条第 1 款第 2 项）。一直到今天的日本公司法也仍然维持着这样的制度安排（《日本公司法》第 831 条第 1 款第 2 项）。

另外，如果股东大会决议的内容在违反公司章程的同时还违反了法律的话，那么该情形应当归属于决议的无效事由。②

关于“决议的内容违反公司章程”的具体情形，例如，在股东大会上选举出超出公司章程规定人数的董事等。③

四、有特别利害关系的股东行使表决权从而形成显著不正当的决议

对于“特别利害关系人”的含义，日本公司法中并没有予以明确的说明。在日本公司法学界，一般认为所谓“特别利害关系人”是指在股东资格外与股东之间存在某种意义上的个人利害关系。

关于“显著不正当的决议”的判断标准，日本公司法中也没有给出相应的定义或明确的标准。对于该问题，在学理上一般认为应当由法院根据案情进行具体判断。

将“有特别利害关系的股东行使表决权从而形成显著不正当的决议”作为股东大会决议的法定瑕疵类型，并纳入决议可撤销事由的范围，目的是防止特别利害关系人通过行使表决权，使损害了公司以及其他股东利益的股东大会决议得以成立。④

“有特别利害关系的股东行使表决权从而形成显著不正当的决议”的建立可以追溯到 1899 年（明治 32 年）的《日本商法》。引入该制度的初衷是保证决议的公正性，当时的具体制度设计是排除特别利害关系人行使表决权。但是，如果不加以区分，将排除特别利害关系人行使表决权全部加以限制，那么在阻却损害公司以及股东利益的股东大会决议的同时，其他正当的股东大会决议的通过也可能因此而受到重大的影响。⑤ 因此，1981 年日本在修改商法时，调整了该制度的理念，从一律禁止修改为原则上允许，将事前的规制调整为事后规制。作为具体的制度设计和事后规制的重要保障，规定了“特别利害关系人行使表决权从而形成显

② 参见［日］今井宏：《股东大会的理论》，有斐阁 1987 年版，第 76 页。
③ 大审院判决 1940 年（昭和 15 年）10 月 9 日评论 30 商 113（因为 1981 年商法修订前认为其为无效事由）。
④ 参见［日］江头宪治郎：《股份公司法》，有斐阁 2009 年版，第 344 页。
⑤ 参见［日］神田秀树：《资本多数决与股东间的利害调整》，载《法学协会杂志》98 卷 6 号，第 733 页。

著不正当的决议”属于股东大会决议瑕疵的法定类型，并将其纳入决议可撤销事由的范围，由法院进行具体的判断(1981 年《日本商法》第 247 条第 1 款第 3 项，《日本公司法》第 831 条第 3 项)。

关于“有特别利害关系的股东行使表决权从而形成显著不正当的决议”的具体情形，例如，控制股东(母公司)让对自己有利的公司合并方案通过股东大会决议。

五、股东大会决议的内容违反法律

与中国公司法的规定相同，日本公司法中也明确规定了“股东大会决议的内容违反法律”的情形属于股东大会决议的法定瑕疵，将其归属于股东大会决议的无效事由。股东大会决议的无效事由只有一个，就是股东大会决议的内容违反法律[⑥](《日本公司法》第830 条第2 款)。

“股东大会决议的内容违反法律”中的“决议的内容”是指在股东大会中形成的决议事项的内容。

如果决议事项的内容没有瑕疵，仅仅是决议的动机、目的有违反公序良俗不法之处，那么该情形并非决议的无效事由。[⑦] 另外，董事的选任仅由股东大会主持人加以决定的情形也无法归属于无效事由，而应当归属于决议的可撤销事由。[⑧]

在《日本公司法》中，“股东大会决议的内容违反法律”中法律的范围，一般认为包括全部的法律在内，同时，仅包括法律中的强行法。[⑨] 此外，此处提及的法律不仅仅是指明文规定的法律，还包含了普遍被认可的、不成文的强行法。[⑩]

关于“股东大会决议的内容违反法律”的具体内容主要包括：①决议内容违反股东有限责任原则；②决议内容违反股东平等原则；③决议许可了违法的财务报表；④股东大会的专属决定事项委托给董事或董事会决定等情形。

六、股东大会决议的不存在

在《日本公司法》中，明确将“股东大会决议的不存在”规定为股东大会决议的瑕疵。同时，在股东大会决议瑕疵诉讼的类型上，专门规定了股东大会决议不存在之诉。从法律效果上来看，股东大会决议瑕疵的不存在之诉与无效之诉的法律效果基本相同。

关于“股东大会决议的不存在”的具体内容，在日本公司法中，将其区分为两种情形，第一种为股东大会决议在物理上不存在，第二种为法律上无法评价为股东大会决议(由于瑕疵严

---

⑥ 1981 年商法修订前，股东大会决议无效事由除“决议内容违反法律”之外，还包括了决议内容违反公司章程。1981 年的商法修订将“决议内容违反公司章程”变更为撤销事由。其理由为：公司章程为内部规定，决议内容违反公司章程时，有内部人员提起诉讼撤销就足够了(东京地方法院判决 1958 年 1 月 13 日判例时报 141 号，第 12 页)。

⑦ 日本最高法院判决 1970 年(昭和 45 年)7 月 9 日民事判例集 24 卷 7 号，第 755 页。

⑧ 有仅由主持人一人裁决的选举董事的决议，以决议方法违反法律为由，被判撤销决议的案例(东京地方法院判决 1958 年 1 月 13 日判例时报 141 号，第 12 页)。此外，有观点认为，仅由主持人一人裁决的选举董事的决议，其决议内容属于违反法律、行政法规，因此应按照大会决议无效事由处理[大隅健一郎、今井宏：《综合判例研究丛书商法(5)》，有斐阁 1959 年版，第 6 页]。

⑨ 参见[日]竹内昭夫(弥永真生补订)：《股份公司法讲义》，有斐阁 2001 年版，第 491 页。

⑩ 参见[日]竹内昭夫(弥永真生补订)：《股份公司法讲义》，有斐阁 2001 年版，第 491 页。

重,所以法律无法评价)。关于第一种情形的具体事例,例如公司从未召开过股东大会,通过伪造股东大会会议记录的形式,以股东大会决议来虚构股东大会;关于第二种情形的具体事例,例如公司没有履行股东大会的召集程序,由一小部分股东参加了股东大会然后通过了股东大会决议。

日本公司法中的资本多数决与排除小股东
——附全部取得条款种类股制度浅析

陈　宇*

一、前言

资本多数决是指股东在股东大会上，按照其所持股份比例对公司重大事项行使表决权，经代表多数表决权的股东通过，方能形成决议。根据各国公司法的规定，股东享有的表决权的大小与其所持有的股份多少或者出资比例大小成正比，持有的股份越多，出资比例越大，所享有的表决权就越大。

资本多数决原则是公司法中必不可少的一项基本原则，我们在承认其存在合理性和积极作用的同时，同样应该看到其弊端。要实现其与小股东的保护之间的协调，就需要对这些弊端进行纠正和填补。这一问题在日本公司法中同样存在，尤其是2005年日本在制定公司法时设置了附全部取得条款种类股制度，大股东实际上可利用该制度通过多数决排除小股东，这可谓是资本多数决的一种异化。另一方面，为了保持与小股东的保护之间的协调，日本公司法也对资本多数决作出了改进，针对附全部取得条款种类股设置了相应的保护小股东的制度。

二、资本多数决的异化（附全部取得条款种类股制度）

附全部取得条款种类股是指，公司章程规定的（《日本公司法》第108条第2款）附带以通过股东大会决议取得其全部股份为内容的条款（《日本公司法》第108条第1款第7项）的种类股（《日本公司法》第171条第1款）。发行附全部取得条款种类股的公司可以通过股东大会的特别决议（《日本公司法》第309条第2款第3项），取得所有该种类股。

作为资不抵债的公司进行重组时追究股东责任的一种手段，2005年日本在制定公司法时设置了附全部取得条款种类股制度。在资不抵债的情况下，如果可以将已发行的现有股份全部无偿强制注销（即所谓的100%减资），那么将有益于公司重组（在现有股份全部注销的同

* 日本名古屋商科大学副教授，庆应义塾大学法学博士。

时，通过新股发行由新股东重建公司）。但当时一般认为这样的 100% 减资需要全体股东的同意，因此实务上急需建立通过多数决即可更换全部股东的制度。该需求最终在公司法中以附全部取得条款种类股制度的形式得以实现。虽然制定该制度的初衷是更换负债公司的全部股东，但公司法并未限制附全部取得条款种类股的使用目的，因此出现了很多利用该种类股来排除小股东的事例。

利用附全部取得条款种类股排除小股东的过程如下。

首先，只发行普通股的公司在其股东大会上通过成为种类股发行公司的修改章程的决议（决议①）。例如，在章程中规定关于剩余财产分配的劣后股（例如无剩余财产分配请求权的种类股）的可发行股份总数为 1 股[成为种类股发行公司无需实际发行两种以上股份，只需在章程中对两种以上不同内容的股份的具体内容及可发行总数作出规定即可（《日本公司法》第 108 条第 2 款）]。因为全部取得条款应附在种类股上（《日本公司法》第 108 条第 2 款第 7 项），所以需要先通过决议①将普通股变为种类股，上述例子中章程修改后普通股就变成了关于剩余财产分配请求的优先股。

其次，通过修改章程的决议（决议②），规定向根据决议①变为种类股的已发行股份附加全部取得条款，同时废除上述劣后股（因为是为了将旧普通股变为种类股而假设的种类股，所以应该废除），并在章程中规定未附加全部取得条款的股份的可发行总数。章程修改后，该公司所发行的股份均变为附全部取得条款种类股（旧普通股），今后也可以发行未附加全部取得条款的种类股（新普通股）。

最后，公司通过股东大会特别决议（决议③），以上述两次章程修改生效为条件，向附全部取得条款种类股股东（旧普通股股东）交付取得对价并取得附全部取得条款种类股。

因为要向根据决议①变为种类股的旧普通股附加全部取得条款，所以为了保护旧普通股股东的利益，公司应在通过上述决议（决议①～③）后，马上召开旧普通股股东的种类股股东大会，并通过与决议②相同内容的修改章程的决议（决议④），这样章程修改就随之生效。

在决议③中，公司将取得对价定为新普通股，并参照公司（大股东）想排除的小股东中持有股份（附全部取得条款种类股）最多的人的持股数，设定一个与其相比稍高的持股数，规定至少达到该持股数方能交付 1 股新普通股。因此，持有的附全部取得条款种类股的数量低于该持股数的股东获得的只是不满 1 股的零头，而零头则通过交付现金来处理（《日本公司法》第 234 条第 1 款第 1 项）。其结果就导致上述小股东在获得现金的同时失去该公司的股份，而大股东则达到了排除小股东的目的。

三、对资本多数决的改进（保护小股东的相关制度）

（一）取消股东大会决议的诉讼

1. 制度概要

日本公司法规定在一定情形下股东等可提起诉讼要求取消股东大会决议（《日本公司法》第 831 条第 1 款），其中包括因特别利害关系人行使表决权而通过明显不当的决议的情形

(《日本公司法》第831条第1款第3项)。如果个别股东(例如公司合并决议中作为当事人的对方公司持有股份的情形)就特定的决议存在特别利害关系,那么可能会通过为了该股东利益而牺牲公司利益的不当决议。但是,因为只是存在发生这种情况的可能性,所以先允许特别利害关系人行使表决权,若结果造成通过明显不当的决议再将其取消。相比之下,董事会决议则不允许与该决议有特别利害关系的董事行使表决权(《日本公司法》第369条第2款),与股东大会决议有特别利害关系的股东可以参加该决议是因为行使表决权是股东固有的权利。

取消股东大会决议只能通过诉讼进行(《日本公司法》第831条第1款)。管辖法院为公司总部所在地的地方法院(《日本公司法》第835条第1款)。该诉讼必须在决议之日起3个月内提起(《日本公司法》第831条第1款)。这是为了使法律关系早日安定而设定的期限。

该诉讼的被告是公司(《日本公司法》第834条第17项)。具备原告资格者仅限于股东、董事、监事、执行官和清算人(《日本公司法》第831条第1款)。虽然在取消决议的判决确定前该决议仍然有效,但是取消该决议即可恢复董事或监事等地位者(例如因该决议被解任的董事等)也具备原告资格(《日本公司法》第831条第1款)。同样,取消该决议即可恢复股东地位者(例如因公司取得附全部取得条款种类股的决议丧失股东地位者)也具备原告资格。此外,在该决议后成为股东者也具备原告资格,这是因为决议后成为股东者同样受到该决议的约束,其有权对明显不当的决议进行监督纠正。

另一方面,为了防止股东滥诉,股东提起取消决议的诉讼时,被告公司可向法院申请命令原告股东提供担保(《日本公司法》第836条)。

2. 相关判例

(1)事实概要

被告Y公司是从事网络系统开发和销售的股份公司。诉外A公司2003年10月接受Y公司的定向增发后成为Y公司的第一大股东,但随后将其持有的Y公司股份转让给了其子公司B。截至2009年6月25日,B持有Y公司股票44090股,占Y公司已发行股份总数的71.5%。

Y公司在A公司的主导下,制定了与A公司控制的诉外C公司加强合作的方针。但围绕该方针,Y公司的管理层与原告X等部分Y公司股东之间存在对立。

2009年6月25日,Y公司在临时股东大会上就以下事项进行了表决:①关于追加甲种类股的章程变更决议;②对普通股附加全部取得条款的章程变更决议;③同年7月28日以甲种类股为对价取得附全部取得条款种类股(旧普通股)的决议。在出席大会的股东(包括委任状)的表决权的2/3以上的赞成下,上述各项决议获得了通过。同时,Y公司在当天还召开了普通股股东的种类股股东大会,通过了与②内容相同的种类股股东大会决议。

上述附全部取得条款种类股的取得条件为每股该种类股可获得8/126380股甲种类股。因为此次股东大会还将就向B发行82290股新股的事项进行表决,若其生效则B的持股数将达到126380股,所以制定上述附全部取得条款种类股的取得条件的目的在于使第一大股东B以外的股东所获得的甲种类股的数量均低于1股。对不满1股的零头股份的处理办法是,Y公司将向B以外的股东按旧普通股每股支付70日元。

针对上述决议，X等6名Y公司股东（持股数共9265股）向东京地方法院提起诉讼，以特别利害关系人B行使表决权而通过明显不当的决议为由，要求取消上述决议；此外还以上述决议内容有悖附全部取得条款种类股制度的宗旨和违反股东平等原则为由，要求确认上述决议无效。

（2）法院的判决[①]

驳回原告诉讼请求。判决理由如下。

“为了满足《日本公司法》第831条第1款第3项所规定的取消事由，必须具备：①‘因特别利害关系人行使表决权而通过决议’的特别利害关系的要件，以及②‘决议明显不当’的不当性要件。在探讨上述②的不当性要件时，考虑到规定附全部取得条款种类股制度的《日本公司法》第108条第1款第7项、第2款第7项、第171条以及第173条本就允许通过多数决以公正的对价使股东失去股东资格，若只是说公司方面出于排除少数派股东的目的是不够的，要满足该要件至少需要存在交付给少数派股东的现金等明显低于目标公司股票的公正价格的情况。”

“……关于附全部取得条款种类股制度，虽然在立法时是为了在处于破产状态的股份公司进行100%减资等具备‘正当理由’时使用而制定的该制度，但考虑到成立后的公司法的条文并未规定使用该制度需要任何理由，另外还允许反对取得决议的股东向法院提出决定公正价格的申请（《日本公司法》第172条第1款），应该说公司法本就允许通过多数决以公正的对价使股东失去股东资格，因此若只是说Y公司是出于排除少数派股东的目的，则无法断言其违背了规定附全部取得条款种类股制度的《日本公司法》第108条第1款第7项、第2款第7项、第171条以及第173条的宗旨。

“如上所述，即使B以及Y公司的管理层带有排除少数派股东的目的，也不能就此断言本案各项决议违背了规定附全部取得条款种类股制度的公司法的宗旨。”

“在B利用附全部取得条款种类股将Y公司变为全资子公司的过程中，虽然最终只有B取得了Y公司的股票，其他股东皆只获得现金，但本案各项决议自身的内容是向包括Y公司的第一大股东B在内的决议时的Y公司的普通股股东每股交付8/126380股甲种类股，这不能说违反了股东平等原则。”

（二）保护小股东经济利益的制度

1. 制度概要

如上所述，如果利用附全部取得条款种类股，那么通过多数表决（股东大会特别决议）就可以将小股东排除出公司。另一方面，为了保护小股东的利益，公司法规定，反对向变成种类股的已发行股份附加全部取得条款的修改章程决议（决议②）的股东可以请求公司以公正的价格回购其所持有的股份（《日本公司法》第116条第1款第2项）。如果股东提出股份回购请求，那么回购的效力发生于章程修改的生效日（《日本公司法》第117条第6款）。如果股东与公司就回购的价格达成协议，那么公司应在生效日起60日以内支付回购款（《日本公司法》

---

① 东京地方法院2010年9月6日判决，详见《金融·商事判例》1352号，第43页。

第117条第1款)。如果生效日起30日以内双方无法达成协议,那么股东或公司可在随后的30日以内向法院申请决定回购价格(《日本公司法》第117条第2款)。

另外,公司法还规定,反对由公司取得附全部取得条款种类股的股东大会特别决议(决议③)的股东可在取得日的前20日至前日的期间内,向法院申请决定其所持有的附全部取得条款种类股的取得价格(《日本公司法》第172条)。

虽然公司法为保护小股东的经济利益制定了股份回购请求权和申请决定取得价格这两种制度,但是对全部取得的对价不满的股东实际上只能选择其中之一来保护自身利益。这是因为股份回购的效力发生于章程修改的生效日,而全部取得决议(决议③)是以章程修改决议(决议②)的生效为前提。因此,在股东行使股份回购请求权的情况下,全部取得决议时回购已经生效,此时股东已经失去股份故不具备申请决定取得价格的资格。也就是说,如果股东选择了行使股份回购请求权,那么就不能再向法院申请决定全部取得的取得价格。

此外,2014年修改前的公司法规定,如果股东提出股份回购请求,那么回购的效力发生于回购款项支付之时(修改前的《日本公司法》第117条第5款)。然而,附全部取得条款种类股是在全部取得决议(决议③)所规定的取得日被公司所取得。日本最高法院在2012年3月28日的决定[②]中指出,虽然股东行使了股份回购请求权,但"并没有理由认为将股份变为附全部取得条款种类股的章程修改的效果或该股份的取得的效果受到影响",全部取得的取得日到来时股东就将失去该股份,故不具备向法院申请决定回购价格的资格。如果以最高法院的上述理由为前提,那么在修改前的公司法下行使股份回购请求权和申请决定回购价格并不现实,因此实务上几乎未曾出现过行使股份回购请求权的事例,对全部取得的对价不满的股东大多通过申请决定取得价格来保护自身利益。

2. 相关判例

(1)事实概要

REX HOLDINGS股份有限公司(该公司于2007年9月1日被管理层为实施MBO而设立的基金"AP8"合并。以下将合并前的该公司称为旧REX)于2000年在JASDAQ证券交易所上市,2007年4月29日退市。

2006年2月17日,旧REX发布了同年12月期(同年1~12月)的集团业绩预期。同年8月21日以后,旧REX多次宣布公司出现了非常损失,并下调了业绩预期。

2006年11月10日,AP8宣布以普通股每股23万日元的价格对旧REX展开要约收购(以下称为该要约收购)。该收购价格相当于同年11月9日之前一个月旧REX的平均股价(20.2万日元)加上13.9%的溢价。该要约收购的期间为同年11月11日至12月12日,要约收购完成后AP8持有旧REX已发行股份总数的91.78%(包括间接持有的股份)。

2006年11月10日,旧REX发表声明对该要约收购表示赞成,并在声明中称该要约收购是所谓的MBO,该要约收购完成后将通过附全部取得条款种类股制度,向未接受要约的股东交付不满1股的普通股,而零头股份将通过交付现金处理,其具体金额将以该要约收购的收购价格为标准计算得出。

---

② 详见日本《最高法院民事判例集》66卷5号,第2344页。

2007年3月28日，旧REX召开股东大会和普通股东的种类股股东大会，通过了关于附全部取得条款种类股的各项决议。因此，旧REX股票于同年4月29日退市。同年5月9日，旧REX取得了附全部取得条款种类股。同年9月1日，AP8将旧REX合并。

对附全部取得条款种类股的取得决议表示反对的部分旧REX股东于2007年4月5日及12日根据《日本公司法》第172条第1款向东京地方法院申请决定股份取得价格。

(2)法院的决定

东京地方法院判定股份取得价格为与该要约收购的收购价格相同的23万日元，③但随后东京高等法院将股份取得价格提高为33.6966万日元。④ 旧REX向最高法院提起上诉，但最高法院驳回上诉维持原判。⑤ 关于其理由，最高法院的田原法官在补充意见中作出以下解释。

"关于取得价格意味着何种价格，法律上没有任何的规定。而关于股东行使股份回购请求权时的回购价格，公司法则规定其为公正的价格(《日本公司法》第469条第1款、第785条第1款、第797条第1款、第806条第1款)，这种情况下，若当事人之间无法达成协议，则由当事人向法院申请决定其价格(《日本公司法》第470条第2款、第786条第2款、第798条第2款、第807条第2款)。法院决定的上述价格，一般认为就是上述各条所规定的公正的价格。既然取得价格也是由法院决定，那么就应该理解为与上述行使股份回购请求权的情形一样，也是意味着公正的价格。"

"取得价格决定制度的目的是为了在管理层收购(MBO)造成所持有的股份被强制取得的情况下，对反对派股东等持有的经济价值进行补偿。有鉴于此，取得价格应该理解为由以下两项相加后计算得出：①在没有发生MBO的情况下股东可以享受的价值；②因MBO的实施而被期待得到增长的价值中，股东应享受的部分。"

"因为MBO是管理层取得自身公司的股份，在交易构造上可能与股东之间处于利益相反的状态，另外MBO在手续上可能对就MBO不甚积极的股东形成强迫性效果，所以要求在实施MBO时向包括反对派股东在内的全体股东履行透明性得到确保的手续[参考经济产业省委托企业价值研究会撰写的《以企业价值的向上及确保手续公正为目的的关于管理层收购(MBO)的报告书》(平成19年8月2日公布。以下称为MBO报告书)]。"

"因此，法院在决定取得价格时，还应该从该MBO中上述透明性是否得到确保的观点出发，对相关证据作出评价。"

"……在本案MBO中，并未公布'收购等的价格的算定时所参考的第三方评价书、意见书等'。对此，MBO报告书指出，应在公布事业计划或股价算定评价书等的基础上，就收购价格的合理性给予股东等探讨的机会。"

"……在本案MBO中，要约收购者的公告和……旧REX……向股东发表的声明使用了以下措辞：未接受要约的股东只能获得普通股不满1股的零头股份，而即使该股东行使股份回购请求权或申请决定取得价格，法院对此是否认可并不确定；希望未接受要约的股东对之后必要的手续等进行确认和作出判断，且一切责任自负。在MBO报告书中，这些被认为是应

③ 东京地方法院2007年12月19日决定，详见《金融·商事判例》1283号，第22页。
④ 东京高等法院2008年9月12日决定，详见《金融·商事判例》1301号，第28页。
⑤ 日本最高法院2009年5月29日决定，详见《金融·商事判例》1326号，第35页。

该避免的、可能带有‘强迫性效果’的措辞。”

“原决定(指的是东京高等法院的决定——笔者注)基于本案MBO的上述事实经过……在指出‘下调同年12月期的业绩预期虽然可以说是在企业会计的裁量范围内的会计处理,但不可否认这是考虑到该阶段本案MBO的实施可能性已相当大并已趋于具体化,在计入非常损失时,进行了有意诱导决算内容下行的会计处理’的基础上,将本案要约收购公布前……6个月……的市场股价的收盘价的平均值作为取得日时的本案股票的价值。”

“此外,原决定……以与本案MBO时期相近的各公司MBO的事例为参考,在上述本案股票价值的基础上另加20%,作为本案MBO中应向被强制取得股份的股东追加支付的价值部分,最后将合计金额定为取得价格。”

“原决定可以说是根据本案MBO的过程和之前的审理过程所作出的判断,从本案记录所显示的证据关系可以得到肯定,并且其取得价格的算定方法未超出裁量权的范围。”

四、如何决定取得价格

如上所述,公司法并未规定使用附全部取得条款种类股制度需要任何理由,可以说本就允许通过多数决以公正的对价使股东失去股东资格。因此,只要全部取得的对价不是明显低于公司股票的公正价格,那么小股东在取消股东大会决议的诉讼中胜诉的可能性就较小。在被排除的情况下,小股东确保自身的经济利益是最现实的应对方法。目前小股东也普遍趋于通过申请决定取得价格来保护自身利益。

像REX案一样,目前在日本排除小股东一般通过要约收购和取得附全部取得条款种类股的组合来进行(即所谓的“两阶段收购”)。REX案是关于这种情况下如何决定取得价格的首例判例。如上所述,最高法院的田原法官在REX案的补充意见中指出:取得价格与行使股份回购请求权时的回购价格一样应为公正的价格;本案MBO实施时并未公布第三方提供的股价算定评价书等,在透明性上存在问题;此外要约收购者的公告和旧REX发表的声明还使用了可能带有强迫性的措辞。因此,在本案的要约收购价格的形成过程有欠公正的前提下,最高法院在一定程度上行使裁量权,对计算公正的价格进行了尝试。另一方面,本案中最高法院并未明确在要约收购价格的形成过程公正的情况下,是应该将要约收购价格直接认定为公正的价格,还是应由法院另外计算公正的价格。关于这一点,最高法院在关于J:COM案的决定[⑥]中指出,如果两阶段收购中在全部取得之前要约收购通过公正的手续进行,那么只要没有特殊情况,应将要约收购的价格认定为取得价格。

关于应由法院另外计算公正的价格时的计算方法,田原法官在上述REX案的补充意见中指出,取得价格应包括以下两个部分:①在没有发生MBO的情况下股东可以享受的价值(以下称为客观价值);②因MBO的实施而被期待得到增长的价值中,股东应享受的部分(以下称为溢价)。REX案之后的判例[⑦]均按照这一计算方法决定取得价格,可以说目前该方法

---

⑥ 日本最高法院2016年7月1日决定,详见《金融·商事判例》1497号,第8页。

⑦ 例如,SUNSTAR案大阪高等法院2009年9月1日决定(详见《金融·商事判例》1326号,第20页)、CYBIRD案东京地方法院2009年9月18日决定(详见《金融·商事判例》1329号,第45页)。

已基本得以确立。

关于股票的客观价值,只要不存在市场股价不能反映企业的客观价值的特殊情况,法院均在市场股价的基础上进行计算。[⑧] 另一方面,鉴于市场股价也会受到投资者的投机心理等偶然性因素的影响,法院一般将临近全部取得的取得日,且不受要约收购公告发布等影响的一定期间的市场股价的平均值作为该股票的客观价值。关于具体以什么时期的股价为基础进行计算,判例的意见不一。在 REX 案中,东京地方法院采用的是要约收购公布前的 1 个月的股价的收盘价的平均值,而东京高等法院和最高法院采用的则是 6 个月的平均股价。在 SUNSTAR 案中,大阪地方法院采用的是要约收购公布前的 6 个月的平均股价,而大阪高等法院采用的则是要约收购公布日的 1 年前的股价。之所以出现这样的不同,主要是因为法院对具体事实(例如 REX 案中要约收购公布前下调业绩预期的事实)的评价存在分歧。

关于溢价的计算方法,就迄今为止的判例而言,有的以类似的 MBO 案例的平均溢价比例为参考进行计算(像 REX 案一样大多定为 20%),有的根据第三方评估机构提供的股价算定结果进行计算。[⑨]

---

⑧ 例如,日本最高法院 2012 年 2 月 29 日决定(详见《金融·商事判例》1388 号,第 16 页)、日本最高法院 2011 年 4 月 19 日决定(详见《金融·商事判例》1366 号,第 9 页)、大阪高等法院 2009 年 9 月 1 日决定(详见《金融·商事判例》1326 号,第 20 页)等。

⑨ 例如,CCC 案大阪地方法院 2012 年 4 月 13 日决定(详见《金融·商事判例》1391 号,第 52 页)。该决定参考的是目标公司的独立委员会所委托的第三方评估机构提供的通过 DCF 法计算得出的股价算定结果。在计算溢价时先将该股价算定结果与取得日时的股票的客观价值相减,然后将相减后得出的金额的 1/2 作为溢价。

德国法上股东会决议的效力

胡晓静*

德国《股份法》关于股东会决议的效力问题规定在第七部分，该部分的标题是“股东会决议和经确认的年度决算的无效，不法低估的特别审查”，该部分共有三章的内容，分别是“股东会决议无效”、“经确认的年度决算的无效”和“不法低估的特别审查”。其中，“股东会决议无效”包括“一般规则”和“特别股东会决议的无效”两节内容。与我国《公司法》第22条相对应并能够对完善我国相关立法和司法解释有一定借鉴意义的当属上述“一般规则”部分。下面，将依据德国《股份法》对德国法上股东会决议效力的相关规定进行简要介绍，希望能为我国股东会、董事会决议效力的立法及司法解释提供一点借鉴。

一、股东会决议效力的分类

(一)决议无效

一个股东会决议会基于法律明确规定的无效后果而无效，也会因其形式上或者内容上特别重大的瑕疵而无效，还会因法院基于具有形成效力的裁决宣告无效而无效。德国《股份法》第241条将全部的导致股东会决议无效的事由以列举的方式进行了封闭式的规定，即除了该条所列举的无效事由，股东会决议不能因任何其他原因而被认定无效。这样的规定既是为了保证法律的确定性，也是为了明确区分决议的无效和可撤销。

1. 法律明确规定的特定无效情形

德国《股份法》在一些具体的条文中明确规定了决议无效的情形，而第241条在对决议无效事由进行列举之前，首先明确该条列举的事由是在这些特定的无效情形之外的。

(1)与附条件增资决议相抵触的股东会决议无效。(德国《股份法》第192条第4款)

(2)新股由股东按照其在原有基本资本中的比例持有。与此相抵触的股东会决议无效。(德国《股份法》第212条)

(3)增资决议在作出后三个月内未登记于商事登记簿的，增资决议和关于增资决议前届

* 吉林大学法学院副教授。

满的上一个营业年度的资产负债表盈余使用的决议无效。(德国《股份法》第228条第2款)

(4)减资决议未在决议作出后三个月内在商事登记簿登记的,该决议及与其同时作出的确认年度决算的股东会决议无效。(德国《股份法》第234条第3款)

(5)减资决议、增资决议以及增资的实施未在决议作出后三个月内在商事登记簿登记的,全部决议无效。(德国《股份法》第235条第2款)

2. 召集瑕疵

并非所有的召集瑕疵均构成股东会决议无效的事由。只有德国《股份法》第241条第1项明确列举的、违反第121条第2款、第3款第1句和第4款规定的召集瑕疵才会导致决议无效。

(1)非召集权人召集

根据德国《股份法》第121条第2款的规定,股东会由董事会经一般多数决议召集,商事登记簿中作为董事会登记的人视为有召集权,法律或者章程规定的其他人的股东会召集权,不受影响。董事会是一般情况下股东会的法定召集人。董事会本身必须合法有效。如果董事会的选举或者任命是无效的,则由其召集的股东会所做的全部决议均为无效。当然,如果仅仅是个别董事的选任无效,而多数董事的选任仍然是有效的,则不影响董事会作为机关的效力。董事会作为一个整体的机关享有股东会的召集权。因此,如果仅仅是个别董事召集了股东会,也会导致该股东会所做的决议无效。

(2)召集说明事项欠缺

可以通过在公司公报(Gesellschaftsblätter)上发布公告或者通过向全体知晓姓名或者名称的股东寄送挂号信的方式召集股东会。无论采用何种方式召集股东会,按照德国《股份法》第121条第3款第1句的规定,都必须包含公司的名称、公司的住所地、会议召集的时间和地点,这被称为"最低说明"(Mindestangaben)。违反最低说明义务的股东会所做出的决议无效。

(3)召集公告瑕疵

按照德国《股份法》第121条第4款的规定,股东会的召集应当在公司公报上进行公告。如果公司知晓股东的姓名或者名称,且公司章程未有其他规定,则可以通过寄送挂号信的方式召集,寄送之日视为公告之日。股东会的召集至少应该在联邦司法部公报的电子版上进行公告。如果公司章程规定了其他的公司公报,则也要在这些公司公报上公告。没有进行公告,则意味着没有进行召集,因为股东会的召集以对外表示为前提。[①] 一个形式有效的股东会的召集必须是到达每个股东。如果召集没有到达全部股东,则如此召集的股东会上所做的决议原则上也是无效的。当然,如果未通知到全体股东并非公司的错误行为或者不能归责于公司,则另当别论。[②]

3. 证明瑕疵

根据德国《股份法》第241条第2项的规定,违反第130条第1款、第2款第1句和第4款规定的证明瑕疵会导致股东会决议无效。

---

① KK/Zöllner Rn. 80; MüKo AktG/Hüffer, Rn. 30.

② Hölters, Aktiengesetz 2011, § 241 Rn. 29.

(1)无公证证明瑕疵(Keine notarielle Beurkundung)

德国《股份法》第 130 条第 1 款要求每个股东会决议必须经公证人在备忘录上签字证明,因此没有经过公证人签字证明的股东会决议无效。当然,对于非上市公司,只要决议不需要依法经过 3/4 或者以上多数表决通过,则可以由监事会主席在备忘录上签字,该签字与公证人的签字具有同等证明效力。在此种情况下,如果不满足私人签署备忘录的前提条件,则也会构成无效事由。而且,即使满足了前提条件,但是如果备忘录未包含决议或者备忘录非由监事会主席签字的,也会导致股东会决议无效。[③]

(2)欠缺最低说明瑕疵(Fehlen von Minestangaben)

德国《股份法》第 130 条第 2 款第 1 句要求在股东会会议备忘录中需要说明会议的地点和时间、公证人的姓名以及表决的方式和结果、会议负责人对决议做出的确认,这些事项构成股东会会议备忘录的基本内容,或者说最低记载事项或最低说明。私人签署的备忘录同样需要记载上述事项。会议备忘录缺少最低记载事项的,则会导致股东会决议无效。

(3)签名瑕疵(Fehler der Unterschrift)

德国《股份法》第 130 条第 4 款要求公证人必须在备忘录上签名。出具公证证书的公证人必须亲自签名。如果有两个以上的公证人参与公证的,则应根据其各自进行公证的阶段进行签名。公证人可以在股东会会议召开后直接在备忘录上签名,也可以在最终文本出来后签名。私人签署备忘录的,监事会主席的签名也要满足这一要求。

4. 内容瑕疵(Inhaltsmägel)

德国《股份法》第 241 条第 3 项规定了导致决议无效的内容上的瑕疵,即决议违反股份公司的本质、通过其内容违反仅仅或主要是保护公司债权人或其他公共利益的规定。

(1)违反股份公司的本质

构成股份公司本质特征的条文,如公司的组织结构、资本划分成股份、公司的法人本质等。如果股东会决议的事项是仅属于其他机关的职责范围,则该决议为越权决议,比如股东会对本应属于董事会的经营事项做出了决议。按照主流观点,这属于决议的内容瑕疵,而非形式瑕疵。公司内部机关之间的职权划分,构成了股份公司的组织性特征,而公众可以信赖这一职权结构。因此,如果股东会决议无视这一职权划分结构,当属无效。

(2)违反债权人保护条款

这里的债权人保护条款指的是公司法上的规定,即股份法或者补充性的特别法,只要其重点是以债权人保护为目的的,比如德国《股份法》第 225 条、第 233 条、第 272 条、第 303 条、第 321 条以及德国《企业转换形式法》(UmwG)第 22 条、第 133 条、第 134 条、第 204 条、第 224 条、第 249 条,[④]这些条文的共同特点是几乎都以债权人保护(Gläugiberschutz)为标题。

(3)违反其他公共利益

这里的公共利益应进行广义解释。如果以一般公共利益或者公司外的人的利益保护为目的,而非仅仅是债权人或者股东利益的保护,都属于这一范畴。只是,这里所说的公共利益

---

③ MüKoAktG/Hüffer/Schäfer,4. Aufl. 2016,AktG § 241 Rn. 40.

④ MüKoAktG/Hüffer/Schäfer,4. Aufl. 2016,AktG § 241 Rn. 68.

必须通过条文固定下来。公法，包括刑法，都属于此类条文。

通常认为，违反《参与共决法》(MitbestG)的股东会决议无效。实践中比较典型的是违反监事会构成的相关规定的股东会决议。根据《参与共决法》，通过在监事会中安排一定比例的职工代表，以平衡股东与职工之间的利益冲突。因此，参与共决的法律规定具有公共利益保护的特征。

5. 违反善良风俗(gute Sitten)

根据德国《股份法》第241条第4项的规定，如果一个股东会决议通过其内容违反善良风俗，则该决议也归于无效。这一无效事由使该条款与德国《民法典》第138条第1款相连接。该条款将无效的后果扩及至那些通过撤销决议不足以施加惩罚的、尽管没有明确法律规定但是因其违背善良风俗而根本无法被接受的情形。[⑤]需要注意的是，该无效事由仅针对决议的内容，而决议的作出程序、股东的动机和目的等方面的瑕疵则只涉及决议是否可撤销的问题。因此，该无效事由仅在损害债权人的情形才具有实践意义，尽管原则上相对于股东而言决议也会因其内容违反善良风俗。违反诚信义务、非平等对待和权利滥用原则在个别情况下只会构成可撤销的事由，因为相关股东能够放弃上述法律制度的保护功能，而债权人则没有决议撤销权。[⑥]

6. 经生效判决宣告无效

决议撤销之诉中宣告决议无效的判决生效后，构成决议无效的事由。该判决使股东会决议自始无效。早在1937年的德国《股份法》第195条中就已经包含了该内容。德国《股份法》第248条规定了股东会决议撤销之诉，此处规定的恰恰是决议撤销之诉的结果，如同决议具有了德国《股份法》第241条第1项至第4项的瑕疵，因此并不具有额外的实质上的意义，而只是一种澄清(Klarstellung)。

7. 依职权撤销登记(Amtslöschung)

依据德国《股份法》第241条第6项的规定，如果一个股东会决议根据《家事与非诉事件程序法》第398条的规定基于一个生效裁定而在商事登记簿中作为无效而被撤销登记，则该决议无效。《家事与非诉事件程序法》第398条规定的内容是，如果一个已在商事登记簿登记的股东会决议通过其内容违反强制性法律规定，并且其清除对于公共利益是必要的，则可以依照第395条的规定作为无效而被撤销登记。违反该规定会依据德国《股份法》第241条第3项和第4项的规定导致决议无效的法律规定毫无疑问是强制性的。而此处的“公共利益”包括一般公众的利益、公司股东的利益以及未来的公司股东的利益，但是不包括作出决议的股东的利益。[⑦] 这里针对的是已经在商事登记簿登记的股东会决议，但不以登记作为生效要件的股东会决议为限。这里的“裁定”指的是登记法院的撤销命令(Löschungsverfügung)。

(二)决议可撤销

德国《股份法》第243条规定了股东会决议可撤销的事由，其也是第241条第5项所规定

---

⑤ MüKoAktG/Hüffer/Schäfer, 4. Aufl. 2016, AktG § 241 Rn. 68.

⑥ MüKoAktG/Hüffer/Schäfer, 4. Aufl. 2016, AktG § 241 Rn. 70.

⑦ Hölters, Aktiengesetz 2011, § 241 Rn. 84.

的生效撤销判决的前提条件。这一条款的内容可以追溯到1937年的德国《股份法》第197条。这一规定的目的一方面是保证法律的确定性，另一方面则是对多数股东的权利进行控制。为此，不能为了任何随意的理由撤销股东会决议，但同时又要确保股东有权利申请对决议的合法性进行审查。决议撤销是使法院对股东权利的控制成为可能的唯一方式，在法律发展的过程中其重要性不断得到提升。

1. 违反法律或者章程(Verletzung des Gesetzes oder der Satzung)

德国《股份法》第243条第1款明确规定："一个股东会决议可因违反法律或者章程通过诉讼被撤销。"这里的"法律"要进行宽泛的理解，包括法律、行政法规和对股份公司有约束力的部门规章。此外，比较一致的观点认为，作为一般条款的股东的诚信义务和同等对待原则也属于这里所称的法律的范畴，而且，如果德国《民法典》第138条第1款的善良风俗原则的违反不导致决议无效的情形下，也会构成决议撤销的事由。

违反章程也是决议可撤销的事由。这里的章程必须是有效的章程，即有效成立或者被有效修改，并且登记于商事登记簿。而且，所针对的章程条款必须是具有团体特征的，而不是仅仅形式上被记载于公司章程，但是仅具有债法上的性质。[8]但是，为了股东会的准备和实施而制定的议事规则不具有章程的性质，因此对其的违反不构成决议撤销的事由。

德国《股份法》第243条第1款并没有对决议违法或者违反章程的种类和方式作出明确规定。由于决议这一概念不仅包含决议的作出，也包含决议的结果，因此，违反法律或者章程的决议既针对决议的程序也针对决议的内容。当然，并非所有的程序瑕疵都会导致决议无效。在学理上发展起来的并得到司法实践确认的"关系重大理论"(Relevanztheorie)被普遍适用于决议的程序瑕疵情形，即对于法律或者章程的程序规定的违反，如果不损害股东的参与利益(Partizipartionsinternessen)，特别是信息利益，则不会导致决议被撤销。

2. 谋求特别利益(Verfolgung von Sondervorteilen)

依据德国《股份法》第243条第2款的规定，股东试图为自己或者为他人谋求特别利益而给公司或者其他股东造成损害，而股东会决议有利于此目的的实现的，也可以撤销该决议。如果股东会决议为其他股东提供适当的损害补偿的，则不适用上述规定。该条款是对第1款的补充，阐释了故意违反善良风俗的损害在股份法上的特殊构成，并施以决议效力结果上的惩罚。[9] 该款并不具有独立性意义，因为非法谋求特别利益已经可以作为无理侵犯成员权意义上的非公平对待原则，或者违反忠实义务，或者违反照顾义务，从而导致决议的可撤销。[10]

德国《股份法》第243条第2款的适用必须以股东行使表决权为前提，并将此作为谋求特别利益的工具。特别利益是该款的核心要件，指的是与公司和其他股东利益不相一致的不合理的优惠，不限于财产性利益，也不考虑其取得的方式。此外，股东必须是为了损害公司或者其他股东的利益而谋求特别利益，但是并不要求这一损害事实上发生或者仅仅是有发生的可能，在损害和获得特别利益之间必须有直接或者间接的关联。[11]

---

⑧ Hölters, Aktiengesetz 2011, § 243 Rn. 8.
⑨ MüKoAktG/Hüffer/Schäfer, 4. Aufl. 2016, AktG § 243 Rn. 69.
⑩ MüKoAktG/Hüffer/Schäfer, 4. Aufl. 2016, AktG § 243 Rn. 73.
⑪ Hölters, Aktiengesetz 2011, § 243 Rn. 58.

3. 信息瑕疵(Informationsmängel)

依据德国《股份法》第243条第4款第1句的规定,只有当信息的提供被一个客观判断的股东(objektiv urteilender Aktionär)视为其适当行使其参与和成员权(Teilnahme-und Mitgliedschaftsrechte)的重要前提的情况下,股东会决议才会因信息不正确、信息不全面或者信息被拒绝提供而被撤销。这一条款在1937年的德国《股份法》中尚不存在,在1965年的版本中也仅仅涉及信息被拒绝的情形。2005年的《撤销法——现代化法》(UMAG)将其扩展至全部的信息瑕疵(Informationsmängel)。主流观点认为,这一条款并不包含一个与第243条第1款并列的决议撤销事由,而是对依此条款原则上会存在的撤销可能性加以限制。[12]这一条款的目的是将基于信息义务违反的撤销之诉的前提加以明确说明。[13]

根据立法解释,这里所谓"客观判断的股东"指的是理性的、为正确理解的企业利益行为的,不重视短期目标,而是重视公司长远的盈利和竞争能力的股东。但是,这里对短期和长期目标的区分遭到了批评。并不是每个仅仅以获取短期投资利益的股东都对公司构成威胁。如果每个追逐短期投资利益的股东都被排除行使撤销权,则法院还要负责评价股东的投资策略,而这本不应属于法院的职责范畴。[14]此外,信息的提供必须是股东作出恰当判断的重要前提。当然,判断的关键不再是假定的股东的投票表决行为,即如果没有信息瑕疵股东本应如何投票,而是信息瑕疵对于股东成员权的意义,前者基于的是已经过时的潜在因果关系(potenzieller Kausalität)理论,后者则是在司法审判实践中早已经得到认可的关系重大理论。

(三)决议未生效(Unwirksamkeit)

未生效决议(unwirksame Beschluesse)并不存在原本意义上的瑕疵,而是其最终的生效还需要额外的条件,比如决议所涉股东的特别决议、行政机关的批准、使负担附加义务或废除特别权利的股东的同意、商事登记簿的登记,特别是在登记具有实体性意义的情况下,比如在修改章程的时候。因此,决议未生效并不是因为违反法律,而是由于法律行为的构成要件尚有欠缺。对于额外生效条件的存在、出现或者最终排除,需要经依据德国《民事诉讼法》第256条的一般确认之诉予以确认。

(四)表见决议/非决议

表见决议或者非决议,通常作为同义使用。这样的决议的瑕疵如此明显,联邦法院举了一个例子,股东大会由一个"大街上的人"召集,其参与者都与公司无关。按照新近的观点,这一分类是不必要的,其已经被涵盖于第241条第1项和第3项中,其构成要件在这些场合始终是存在的。

根据德国《股份法》第121条第1款的规定,股东会在法律或者章程规定的特定情形或者因公司利益的需要而召集。有观点认为,尽管违反德国《股份法》第121条第1款不构成第241

---

[12] MüKoAktG/Hüffer/Schäfer, 4. Aufl. 2016, AktG § 243 Rn. 114. Hüffer, 12. Aufl. 2016, AktG § 243 Rn. 45. Gegensätzliche Meinung siehe: Kersting ZGR 2007, 319, 327 ff.

[13] Hölters, Aktiengesetz 2011, § 243 Rn. 83.

[14] Hölters, Aktiengesetz 2011, § 243 Rn. 87.

条列举的无效事由，但是，欠缺召集程序的股东会不可能作出生效决议，因此，未经召集程序的股东会作出的决议属于非决议(Nichtbeschluss)。当然，对于全体股东均已出席的股东会则另当别论，不过，实践中上述情形仅在一人公司或者股东范围非常有限的公司才是可能的。[15]

二、决议撤销之诉(Anfechtungsklage)

德国《股份法》第246条规定了股东会决议撤销诉讼程序的特别内容，这是德国《股份法》上的一种特定的诉讼类型，属于形成之诉(Gestaltungsklage)，因为在判决生效前已经生效的股东会决议将会在判决生效后归于无效。

(一)诉讼权人(原告)

德国《股份法》第245条确定了撤销权人的范围。包括：(1)每个出席股东会的股东，如果其在会议日程公告前已经获得股票，而且对决议持反对意见并记载于会议记录；(2)每个没有出席股东会的股东，如果其非法未被允许参加股东会或者股东会未依法召集或者决议事项未依法公告；(3)第243条第2款情形下每个股东，如果其在股东会决议事项公告前已经获得股票；(4)董事会；(5)每个董事和监事，如果执行决议会使董事或者监事从事犯罪行为或违规行为或者如果使其负有赔偿义务。

(二)被告人

决议撤销诉讼要以公司为被告。公司由董事会和监事会代表出庭应诉。如果董事会或者董事为原告，则由监事会代表公司；如果监事为原告，则由董事会代表公司。

(三)起诉的期限

鉴于股东会决议对于公司和法律交往的重要意义，法律要阻止对股东会决议效力随意的、没有时间限制的质疑。为此，决议撤销之诉作为决议无效和控制的工具，只能在有限的期限内提起，[16]即必须在决议做出后一个月内提起撤销诉讼。这一期限不是起诉的期限(Klagefrist)，而是实体法上的除斥期间，即期限届满之后提起的诉讼将会以无根据(Unbegründet)，而不是以不允许(unzlässig)为由被驳回。该期限也不是诉讼时效(Verjährungsfrist)，因此不是作为抗辩被提起，而是由法院依职权进行判断，而且不涉及时效的中止和中断问题，也不能通过章程或者当事人的约定予以缩短或者延长。只有当法院确认决议存在无效事由的情况下，才允许在期限届满后仍然继续进行诉讼程序，因为决议撤销与无效之诉的诉讼争讼事由(Streitgegenstand)是一致的。

期限的第一日是股东会的最后一日，决议做出之日不计算在内。如果股东会最后一日所对应的一个月后的日期是周六、周日或者法定假日，则顺延至下一个工作日。[17]

---

[15] Hölters, Aktiengesetz 2011, § 241 Rn. 19.
[16] MüKoAktG/Hüffer/Schäfer, 4. Aufl. 2016, AktG § 243 Rn. 5.
[17] Hölters, Aktiengesetz 2011, § 246 Rn. 24.

（四）管辖法院

决议撤销之诉由公司住所地的州法院（Landgericht）负责管辖。有争议的是，如果公司有双重住所地时该如何决定诉讼管辖地。可考虑的是两个法院均有管辖权。但是，更好的选择应该是只有事实上的（国内的）管理机构所在地的法院才有管辖权。如果公司在诉讼过程中变更住所地的，则在商事登记前仍由原法院负责管辖，商事登记后则变更为新住所地的法院管辖。[18]而且，只要设置有商事审判庭的，则由商事审判庭具体负责撤销诉讼程序。

（五）合并审理

如果针对同一个决议提起两个以上的撤销之诉的，则该诉讼应合并审理，这是为了避免针对同一个决议出现不同的判决。为此，德国《股份法》第246条第3款第4句规定，在一个月的期限届满前，不能开始口头审理程序，以便确定是否存在多个撤销之诉以合并审理。合并审理的前提仅仅是针对同一个股东会决议，而不是相同的撤销事由。

（六）判决的效力

1. 形成效力（Gestalungswirkung）

德国《股份法》第248条规定了决议撤销之诉判决的效力（Urteilswirkung）。只要股东会决议经生效判决被宣告无效，则该判决对于全体股东以及全体董事和监事发生效力，即使其并不是诉讼当事人。宣告决议无效的判决具有形成效力，即其改变了实体法律状况，并且其效力范围不限于特定的主体范围，而是对所有人生效。

2. 溯及效力（rückwirkende Rechtskraft）

尽管德国《股份法》第248条并没有对撤销判决的溯及力作出规定，但通说认为，撤销判决具有溯及既往的效力，即撤销判决生效，则股东会决议自始无效。因为无效决议毫无争议是自始无效的，而德国《股份法》第241条第5项恰恰将经生效的撤销判决宣告无效确定为无效事由之一。而且，这也符合撤销之诉的防御和监督功能（Abwrhr-und Kontrollfunktion）。撤销判决原则上对第三人同样具有溯及效力。Höffer认为需要对第三人进行特别的信赖保护，当然，这仅仅涉及基于决议作出的实施行为，而非决议本身。[19]

3. 实施行为的效力

如果在股东会决议作出后和撤销判决生效前这段时间，基于股东会决议实施了某些行为，则该行为是否也受溯及效力的约束而自始无效？对于这一问题，德国《股份法》第248条并没有作出规定，但这并不是立法者的疏忽，而是有意为之，以针对个案的不同情况确立不同的解决办法。在司法审判实务和学理上总结出如下典型情形。

（1）经营性事务（Geschäftsführungsangelegenheiten）。股东会决议只是董事会对外行为的公司内部基础，因此，该决议被宣告无效，基于该决议的实施行为仍然是有效的。董事会是公

---

[18] Hölters, Aktiengesetz 2011, § 246 Rn. 46.
[19] Hölters, Aktiengesetz 2011, § 248 Rn. 11.

司的对外代表机关，其权限在对外的法律关系中不受限制，即使没有股东会决议，董事会所谓的实施行为对外也是有效的，更遑论决议无效的情形。例外的情形是，如果董事会将股东会决议的效力作为实施行为的生效要件，比如将股东会的批准作为实施行为生效的条件或者保留决议无效情况下的解除权。[20]

(2)合并、分立和变更公司形式(Verschmelzung, Spaltung und Formwechsel)。如果实施行为涉及的是公司合并的，则只要合并已经在合并公司住所地的商事登记簿登记，即使作为其基础的股东会决议被宣告无效，该企业合并仍为有效。这同样适用于公司分立和变更公司形式。

(3)增资(Kapitalerhöhrung)。按照主流观点，对于虽有瑕疵但是已经实施完毕的增资行为，应适用瑕疵公司(fehlerhafte Gesellschaft)原则，即在判决生效前增资行为视为有效，其无效的效力只针对未来。所谓瑕疵公司原则指的是出于交易安全和公司股东的存续保护利益的考虑，已成立公司不会因设立时的瑕疵而自始无效。由于基本资本对于股份有限公司来说具有特别意义，因此将此原则直接适用于虽有瑕疵但已实施完毕的增资行为。

(4)以有效股东会决议为条件的实施行为。对于那些以有效股东会决议为前提条件的实施行为，如果股东会决议被宣告无效，则该实施行为也自始无效。德国《股份法》第52条规定的后继设立和第179a条规定的资产转让均要以股东会决议的批准为前提，决议被宣告无效，则买卖合同或资产转让合同无效。

三、决议无效的主张路径

(一)决议无效之诉(Nichtigkeitsklage)

德国《股份法》第249条规定了股东会决议的无效之诉，即如果股东、董事会、董事或者监事起诉要求确认股东会决议无效，则第246条第2款、第3款第1句至第5句、第4款，第246a条，第247条，第248条，第248a条相应适用。这一规定使无效之诉在诉讼程序和判决效力方面都更接近于撤销之诉。而且，如同决议撤销之诉，决议无效之诉的立法目的也是法律的确定性和明确性。

主流观点认为，决议无效之诉是特殊的确认之诉(besondere Feststellungsklage)。与决议撤销之诉一样，德国《股份法》意义上的决议无效之诉的诉讼权人受到了严格的限制，即只能是股东、董事会、董事或者监事。只有他们依据《股份法》提起决议无效确认之诉，其判决才发生《股份法》上规定的法律效力。

决议无效之诉与撤销之诉的争讼事由都是经由法院对股东会决议的无效做出解释，并对所有人发生效力。所不同的是，撤销之诉所指向的是“宣告”(Erklärung)无效，而无效之诉则是“确认”(Fesetstellung)无效，前者在判决生效之前仍为有效，经宣告后才无效，后者则从决议作出时始即为无效。无效之诉与撤销之诉具有同一争讼事由，这意味着提起无效之诉的请

[20] Hölters, Aktiengesetz 2011, § 248 Rn. 13.

求也包含撤销之诉的请求,反过来也是一样。对于原告提起的无效之诉或者撤销之诉,法院都会对决议的无效事由和撤销事由进行全面的审查,当然,撤销之诉有时限的限制。

(二)一般确认之诉(allgemeine Feststellungsklage)

德国《股份法》第249条第1款第2句规定,不排除以提起诉讼之外的其他方式主张决议无效。对于决议无效的主张,除了无效之诉外,不排除采用其他的方式。而其他方式中的典型者为按照德国《民事诉讼法》第256条提起一般确认之诉。问题是,第249条第1款第1句所规定的无效之诉的诉讼权人是否也可以提起一般确认之诉,还是仅能提起无效之诉?按照主流观点和联邦法院的判决,股东、董事或者监事只能依据《股份法》第249条提起决议无效之诉,而不能依据《民事诉讼法》第256条提起一般确认之诉,因为无效之诉是具有特定前提条件的确认之诉,即使欠缺该特定的前提条件,也不能当然将其解释为一般确认之诉。而且,在公司与个别股东或者机关成员之间的无效之诉或者撤销之诉中的决议无效的确认或者宣告,对全部的股东和机关成员发生效力,而一般确认之诉则仅在诉讼当事人之间发生效力,这也不符合决议撤销之诉和无效之诉的规定所欲达到的法律确定性和明确性的目的。[21] 而对于第三人来说,则可以依据德国《民事诉讼法》第256条提起一般确认之诉主张公司决议无效,当然必要的前提是具有特别的确认利益(besonderes Feststellungsinteresse),比如原告对于决议无效的确认具有经济上或者法律上的利益,但这种情形仅在例外的情况下才会存在。

(三)其他方式

无效的股东会决议自始不具有法律效力,无论是否有人主张其无效,均不改变其无效的本质。因此,除了上述的无效之诉和一般确认之诉,对于无效的决议,任何人可以任何理由主张,特别是在诉讼程序中可以作为抗辩理由进行主张。

四、无效瑕疵的补正与可撤销决议的承认

(一)无效瑕疵的补正(Heilung der Nichtigkeit)

德国《股份法》第242条规定了无效瑕疵的补正,即在该条规定的情形下,尽管决议存在会导致其无效的瑕疵,但是仍然有效。其立法目的在于确保法律的确定性。即使无效决议也可能会成为公司行为的基础,而公司外的第三人对此却往往无从辨别。因此,第242条所针对的"可治愈"的无效决议都是依法必须登记的,或者得到了未被邀请出席会议的股东的同意。从瑕疵被补正时起,股东会决议自始/自登记时有效。

1. 通过登记补正瑕疵

因存在德国《股份法》第241条第2项的证明瑕疵而无效的股东会决议如果已经在商事登记簿登记,则不得再主张其无效。也就是说,如果决议的登记属于强制登记事项,则商事登

[21] Hölters, Aktiengesetz 2011, § 249 Rn. 7.

记簿的登记会弥补证明瑕疵,从而使无效决议变为有效,即使该决议无效之诉正在进行中,也会因此而丧失无效的根据。

2. 通过登记和期限届满而补正瑕疵

依照德国《股份法》第 241 条第 1 项、第 3 项或第 4 项而无效的股东会决议如果已经在商事登记簿登记且已满三年,则瑕疵得以补正,决议变为有效。如果期限届满而一个无效确认之诉尚未审结,则期限可以延长至对该诉讼作出生效裁决之日或者该诉讼以其他方式最终了结之日。

3. 经未被邀请股东同意而补正瑕疵

如果公司知晓股东的姓名或者名称,则在章程没有其他规定的情况下,股东会会议也可以通过挂号信而非公告的方式进行召集。而如果并非向全部股东发出挂号信进行召集,则依据德国《股份法》第 241 条第 1 项该股东会决议因召集瑕疵而无效。但是,如果未被邀请的股东同意了该决议,则本为无效的决议成为有效。如果两个以上股东未被邀请,则要征得每个股东的同意。由于股东会决议被归于公司自己的意思形成和表示,因此未被邀请的股东同意决议的声明应该向董事会作出,当然,向一个董事作出该意思表示即满足此要求。

(二)可撤销决议的承认(Bestätigung anfechtbarer Hauptversammlungsbeschlüsse)

根据德国《股份法》第 244 条的规定,如果股东会通过一个新的决议承认了可撤销的决议,并且该决议未在撤销期限内被撤销或者撤销请求被有效驳回的,则不能再主张撤销。该条文的目的仍然是确保法律的确定性。在此条文被引入《股份法》之前,实践中公司只能重新作出一个决议,但有些决议不能简单被重复作出,比如增资决议。股东会通过作出承认决议,使效力待定的状态或者仅仅是对股东会决议有效性的怀疑得以消弭。承认决议仅仅是明确原决议应为有效,而不会有其他的内容。

承认决议会使原决议的瑕疵得以弥补,但不适用于依据德国《股份法》第 241 条而无效的决议,包括依据第 5 项和第 6 项被宣告无效的决议,而只能针对可撤销决议,包括处于撤销诉讼程序中但尚未被宣告无效的决议。通过股东会作出承认决议,公司可以避免之前的有瑕疵的或者可能有瑕疵的股东会决议被主张撤销,而无需对原决议事项作出一个新决议。这样,作为原决议基础的报告不必更新,作出原决议的实质性前提条件在承认决议作出时也不必存在。对于公司来说,以承认决议的方式使原决议具有完全的效力简便易行。

如果可撤销决议在承认决议作出前的时间被宣告无效对于原告来说具有法律上的利益,则其可以为此目的继续主张宣告该可撤销决议在此期间无效。如果原告仅仅是为了通过撤销之诉澄清法律状态,则不属于此种情况。但是,如果原本无效的决议是一个在此期间被实施的其他措施的基础,则可以认为具有法律利益。比如,通过一个修改章程的股东会决议确立了特定决议的新的表决权多数要求,而以此为基础,在承认决议作出前按照新的表决权标准通过了一个其他的决议,在此种情况下,可以认为原告对于宣告原决议在承认决议作出前的时间无效具有法律利益。[22]

---

[22] Hölters, Aktiengesetz 2011, § 244 Rn. 10.

英国公司法之决议制度

林少伟[*]　潘朗峰[**]

决议是一家公司有效运行的牢甲利兵，公司的决议制度不仅包括股东会的决议，也包括董事会的决议；不仅包括会议决议，也包括书面决议。从我国《最高人民法院关于适用〈中华人民共和国公司法〉若干问题的规定（四）》（以下简称《公司法解释（四）》）中可以看出，关于决议效力类型的内容独占鳌头，以总数6条的绝对优势一览众山小，这绝非偶然。决议效力制度在2005年《公司法》中得以确立，经过十余年的适用，其立法与司法不能实现若合符节的预设情况，司法实践中越俎代庖的现象也见怪不怪。法院将《民法通则》的相关法条运用于公司股东会决议相关问题的裁判中，也是让人啼笑皆非。而《公司法解释（四）》仅对决议的效力类型扩而充之，忽视了市场经济发展环境下对于更加成熟的公司决议制度的立法要求。无可置疑的是，立法上关于公司决议制度的滞后性将会对中国将来的市场经济产生或多或少的影响，因此，对于外国公司法中决议制度的掇菁撷华是十分必要的。不得不提的是，英国作为最早发展资本主义经济的国家之一，英国公司法对于英国的资本主义经济的发展不可或缺，因此，英国公司法作为英美法系公司法领域首屈一指的法律部门，对其有益经验进行借鉴和基于中国实践上的移植将对中国公司法决议制度的发展大有裨益。

一、董事会决议

（一）英国标准章程的规定

首先，必须说明的是，有关董事会决议的规定并不直接体现在英国2006年公司法文本中，而是规定在2006年《英国公司法标准章程》第二章中。考虑到英国绝大多数公司都是私人公司，且私人公司在设立时，如未经明示修改，则默认适用示范章程。因此，示范章程关于董事会决议的规定，在很大程度上体现了英国公司法的态度。具体而言，示范章程对董事会决议的内容规定，涵盖了决议的方式、召集、参加、主持以及投票等一系列规则。

* 西南政法大学民商法学院副教授、特华博士后科研工作站博士后。
** 中国政法大学民商法硕士研究生。

1. 作出决议的方式

董事会既可以通过会议作出决议，也可以通过书面决议的方式作出决议。[①]

2. 董事会的召集程序

董事会可以由董事提议召开，也可以在董事要求下由秘书提议召开。董事会的召开必须指明时间、地点。若董事之间对于决议事项能有效地进行沟通，那么对于董事是否应在同一地方聚集参加董事会的事项则没有要求；若召开董事会的通知能成功送达至董事，则不要求通知一定是书面形式的。当然，如果董事已经放弃了参加董事会的权利，则召集董事会的通知对他而言已没有意义，更遑论通知的形式了。总而言之，只要是按照正常程序召集董事会的，则接到召集通知的董事都应到场参加董事会，如果董事并不在同一地方参加董事会，董事会可以决定以其中一位董事所在的地点作为召开董事会的开会地点。[②]

应明确的是，参加董事会的董事人数必须满足法定要求，若不满足人数的法定要求，则董事会可以作出决议召集下一次会议。同时，董事会也可以作出决议，决定参加董事会的董事人数，但董事人数应当不少于二人，如果董事人数确实少于法定要求或者董事会作出决议所要求的董事人数，则董事会可以通过任命更多的董事或者召集股东会，让股东来任命更多的董事以达到法定或者董事会决议对于董事人数上的要求。[③]

董事们可以通过选举一名董事作为董事会的主席，并且可以通过决议随时终止对于主席的任命；若在董事会开始后的 10 分钟内仍没有董事主席主持会议，此时董事会应选举当中一位董事作为主席主持会议。[④]

3. 董事会的投票规则

董事会决议表决采取人头决，每位董事一人一票，实行多数决。若该董事或者董事的代理人与董事会决议的事项有利害关系，则该董事或者董事的代理人不能对该事项进行表决；除非该代理人是代理其他与所决议事项无利害关系的董事，则此时该代理人能够代理该董事进行表决。必须明确的是，董事会决议中主席拥有决定票（casting vote），如果支持和反对一项决议的票数相等，那么主席拥有决定性一票，但在主席或者其他董事的投票不能满足于法定人数的条件以及在与投票的目的不符的情况下，主席将不能行使其决定性一票。[⑤]

4. 董事会书面决议

若有资格的董事满足董事会的法定人数要求并且其在董事会上提出书面决议的要求，此时董事会可以采取书面决议的方式，但是书面决议应满足每个董事都对所讨论的同一问题有着统一意见的一致表决要求，否则董事会不能以书面决议的方式进行决议。[⑥]

5. 董事会会议记录的保存以及制定规则的自治权

不管是以多数通过的决议还是以一致通过的决议，董事会必须确保决议的记录以书面的形式从决议记录之日起保存至少 10 年。[⑦] 另外，董事可以针对决议的方式、记录的方式、与其

---

① See SI 2008/3229, article 7 (private companies limited by shares).
② See SI 2008/3229, article 9 (private companies limited by shares).
③ See SI 2008/3229, article 11 (private companies limited by shares).
④ See SI 2008/3229, article 12 (private companies limited by shares).
⑤ See SI 2008/3229, article 13 (private companies limited by shares).
⑥ See SI 2008/3229, article 8 (private companies limited by shares).
⑦ See SI 2008/3229, article 15 (private companies limited by shares).

他董事沟通的方式等内容制定规则,发挥主观能动性。[⑧]

(二)英国董事会决议的特点及其启发

从《英国公司法标准章程》对于董事会决议的规定来看,与我国公司法对于董事会决议的规定有相似之处,尽管如此,对于英国董事会决议的相关规定的介绍并非徒劳无功,而是有一定的现实意义和启发。

1. 注重决议送达的结果

《英国公司法标准章程》关于董事会会议决议的规定中,在确保会议决议的召集通知能成功送达至董事的前提下,并没有对召集通知的形式、董事是否要到指定场所参加董事会作硬性要求,这些规定既体现了公司自治,也给现代英国以实时视频为主要形式的电子会议提供了法律保障。[⑨]

另外,英国在关于董事会会议决议的规定中,每位董事都有提议召开董事会的权利。英国是以董事会作为公司的核心机构,董事会拥有经营决策权,赋予每一个董事以召集董事会的权利,可提高董事参与董事会的自主性以及使董事更好地参与到董事会决议事项的讨论以及表决程序。与之相对照,我国《公司法》第47条的规定则略显僵硬,只能由董事长、副董事长或半数以上董事推举的董事成为召集董事会的适格主体,召集主体范围的限缩不利于董事自主参与到董事会的决议制度中。

2. 董事会的人数限制

我国《公司法》第44条规定:有限责任公司设董事会,其成员为3~13人;第108条规定:股份有限公司设董事会,其成员为5~19人。董事会人数范围的限定一直都是学界争论的话题,究竟3、13、5、19数字的设立意义何在?单数的含义或许能很好地理解:因为在有限责任公司的董事会中,采取一人一票的投票规则,而就通常情况而言,一个人做不出决议,两个人可能出现平局分不出胜负,三个人则可以避免决议时出现平局的情况。13的人数限制则是出于对经营决策机关规模适度的考虑,以实现控制董事会规模的目标。股份有限公司的董事会人数限制理由也与之相似。然而,为何在有限责任公司中,不能允许董事会人数超出13人?或者在大型上市公司中,董事会人数不能超出19人?即便出于控制董事会规模所考虑,那也应当将此权利交由公司自身决定,而法律无需过多干预。故此,本文认为出于公司自治考虑,公司法不应对董事会的人数规模进行限制。此外,英国公司法标准章程不但没有对董事会的人数规模进行限制,反倒赋予董事会主席决定性一票,以避免董事会决议中出现"悬峙会议",这是值得我国公司法思考和借鉴的。

3. 董事会的书面决议

我国《公司法》第48条规定:董事会的议事方式和表决程序,除本法有规定的外,由公司章程规定。我国公司法并没有规定董事会的书面决议,而是把议事方式交给公司章程规定,

---

⑧ See SI 2008/3229, article 16 (private companies limited by shares).

⑨ 英国在2006年公司法征询意见期间,英国公司法审议指导小组(The Company Law Review Steering Group)就提出,应当认识到现代技术对公司的影响,通过技术服务公司,允许董事会和股东会通过互联网等电子媒介的形式召开。参见英国公司法审议指导小组于1999年颁发的《战略性框架》(The Strategic Framework)。

这无疑体现了公司自治，但《英国公司法标准章程》规定的董事会的书面决议对于董事会决议制度有何益处？因私人公司的股东会同样可以采用书面决议，而本文认为书面决议的益处大体一致，无须重规袭矩，因此书面决议的评析就留待股东会决议的部分进行分析。

二、股东会决议

（一）何谓会议？

探究会议决议之前，有必要理解何种情况下，才构成公司法语境下的股东会会议。早在18世纪便有案例对此进行确定。在1741年的*Attorney General v. Davy*一案中，法官便明确指出，股东会议须以正当的方式召开。即便成文法对此保持缄默，但公司机构须基于以适当方式召开的股东会所通过的决议而行事。[⑩] 然，何谓正当方式召开，法官并没有在该案中作过多说明。直至1876年，*Sharp v. Dawes*一案才对股东会议作出进一步阐述。在该案中，出席公司会议的只有两个人，一个是公司成员，另一个是并非公司成员的秘书。在此次会议上，公司通过了数项决议。后公司成员就此提起诉讼。柯立芝（Coleridge）法官认为，虽然公司法仅是笼统地规定公司股东会议的召集必须遵循一定的程序，但首要之重是确定"会议"一词的涵义。换言之，当且只当一位公司成员出席公司股东会时，此时股东会的召开是否有效？即便该会议的召开完全符合其他应当遵循的规定。柯立芝法官认为，"会议"一词，就表面上而言，必须是具有两个人或以上的人出席，方能构成"会议"，一个股东不足以构成"会议"。当然，也不可否认，存在一些特殊情形，一个人也能构成"会议"。但在此案中，柯立芝法官认为并不存在这些特殊情况，因此，该股东会的召开无效。梅利什（Mellish）法官也认同这一看法，他认为，该案中，会议的召集显然是符合法定要求，但该会议仅由一名成员出席。根据英语语言的一般用法，不超过一个人出席的会议并不构成会议，在这样的会议中，并不能就商业决策达成共识，因此该会议的召开也应视为无效。[⑪]

根据上述普通法规则，英国股东会议的召开必须有两个或以上的人出席，只有一个成员出席并不构成会议，即便该人代表了数个公司成员。因为一个人的"会议"，显然并非一般语义上所能理解的"会议"。任何不符合法定人数的会议所通过的决议均为无效。

当然，并非任何会议均须要至少两人出席，法律也规定了一些例外情形：第一，当某个类别股份的持有者只有一个人时，此时关于该类别股的会议即可由一人出席。第二，当公司是一人有限公司时，只有一个人出席会议也符合法定人数。第三，当法院根据《英国公司法》第306条规定召集会议时，出席会议只有一名成员，也应视为构成法定人数。当公司只有一名成员时，此时公司股东"会议"的召开也只能有一名成员，此时，公司法规定该成员在股东会作出决定后，必须向公司提供关于该决定的详细情况。如果决定是以书面决议的形式通过的，必须向公司提交该书面决议。[⑫]

---

⑩ *Attorney General v. Davy*(1741)2 AK 212.

⑪ *Sharp v. Dawes*(1876)2 QBD 26.

⑫ Companies Act 2006, s357.

（二）股东会的会议决议

1. 会议地点

2006年《英国公司法》并没有对会议的地点作出具体规定。在*Byng v. London Life Association Limited*一案中，因股东参会人数超出预期，房间里并不能容纳全部成员，有成员甚至只能站在房间外面的走廊里。法官认为，股东会议召开的地点并不局限于物理意义上的，只要股东会议的召开能够使参会成员看到并听到别人的发言，且能够在会议过程中有所参与，那么地点的大与小并不重要。[13] 以此来看，普通法并不要求股东会议的召开一定是在某个足够大的房间或会议室进行，只要满足成员“能够听见并参与会议”，就符合法定要求。换言之，公司召开股东会，完全可以通过电子通信的方式，召开网络会议，而不必一定聚集全部成员，在某个地点召开会议。在加拿大，曾有一个案例，法官裁判当股东会议只有两名成员参加时，他们必须面对面同处一室召开会议，不能通过电话形式通过决议。[14] 这种裁判，显然过于守旧和落后，忽略了会议的原本目的，不能适应商业实践的现实需求。因此，加拿大后来通过成文法的形式，纠正了这一判例。

2. 有权召集会议决议的主体

（1）董事召集

董事可随时召开公司股东会，但召开会议须提前14天通知，如果是年度股东大会，则必须提前21天通知，公司章程可对会议召开时间另行规定，但不能短于上述时间。在2006年公司法颁布实施之前，公司召开的股东会，除了年度股东大会之外，其他会议被称为特别股东大会。但2006年公司法废除了对私人公司必须召开年度股东大会的强制性要求，仅针对公众公司要求召开年度股东大会。因此，对于私人公司而言，如果召开的会议并非年度股东大会，一般的股东会议也不必称为特别股东会议。

（2）股东召集

符合一定持股比例的股东也可要求董事召开股东会。根据2006年《英国公司法》第303条第3款规定，该必要比例为10%。但在股东权利指引（Shareholders' Rights Directive）颁布实施以后，这一比例降低至5%。当然，即便符合持股比例的要求，如果股东要求召开股东会在形式上有误或者有其他错漏的情况下，董事会也未必一定要听从股东的要求，召开股东会。符合必要持股比例的股东要求召开股东会时，必须在请求上载明在会议上被处理之业务的一般性质，并且包括被正当提出且意图在股东会上被提出之决议的内容。如果提议的决议内容因违反法律或公司章程规定，或对任何人构成名誉毁损，或其滥用这一权利甚或是无意义的，则该决议视为不正当提出。此外，股东召集股东会的请求必须经提出该请求的一人或数人的确证。

（3）法院召集

当公司会议可以任何方式召集却“不可行”，或者根据公司章程或公司法规定召开会议变

---

[13] *Byng v. London Life Association Limited* [1990] Ch 170.

[14] *Re Associated Color Laboratories Ltd.* (1970) 12 DLR (3d) 388.

得“不可行”时，此时，法院可依据自身权力或者根据公司董事或有权进行表决的公司成员的申请，以法院认为合适的任何方式召集、举行以及召开股东会。当法院颁发召集股东会法令时，法院可以作出其认为适宜的辅助性指导。[15]

法律之所以赋予法院召集股东会权力，目的在于使公司去除无法召开股东会之障碍，以继续管理经营公司。根据公司法规定，法院召集股东会的前提是当公司召开股东会“不可行”之时，那如何认定“不可行”？在 *Re El Sombrero* 一案中，法官认为“不可行”与“不可能”是两个不同的词汇，具有不同的涵义。[16] 既然不可行并非意味着不可能，那此时司法力量的介入可使会议召开之“不可行”转变为“可能”，法院这一召集股东会的权力也就具有正当性基础。

在实践中，会议召开的不可行有多种情形，如公司董事因各种原因无法召开股东会，公司成员无法确定或成员在国外无法通知，等等。但是，不能仅仅以担任会议主席的董事被决议解聘为理由而向法院提起申请，要求召开股东会。因为在此种情况下，股东会议的召开并不存在“不可行”的情形。担任会议主席的董事虽在会议召开后可能会被罢免，但这并不影响其召集股东会。事实上，法律对股东会主席要求其具有“中立性”，即便该主席与决议内容息息相关，也不影响其召集会议。

一般而言，法院依其权力召集股东会，主要是公司受制于法定人数而无法召开股东会的情形。如前所述，英国传统普通法认为，会议之召开必须具备两人或以上，否则不视为会议。因此，当公司只有两个股东，而两个股东意见相左时，其中一个股东完全可以通过拒绝出席股东会议的方式而使另一方无法经营公司。此时，法院即可应另一方申请召开股东会，以扫清这方面的障碍。比如，在 *Re Sombrero Ltd.* 一案中，某公司有三名股东，其中一名股东占有90% 的股份，是本案原告，另两名股东共持有 10% 股份，是本案被告，也是公司董事。公司章程采纳当时公司法的规定，要求股东会的召开必须有两名或以上的股东参加。后来，因股东之间意见不合，导致出现纠纷，原告想通过决议解除被告的董事职务，但由于两名被告的抵制导致股东会因不足法定人数而无法有效召集。此时，原告向法院提出请求，要求召集股东会。法官认为，如司法不对此进行干预，等同于变相剥夺大股东罢免董事的权力。因此，法官颁发法令，召集股东会。在 *Re Opera Photographic Ltd.* 一案中，公司已发行股本 100 股，公司有两名成员，一方持有 51 股，另一方持有余下的 49 股。公司章程规定，公司董事会或股东会必须有两个人参加。此后双方反目成仇，持有 51 股的股东想通过召开股东会免除另一成员的董事职务。然而，另一方缺席抵制，导致股东会无法有效召开。法官认为，法律规定的会议有效人数，并不能成为另一名股东避免其董事职务被罢免的保护伞。[17] 在 *Re Whitchurch Insurance Consultants Ltd.* 一案中，也出现上述两个案例的相似情形。在此案中，某公司已发行股份1000 股，一对夫妻分别持有 666 股和 334 股。后夫妻之间出现争执，其中持有较多股份的丈夫想通过股东会解除其妻子的董事职务，而囿于法定人数的限制，股东会无法有效召开。法官对此案的处理与上述两个案件一样，认为丈夫作为公司大股东，其本应享有的解除董事职

---

⑮ Companies Act 2006, s306(1)(2)(3).

⑯ *Re El Sombrero*[1958] Ch 900.

⑰ *Re Opera Photographic Ltd.* [1989] BCLC 763.

务的权力不能因法定人数的人为阻碍而受到限制或剥夺,因此以司法之力召开股东会。[18]

然而,法院召集股东会的权力并非漫无边界,而是受到一定的约束。成文法对此并没有相应规定,但在普通法中,大致有两种限制情形:一种是法院召集股东会受到类别股的限制,另一种是法院召集股东会不得改变公司的权力平衡。

前一种限制体现在 *Harman v. BML Group Ltd.* 一案。在该案中,公司股份被分为 A、B 两种。公司股东会议的召开必须要有 B 股的持有者或其代理人出席在场,否则不得召开。此后,A、B 股的双方持有者反目,关系断裂。A 股持有者向法院提出申请,要求法院确认无需 B 股持有者出席,他们也可直接召集股东会。法官认为,公司章程规定公司会议的召开必须有 B 股持有者出席,这实际上是赋予 B 股这一类别股的权利。如果枉顾这一事实,而允许股东会议的召开无需 B 股持有者出席,则无疑是对类别股权利的变更。基于此,法官否决了原告请求。[19]

对于后一种限制,法官在 *Ross v. Telford* 一案中进行了阐述。[20] 在该案中,夫妻双方各持有两个公司的对等股份,且都是两个公司的董事。此后,双方意见不合,丈夫想通过召开股东会,任命另一人担任公司董事。但其妻子反对这一提议,并拒绝出席会议,丈夫遂向法院提起请求。法官认为,法院召集股东会议的权力并不意在改变公司的权力分配,而仅仅是消除程序障碍,使公司会议得以顺利召开。至于会议召开以后,通过何种内容的决议,并不在法官考虑的范围之内。然而,在此案中,公司股份由夫妻双方均等持有,各占 50%,这意味着,当双方出现意见不合时,公司会陷入僵局。此时,法官若强行召开股东会,可能会改变公司权力结构,使其中一方权力削弱而另一方权力得到增强,法官并不情愿陷入此等困境。此外,法官认为,当公司成立而双方各持均额股份时,就应该做好公司将来可能会因双方意见不合而出现僵局的准备。鉴于此,法官拒绝原告请求,不予召开股东会。

3. 股东会的通知程序

股东会召开之前必须提前通知股东。公众公司的一般股东会与私人公司的任何股东会,必须提前 14 天通知,而公众公司的年度股东会必须提前 21 天通知。以往,根据 1985 年公司法规定,即便是私人公司,如果提议的决议为特殊决议,则也必须提前 21 天通知。新修改后的公司法废除了这一规定,只要是私人公司,无论任何类型决议,提前 14 天即已足够。当然,公司章程也可作出更长的时间要求。

此外,商业变化无常,公司可能因某种缘故而迫切需要召开股东会。为此,公司法规定短时通知,即股东会的召开通知也可以短于法定时间,但短时通知须符合一定的条件。2006 年《英国公司法》第 307 条规定,短时通知必须经有权参加会议并享有表决权的多数成员同意。具体而言,如果是私人公司,则该多数指 90% 比例或者公司章程所指定的更高比例。如果是公众公司,则该多数指 95%。对于短时通知,公司法并没有规定最短时间。理论上而言,只要短时通知获得上述比例股东同意,则再短的时间,也为法律所认可。

会议通知既可以纸质副本的格式,也可以通过电子格式或者通过网站进行公告通知。当

---

⑱ *Re Whitchurch Insurance Consultants Ltd.* [1993] BCLC 1359.

⑲ *Harman v. BML Group Ltd.* [1994] 2 BCLC 674.

⑳ *Ross v. Telford* [1998] 1 BCLC 82.

公司在网站上发布会议通知时，公司必须将此告知其成员，告知必须载明会议的通知、会议举行的地点、日期和时间。如果公司是公众公司，则须载明该会议是否为年度股东大会。从告知成员之日起至会议结束之日，公司网站必须在此期间刊载关于该会议的通知。

除法律或公司章程另有规定外，会议通知必须发送给公司每个成员、每个董事以及公司审计师。其中，因成员死亡或破产而有权取得股份的人也是公司成员，其也有权利获悉这一通知。如果不遵循这一规定，没有向部分或某个成员发出通知，则会议无效。因为根据《英国公司法》第301条的规定，如果根据本章和公司章程的规定，会议和决议的通知被发出，且会议被举行和召开，则决议的通过有效。反之，如果会议的通知没有遵循公司法的规定，会议通过的决议则被视为无效。当然，如果因"偶然"过失而未能向有资格收到通知的人发出通知，则不应当以此而使会议无效。对于如何判断未通知的原因是"偶然"过失，法律并没有作出具体规定。关于这方面的判例也较少。在 ***Musselwhite v. C H Musselwhite & Son Ltd.*** 一案中，公司董事因一时失误，认为公司某个成员已过世而不再是成员，因此没有向其发出通知，但事实上该成员仍然健在。法官认为，这种情况并不属于偶然过失，当视为会议无效。[21]

公司向成员或董事发送会议通知时，该通知必须载明会议的时间、日期、地点以及将在会议上处理的业务的一般性质。此外，通知还须以合理的方式提醒公司成员有权委托其他人作为他的代理人，以行使他全部或任何参加并在公司会议上发言以及表决的权利。但公众公司召开的会议是年度股东大会时，则通知上必须注明该会议是年度股东大会。

4. 股东会的会议程序

如果是一人有限责任公司或一人股份公司，则一人为股东会的法定人数，除了出席的人员被授权为同一家公司或同一个股东的代理人之外，则二人及以上为法定人数。必须明确的是，股东以及其被授权或被任命的代理人都是参加股东会的适格主体。[22] 另外，股东会的主席由章程规定，若章程没有规定，则股东会上股东可以通过决议选举股东会的主席。[23]

股东会决议可以通过举手表决或者投票表决的方式进行决议。在举手表决中，股东会主席宣布决议没有通过、通过以及经特定多数通过会议决议的结果。[24] 应注意的是，在投票表决中，若公司章程中除了会议主席的选举或者会议延期的事项外的规定是无效，则应排除股东在股东会上对这些事项进行投票表决的权利。同时，若公司章程中除了会议主席的选举或者会议延期的事项外的规定是无效，则这些无效的规定会使不超过5个拥有表决权的股东、不超过代表所有股东表决权10%以上的一个或数个股东、拥有决议表决权股份并已缴纳股份总金额的10%以上的一个或数个股东的投票表决的要求无效。[25]

股东在投票表决时，可以同一方式投放全部票数，也可以不同方式投放不同的票数，[26]并且公司章程可以规定以投票表决的方式对公司决议进行表决，乃至可以包括提前表决的票数。[27] 另外，在决议通过的日期上，若决议在延期会议上通过，则按照股东会召开的目的，决议

[21] *Musselwhite v. C H Musselwhite & Son Ltd.* [1962] Ch 964.
[22] See Companies Act 2006, s318.
[23] See Companies Act 2006, s319.
[24] See Companies Act 2006, s320.
[25] See Companies Act 2006, s321.
[26] See Companies Act 2006, s322.
[27] See Companies Act 2006, s322A(1).

通过的日期为其实际通过的日期，而不是会议正常召开的日期。[28]

（三）启发

《英国公司法》中关于股东会会议决议的规定凸显了公司自治的特点，并在以下方面值得我国公司法借鉴。

1. 从上述对于决议程序的规定来看，明显的是，英国公司法对于私人公司的股东会决议的限制较少，暗含"放权"的立法意图。同时，私人公司的股东会会议决议仅为有效和无效两种效力结果，且通过《英国公司法》第301条关于会议决议有效要件的规定可知，[29]《英国公司法》在确保私人公司的股东会决议能按照章程和法律规定召开和举行的前提下，尽可能地减少决议无效的事由，为私人公司的会议决议有效运行打开了法律的绿色通道。

另一方面，反观我国股东会决议制度的规定：《公司法解释（四）》完善了公司决议的效力，将之分为决议不成立、决议有效、决议可撤销、决议无效四种状态。但是，司法解释没有进一步对决议不成立的法律效果作出说明。不过，通过《公司法》《公司法解释（四）》相关法律规范的体系解释，可知决议是否成立解决的是决议是否存在的问题，尚未涉及效力。决议存在后，则决议可能是有效、可撤销或者无效，而撤销之前，公司决议有效，撤销之后，公司决议自始不存在，这仍然是公司决议是否存在的问题。至此，可看出我国《公司法》及《公司法解释（四）》已构建完整的决议效力体系且决议效力的法律效果为决议有效以及决议没有法律约束力，与英国公司法对于私人公司的股东会会议决议效果有异曲同工之妙，结果也应是有效和无效。

2. 法院拥有召集股东会的权力。当公司不能以公司章程或者公司法规定的方式召开股东会时，法院拥有的召集股东会的权力则是召开公司股东会的最后一根稻草，因此法院召开股东会的方式也是受到了严格限制，必须是穷尽了一切救济手段才能使用的。

我国《公司法》对于召集股东会的规定则是以董事会召集，董事长主持；董事会不召集或不能召集时，由监事会召集和主持；监事会不召集或不能召集时，连续90日以上单独或者合计持有公司10%以上股份的股东可以自行召集和主持。在司法实践中，往往会有适格的股东欲召开股东会，但董事会却一直拖着，在判定"不召集或不能召集"存在困难时，如何界定董事会从拖延到不召集或不能召集的程度上的质变，需要有一个时间限制或者赋予法院以最后救济者的身份出现，这样做才能缓解适格股东欲申请召开股东会实现自身股东权利但受到董事会、监事会限制的紧张态势。[30]

（四）英国公司法中股东会的书面决议制度

英国公司法中的书面决议制度以一章来规定其内容，涵盖提出书面决议的适格主体，适用的除外情况、通过的方式、书面决议的传阅、同意等内容。

私人公司的董事、代表公司表决权5%或公司章程所要求的更低表决权的股东在成员大

---

[28] See Companies Act 2006, s332.
[29] See Companies Act 2006, s301.
[30] 参见张商初字第01278号（2015）。

会或者类似成员大会的会议上有权提出书面决议，但是，须注意的是，股东会不得对在任期届满前罢免董事或者审计师的事项采用书面决议的方式。[31]

在传阅书面决议时，由公司高级管理人员在同一时间通过纸质格式、电子格式或者网站向每一位股东送达书面决议并且附上同意书面决议的方式、同意决议的时间限制。若公司高级管理人员没有履行送达书面决议的义务，将会构成犯罪，并会被处以一定数额的罚金。但是，若决议最终能通过，则公司高级管理人员没有采用公司法所规定的传阅书面决议的方式，甚至关于书面决议的文件也未能送达至股东处，这些缺陷也并不会影响决议的有效性。[32]

在章程所规定的时间内或者章程没有规定时为书面决议传阅后的 28 天内，[33]股东对书面决议签署同意后，若公司从股东处收到纸质格式或者电子版的同意信，则一旦同意信到达公司，则不能撤回，当有资格股东的必要多数通过了该书面决议，则该决议通过。[34]

典型案例：在 *Re Duomatic Ltd.* 的案例中，董事没有与公司签订合同，同时 Re Duomatic 公司也没有通过会议来形成给予董事报酬的决议，但实际上 Re Duomatic 公司仍然给予了董事报酬。当 Re Duomatic 公司资不抵债，进入破产程序时，接管 Re Duomatic 公司的清算人对于董事报酬产生疑问并诉至法院时，法庭认为给予董事报酬是适当的，因为股东会是充分认识到并且同意给予董事报酬的，法官 Buckley 是这样解释的：毫无疑问，每一个股东都有参加并且在股东会上投票的权利，但此时股东虽然没有以会议的形式形成决议，但他们的同意是可以使公司去执行的，这种同意与股东会会议决议中的同意有同等效力。[35]

这个案例不仅以判例的形式证明了股东会可以书面形式形成决议，而且还形成了"Duomatic principle"，意为公司股东所形成的不正式的同意。这个原则虽自这个案件而形成，但在该原则出现前的几十年里，已有 *Re Express Engineering* [36]和 *Parker and Cooper Ltd. v. Reading*[37] 等多个案例力证此原则的存在。如今，"Duomatic principle"不仅可以适用于股东会决议，而且还可以适用于董事会决议，*Runciman v. Walter Runciman plc* [38]和 *Base Metal Trading v. Shamurin* [39]中法官把"Duomatic principle"延伸至董事会决议，并认为董事会决议同样可以适用书面决议，更进一步地说，"Duomatic principle"有力地推动了书面决议在英国公司法中形成相关的条款，使之从普通法的判例转化为成文法中的规定。

《英国公司法》以一章的内容来规定书面决议，给予公司股东以极大的自治权，无需经过会议讨论，仅通过书面的多数同意，则可通过一项决议，这对于我国公司法股东会决议有极大的启发。但我国公司法也认识到了书面决议的重要性，我国《公司法》第 37 条第 2 款规定："对前款所列事项股东以书面形式一致表示同意的，可以不召开股东会会议，直接作出决定，并由全体股东在决议文件上签名、盖章。"此处的前款事项指的是股东会的职权，因此书面决

---

[31] See Companies Act 2006, s288.
[32] See Companies Act 2006, s291.
[33] See Companies Act 2006, s297.
[34] See Companies Act 2006, s296.
[35] See *Re Duomatic Ltd.* [1969] 2 Ch 365.
[36] See *Re Express Engineering*[1920] 1 Ch 466.
[37] See *Parker and Cooper Ltd. v. Reading* [1926] Ch 975.
[38] See *Runciman v. Walter Runciman plc*[1992] BCLC 1084.
[39] See *Base Metal Trading v. Shamurin*[2004] EWCA Civ 1316.

议在我国的立法乃至于司法实践也是存在的，但是仍存在不少法律漏洞。任由全体股东通过书面决议来决定职权范围内的任何事情，有可能导致多数人的暴政。如《英国公司法》规定，即使股东会可以书面进行决议，但是仍然把任期届满前罢免公司董事作为适用的除外情形，如此考量还是有道理的。正如习总书记所言："要把权力关进制度的笼子里。"[40]虽然公司董事是由股东会选举并且更换，但是董事也是有申诉的权利的，若以书面决议把董事予以替换，则有损董事申诉的权利，既破坏了公司的有序运行，也损害了董事作为公司的一名高管和劳动者的权利，因此，我国公司法仍应对书面决议细细斟酌，并对书面决议的适用范围进行限定。

三、结语

通过探究《英国公司法》的会议决议和书面决议制度，从其法定程序和判例内容可知，《英国公司法》关于决议的规定如其判例法制度，是十分注重实际效果的。但是，必须承认的是，英国和中国的法制环境和制度体系是不同的，英国比较倾向于董事会中心主义，赋予了董事会较大的权力，而中国则坚持股东会中心主义，股东会是最高权力机关，由此而来，则导致中国公司法中的决议制度不仅强调股东会决议制度建构而且与其他大陆法系国家相似，明确区分决议效力类型。因此通过对比分析所得，中国公司法在现有制度体系下不能盲目学习英国公司法的决议制度内容，只能吸取其合理内核，对决议制度进行"见缝插针"，在坚持原有体系上，尽可能地放宽对公司的管制，给予公司更多的自治权利，即在坚持股东会中心主义前提下，完善董事会决议制度，而且应对书面决议、决议程序等方面充实其内容。故者，公司法作为市场经济的基本法律，才能让公司真正成为社会的一个细胞，使其有效配置其资源，促进自身发展，最终达到有效促进市场经济的立法目的。

---

[40] 《把权力关进制度的笼子里》，载 http://news. xinhuanet. com/politics/2013 -01/23/c_114467754. htm，最后访问日期：2017 年 2 月 26 日。

意大利公司决议瑕疵制度

杨　姗*

一、民商合一的体例

1942年《意大利民法典》兼容了民法和商法制度，是意大利的第二部民法典，正是这部民法典使得意大利成了民商合一体例的典型代表国家。而第一部民法典诞生于1865年，是意大利民族国家统一的产物，此后1882年又颁布了《意大利商法典》，在当时采纳了民商分立的体例。①

自1942年以来，《意大利民法典》历经了60年的风风雨雨，为意大利的经济发展提供了有效的保障，尤其是公司法的部分；然而至20世纪末，随着经济的迅猛发展、欧盟经济一体化和全球化发展的需求，民法典并不能完全满足和胜任，因此对公司法的改革迫在眉睫。在20世纪90年代，意大利民商法学界和实务界对民法典公司法部分的修改进行了系统、广泛和深刻的探讨，最终以两个重要法案的通过作为这场盛大争鸣的结果：1998年的"T. u. F法案"和2000年的"Mirone法案"。前者是专门针对股份有限公司(尤其是上市公司)的规范，后者是专门针对有限责任公司的规范。著名商法学教授卡尔卡诺评价说："这次公司法的修改，实际上是一场意大利民法典诞生60年来最为巨大的和最有组织化的变革。"

二、股东会中心主义

意大利的企业以中小企业居多。在意大利经济中，中小企业起着主导作用。《意大利民法典》无法满足中小企业的规范需求，为此2000年颁布的"Mirone法案"正是为满足中小企业的发展需求而制定的法律规范，这一法案为中小企业选择了"有限责任公司"的形式。在这些中小企业中股东管理公司，公司治理的主要矛盾在于外部投资者与股东之间的矛盾。②

意大利的公司治理是股东会中心主义，股东被视为企业和公司的"主人""所有者"，而董事和经理都是"所有者"的"受托人"，董事与股东之间是委托代理关系，是受托人与委托人的

* 西南政法大学民商法学院副教授、硕士生导师，意大利圣安娜高等大学私法专业博士。

① 参见费安玲：《1942年〈意大利民法典〉的产生及其特点》，载《比较法研究》1998年第1期。

② See Avv. Roberto Ulissi, Company Law Reform in Italy: An Overview of Current Initiatives.

关系。只有股东会的决议才是公司的意思表示，是股东之间的“契约”——集体契约，董事会的决议只是“建议”(consiglio)，并不能代表公司的意思，所以《意大利民法典》没有关于董事会决议效力的瑕疵规定(无效与可撤销)，只在第2388条作了一般性的效力规定“如果章程未规定更高比例的出席率，则过半数的(参阅第2385条)董事出席的情况下作出的董事会决议(参阅第2380条)有效。董事会决议须以绝对多数通过，章程另有规定的除外。不得由代理人(参阅第2487条)代为行使表决权”，以及第2391条第3款“如果不计入本来应当弃权的票数就无法达到通过决议所需要的多数时，则在董事会决议可能给公司造成损失的情况下，可以自董事会决议通过之日起三个月以内，由未出席董事会的董事或者持不同意见的董事以及监事提起撤销董事会决议的诉讼”。

本人认为，《意大利民法典》第2391条对“董事会决议可撤销”的规定，是一种董事违反“善良管理人的注意义务”的责任形式或者救济方式，就如我国《公司法》第112条第3款的规定“董事应当对董事会的决议承担责任。董事会的决议违反法律、行政法规或者公司章程、股东大会决议，致使公司遭受严重损失的，参与决议的董事对公司负赔偿责任。但经证明在表决时曾表明异议并记载于会议记录的，该董事可以免除责任”。这与股东会决议的可撤销的理论基础并不一样，后者基于“法律行为”理论，股东会决议是一种“集体法律行为”，其效力有无效、有效和可撤销之分。

三、意大利股东大会决议的效力规定

有关意大利的股东会决议效力的规定有三条：《意大利民法典》第2377条、第2378条和第2379条。第2377条是对股东会会议决议效力的一般性的规定，其中第1款规定：“按照法律和章程规定通过的股东大会决议对全体股东，即使是未出席会议的股东或者持有异议的股东，均产生约束力。”第3款规定：“决议的撤销对全体股东产生效力。决议撤销后，由董事负责采取相应的善后措施并且对此承担个人责任。在任何情况下，善意第三人依据决议取得的权利不变。”

由上述规定可知，首先，股东大会决议一旦依据《意大利民法典》或公司章程规定的议事规则作出，则对全体股东生效，不论其是否出席，也不论其是否有同意决议内容；其次，公司董事对股东大会决议的效力瑕疵要承担责任，该条第3款规定“决议被撤销，公司董事不仅要采取相应善后措施而且还要承担个人责任”；最后，股东大会决议对善意第三人不具有效力，该条还规定第三人依据被撤销的决议取得的权利不因决议被撤销而变化。

在此方面，我国学术界认为股东大会决议仅对公司具有约束力。至于其对股东的约束力，有学者[③]依据权利义务相一致原则从反面推论认为股东(大)会决议对全体股东有约束力；也有学者[④]从消极约束力的角度论述股东(大)会决议对股东的约束力；还有学者[⑤]认为董事执行非法决议需对公司承担赔偿责任，因而股东(大)会决议的效力也及于公司董事、监事和高级管理人员。在司法实践中，也有法院认为决议内容中关于交易的具体事项应当作为合同

---

③ 参见钱玉林：《股东大会决议的法理分析》，载《法学》2005年第3期。
④ 参见施天涛：《公司法论》(第3版)，法律出版社2014年版，第325页。
⑤ 参见徐中缘：《论意思表示瑕疵的共同法律行为——以社团决议撤销为研究视角》，载《中国法学》2013年第6期。

之内容对第三人形成约束力，此种情况下当决议出现瑕疵时第三人可以合同纠纷向法院提出诉讼并附带决议瑕疵之诉。[⑥]

四、股东大会决议瑕疵的法律规定

股东大会的决议瑕疵分为两种：可撤销和无效。《意大利民法典》第2377条和第2378条规定了可撤销的情形和程序，第2379条规定了无效的情形。

（一）可撤销决议

对于股东大会决议可撤销，第2377条第2款规定：“自决议通过之日起3个月内，对于应当在公司登记机关进行登记的决议，自登记之日起3个月内，董事、监事、未出席会议的股东或者持有异议的股东可以对未遵守法律或者章程规定通过的股东大会决议提起撤销之诉。对于在股东年会上未遵守法律或者章程规定通过的决议，撤销之诉还可以由享有限制表决权的股东在本款规定的期限内提起。”第4款规定：“在被起诉的决议已经由符合法律和设立文件的规定通过的另一项决议取代的情况下，不得撤销决议。”此条规定了股东会决议可撤销的情形：“违反法律或者章程的规定”，并没有特别规定是内容还是程序。

第2378条对“撤销”的程序进行了规定：

> 撤销之诉应当向公司所在地的法院提起。
>
> 提起诉讼的股东至少应当将一张股票交存于法院的文书室。法院院长可以裁定要求提起公诉的股东为可能造成的损失提供适当的担保。
>
> 对同一决议提起的诉讼应当合并审理并且由同一项判决作出处理决定。对决议提起的诉讼应当在本法第2377条第2款规定的期限届满后开始审理。
>
> 在有重大理由的情况下，根据提起诉讼的股东的请求，在听取了董事和监事的意见之后，法院院长或者预审法官可以作出暂缓执行股东大会决议的说明理由的裁定，并且将该裁定通知董事。
>
> 应当由董事负责将暂缓执行股东大会决议的裁定正文以及对股东大会决议作出的判决正文在公司登记机关进行登记。

对于以上法条，具体分析如下。

（1）时间条件

《意大利民法典》规定了决议登记制度（即对应当登记的决议，自决议通过之日起3个月内，应当在公司登记机关进行登记），要求申请主体于决议登记之日起3个月内提出。

（2）救济方式

该法规定特定主体得通过撤销之诉撤销该决议。

---

⑥ 参见宋晓明、刘俊海主编：《人民法院公司法指导案例裁判要旨通纂》，北京大学出版社2014年版，第16页。

(3)提起诉讼的主体

依该法第2377条第2款之规定，能够提起撤销之诉的主体主要包括董事、监事、未出席会议的股东、持有异议的股东以及享有限制表决权的股东共5类。

我国《公司法》第22条规定股东得请求人民法院撤销。但对股东的具体要求并未明确规定，这使得司法实践中认定撤销之诉原告时存有异议。而2016年底通过的《最高人民法院关于适用〈中华人民共和国公司法〉若干问题的规定（四）》第2条[⑦]对"股东"作出限制：提起撤销之诉的原告在起诉时应当具有公司股东身份，且在案件受理后也应当具有股东身份。

(4)决议被撤销的例外

《意大利民法典》规定，若被起诉的决议已经被另一项决议取代，且该新决议符合法律规定和设立文件的规定的，则不得撤销。

(5)诉讼的具体程序

该法第2378对此作了详细规定。首先，就法院管辖而言，应在公司所在地提起，对同一项决议所提起的诉讼应当合并审理并且在同一项判决中作出决定；其次，对于担保的要求，提起诉讼的股东应当至少提交一张股票交存于法院文书室，且法院院长可以以裁定的方式要求提起诉讼的股东为可能造成的损失提供适当的担保；再次，对于暂缓执行股东大会决议的条件，该法规定有重大理由并且由提起诉讼的股东请求，在听取了董事和监事的意见之后，由法院院长或者预审法官作出暂缓执行股东大会决议的裁定并说明理由，并且要将该裁定通知董事；最后，该暂缓执行的裁定正文以及法院对股东大会决议的判决正文需要由董事将其交由公司登记机关登记。

(二)无效决议

对此第2379条规定：本法第1322条、第1421条、第1423条的规定适用于因内容违法或者不可能实现而导致无效的决议。

股东会决议无效的情形是"内容违法或者不可能实现"。其救济方式也是提起诉讼。至于诉讼主体，该法第1421条规定任何有利害关系的人均得提起，由法官依职权作出判决。

第1322条、第1421条和第1423条是《意大利民法典》债法部分的规定，是关于合同效力的规则。根据《意大利民法典》第1322条之规定，当事人意思自治限于法律规定与行业规范的范围之内，又规定当事人缔结未纳入特别规范规定类型的契约也以法律保护的利益为限，该类决议内容违法则是对此规定之违反，其当属无效。该法第1423条规定此类决议不能进行追认。

从该法条规定股东会决议适用第1322条"契约的一般性效力规则"，就可以看出将股东会决议视为一种契约——"集体契约"。这种集体契约不同于传统契约，属于"特别规范规定的类型"之外的契约。对于此类契约的效力认定规则就是"符合法律保护的利益"。这条规则具有极大的开放性和弹性，为民法典容纳新型的合同打开了缺口，也使得民法典能与时俱进，不被社会淘汰。

---

⑦ 《最高人民法院关于适用〈中华人民共和国公司法〉若干问题的规定（四）》第2条："依据公司法第二十二条第二款请求撤销股东会或者股东大会、董事会决议的原告，应当在起诉时具有公司股东资格。"

商法与公司法

民法典编纂如何处理商法一般规范

——以民商合一为视角

林一英[*]

在民法典编纂中如何处理民法与商法的关系,一直是民法和商法学界争论不休的问题,也是迫切需要解决的问题。本文从商法的一般规范出发,分析在民商合一的立法体例下,其进入民法典的限度和可能的方式。

一、民法和商法关系再思考

(一)一般私法和特别私法

民法和商法的关系与民法和商法的立法体例是两个联系紧密但不能混同的问题。民法和商法的关系是指民法和商法在学理以及部门法上的关系,立法体例则是二者在立法上的表现形式,并不必然折射出民法与商法关系。有的观点提出,民法与商法的关系有民商分立说、民商合一说和商法为民法的特别法说。[①] 这是对民商法关系和立法体例问题的混同。现行主流商法教科书几乎都将"商法是民法的特别法"作为一种公理性的结论和理论去理解和运用。[②] 这也是对民法和商法关系的误读。卡纳里斯认为,商法是特别私法。[③] 拉伦茨也认为商法属于私法但不属于民法。[④] 沈宗灵认为,民法是个多义词,在现代法中指部门法,与商法或刑法对称。[⑤] 民法、商法同属现代私法体系中的重要组成部分。[⑥] 可见,私法有一般私法和特别私法之分,民法属于一般私法,商法属于特别私法。既然民法是一般私法,那么民法的一般规定商法也应适用。德国商法典的筹备委员会提及,只有在制定民法典之后,才能确定民法

* 清华大学法学院博士研究生。
① 参见徐海燕、张新宝:《商事法学研究述评》,载《法学研究》1999 年第 1 期。
② 参见王瑨:《商法特性论》,知识产权出版社 2007 年版,第 26 页。
③ 参见[德]C. W. 卡纳里斯:《德国商法》,杨继译,法律出版社 2006 年版,第 6 页。
④ 参见[德]卡尔·拉伦茨:《德国民法通论》,谢怀栻等译,法律出版社 2004 年版,第 9 页。
⑤ 参见沈宗灵:《比较法研究》,北京大学出版社 1998 年版,第 54 页。
⑥ 参见郭锋:《民商分立与民商合一的理论评析》,载《中国法学》1996 年第 5 期。

典法律原则中存在哪些例外应保留于商事交易,或者为商事交易制定这些例外。[⑦] 纵然民法的基本规定在商事领域都要适用,但是并不意味着商法从属于民法,二者都是私法的组成部分,是并列关系而不是种属关系。

(二)商法是否具有部门法地位

尽管学理上认为民法是一般私法,商法是特别私法,但是商法是否具有部门法的独立地位则争议很大。在德国、法国、日本等传统民商分立国家,关于该问题的争论也非常激烈,在我国争议也非常大。[⑧] 卡纳里斯提出,正因为迄今为止对统一的商法特征做总结的尝试一直徒劳无功,所以人们总结了一些在商法规范出现频率较高的特点:商法扩大了私法自治的范围;对交易保护和信赖保护的较高要求;对商人的特别注意义务和职责的规定;商法是法律发展的开路者。但这些原因仅能为一个独立的法律部门提供很微弱的依据。其区别于民法实质性的独立性并不存在。商法规范无论是在法律实务中,抑或是在法律教学中,都不能脱离民法规范而单独适用,两者往往是与民法原则相结合的。[⑨]

商法是否具有部门法的地位,商法能否独立于民法之外,形式上独立、内容上自主自足、精神实质迥异地存在?专门的商法典的存在,充其量只能证明商法在形式上有可能独立存在,至于能否证明商法在内容上、基本特征上也可以舍民法而自主自足,尚有未足。[⑩] 虽然民商法同属私法范畴,但民法与商法在其法律表现形式和作用范围方面仍各自具有独立性。[⑪] 近代商法起源或者完成于中世纪。伯尔曼指出:正如封建庄园法的性质一样,11 世纪晚期和 12 世纪也是商法变化的关键时期。正是在那时,近代西方商法(即商人法)的基本概念和制度才得以形成。正是在这个时候,西方商法获得了作为一种结合了各种原则、概念、规则和程序的体系的特征。[⑫] 商人通过成立商业行会,制定内部的管理规则和交易习惯、惯例——后来通过汇编为商业惯例和商事裁判集而发展为习惯法。商人阶层通过商业行会的联合和不懈斗争最终向封建主和教会争取到了对商人间贸易纠纷和争议进行处理的独立管辖权。[⑬] 商法是商人阶层出现,贸易发达的产物,商法主要调整的就是商人之间的贸易往来行为,基于调整对象的特别,商法与民法有很大差别:(1)更注重意思自治:私法自治的核心内容就是契约自由,由于商人经验丰富、能力较强,能够评估损失和风险,在契约订立和履行方面不需要法律的特殊保护和限制,如《德国商法典》第 348 条规定,商人在自己的商事营利事业的经营中所允诺的违约金,不得依《德国民法典》第 343 条的规定减少。(2)注重营利性:与民法注重自由和公平不同,商法更注重营利,在各国商法中,无论是商业财产制度、商号制度,还是有关交易、代理、仓储、票据、证券、海商、保险等特别法规则,无一不考虑商事活动的营利性。如《日

---

⑦ 参见张谷:《商法,这只寄居蟹——兼论商法的独立性及其特点》,载高鸿钧:《清华法治论衡》(第 6 辑),清华大学出版社 2005 年版,第 24 页。

⑧ 参见王有志、石少侠:《民商法关系论》,载王保树:《中国商法年刊》,上海人民出版社 2002 年版,第 94 页。

⑨ 参见[德]C. W. 卡纳里斯:《德国商法》,杨继译,法律出版社 2006 年版,第 6 ~ 10、30 ~ 34 页。

⑩ 参见张谷:《商法,这只寄居蟹——兼论商法的独立性及其特点》,载高鸿钧:《清华法治论衡》(第 6 辑),清华大学出版社 2005 年版,第 4 页。

⑪ 参见郭锋:《民商分立与民商合一的理论评析》,载《中国法学》1996 年第 5 期。

⑫ 参见[美]伯尔曼:《法律与革命》,贺卫方等译,中国大百科全书出版社 1993 年版,第 406、424 页。

⑬ 参见朱慈蕴、毛健铭:《商法探源——论中世纪的商人法》,载《法制与社会发展》2003 年第 4 期。

本商法典》第512条规定，商人在经营范围内为他人行为时，无论是法律行为还是事实行为，即使本人没有获得利益，商人也可以从对方那里请求一定的报酬。第514条规定，即使没有特别约定，作为商人的贷款人也可以按照法定利率请求利息。(3)注重效率：在订约方式、履约手段、解纷途径等环节采用自由主义，短期消灭时效、交易形态和交易客体的定型化，以适应商事交易简便、迅捷的需要。(4)注重交易安全：公示主义、外观主义和严格责任正是保证安全的措施。(5)具有国际性：德国学者基尔克指出，鉴于国际商品交换是商法的核心内容，因而它的特征之一便是国际性。⑭ 商事交易往往跨国界，不同的规则妨碍交易的效率，商法对于法律统一化运动，做出了重大贡献。⑮

二、民商合一与民商分立

(一)民商事立法体例

民法和商法的立法体例，一种是民商分立，即私法关系严格区分为民事和商事关系，分别由民法典和商法典调整，代表有德国、法国、日本、韩国等；另一种是民商合一，即将民事和商事法律关系统一立法，不设民商之区别，关于商事的规定，或编入民法典之中，或以单行法规颁行之体例，代表有瑞士、意大利、俄罗斯，以及我国台湾地区。⑯ 民商合一与民商分立的核心区别在于是否对商人或者商行为单独适用专门商事法律。民商分立有其特殊的历史背景，中世纪商人特殊阶层的存在，商人之间的交易多遵循商事惯例，而且由特殊的商事法庭来解决商人之间的纠纷。正是在这种背景下，法国和德国开民商分立的先河。19世纪以来实施的自由经济政策允许个人都有从事商业活动的自由，商人作为一个特殊阶层已经不存在，某些商法也不一定对具有商人身份的人才能适用，处理商事纠纷更没有必要必须依靠商事法庭。因此，商法规定的大部分内容都能适用于所有的生活关系，不必再单独规定。20世纪，意大利和瑞士都采用了民商合一的立法模式。

从立法技术上来看，民商分立区分民事和商事关系，能够针对民事和商事关系的不同特点制定规范，有利于商事规范的创新和发展，也有利于保持民法典的稳定性和体系性，解决民法与商法因为规范社会关系不同可能造成的割裂；缺点是，民商事关系区别标准并不是很明确，二者并立容易产生混乱，容易阻碍交易安全，产生不公平。民事合一，对于私权利统一规范，不会造成法律适用上的困难；缺点是，对于商事法律关系简单适用民法规则，可能不适应商事活动的需要；如果将过多的商事规范纳入民法典，容易造成民法典的体系不严谨、不稳定，也会阻碍商事制度的创新。

从法典具体规范来看，民商分立国家的商法典也没有囊括商法的全部规范，尤其是否涵盖公司、保险、海商、票据等规范，差异很大，日本修改商法典，先后将票据、公司、保险等规范

---

⑭ 参见[德]基尔克：《商法和海上运输法》(第8版)，1958年版，第4页。转引自[英]施米托夫：《国际贸易法文选》，赵秀文译，中国大百科全书出版社1993年版，第11页。

⑮ 参见[德]C. W. 卡纳里斯：《德国商法》，杨继译，法律出版社2006年版，第10页。

⑯ 参见张国健：《商事法论》，三民书局1980年版，第50页。

删除，德国商法典也只对商主体和商行为进行规范，也不含有其他商事单行法。民商合一的国家，如瑞士民法典规定了公司和有价证券，但是破产、海商、保险等重要的商法规范并未规定在该法典中；意大利民法典中的商法规范集中在公司、合作社等商事主体领域，有关破产、海商、证券等商法规范也没有包含在民法典中。

（二）历史传统与现实

民法和商法的划分与其说是一种学科的划分，还不如说是一种历史的沿革。传统因素对民商分立的形式具有压倒一切的影响。[17] 中国在清末变法时于制定民法草案的同时，也制定了《大清商律草案》，继受了德国法的模式，但在后来民国时期却抛弃民商分立的模式而改采民商合一。1926年6月国民党第183次中央政治会议通过的《“民商划一”提案审查报告》阐述了采用民商合一的8个理由：历史关系、社会之进步、世界交通、各国立法趋势、人民平等、编定标准、编定体例、商法与民法之关系。[18] 新中国成立以后，我国制定了多部单行民事和商事法律，秉持民商合一的传统。[19]

党的十八届四中全会提出，加强市场法律制度建设，编纂民法典，制定和完善发展规划、投资管理、土地管理、能源和矿产资源、农业、财政税收、金融等方面的法律法规，促进商品和要素自由流动、公平交易、平等使用。全国人大常委会在民法总则的说明部分提出，编纂民法典是实现国家治理体系和治理能力现代化的重大举措。同时，编纂民法典是形成完备的社会主义市场经济制度体系的必然要求。通过编纂民法典，完善我国民商事领域的基本规则，亦为商事活动提供基本遵循，有利于健全市场秩序，维护交易安全，促进社会主义市场经济健康发展。[20]

可见，我国编纂民法典不同于国外民法典编纂的历史背景和政治目的，我国已经制定了继承法、婚姻法、合同法、物权法、侵权责任法、涉外民事关系适用法等基本民事法律，中国特色社会主义法律体系已经形成。编纂民法典的任务，一是对现行民事法律规范进行系统、全面整合，编纂一部内容协调一致、结构严谨科学的法典。二是通过编纂科学的民法典为市场经济提供良好的法治保障。社会主义市场经济是法治经济，通过编纂民法典，统一社会主义市场经济主体、交易、产权保护法律制度，实现市场主体平等使用各种市场要素，公平竞争。从民国时期秉承民商合一的立法传统，编纂民法典也是为市场经济提供法治保障，选择民商合一的立法模式有其必然理由。

我国目前有关公司、合伙、证券、保险、破产等诸多单行法已经比较完善，这些单行法没有编入民法典的必要。因此，民商合一需要解决的问题就是，对商法不同于民法的一般规范进行系统梳理，提供可供抽象的素材和可以进入民法典的规范。

---

[17] 参见覃有土：《商法学》，中国政法大学出版社1999年版，第57页。

[18] 转引自赵万一：《商法基本问题研究》，法律出版社2002年版，第108~110页。

[19] 参见全国人大常委会关于民法总则的说明，载 http://www.npc.gov.cn/npc/lfzt/rlyw/2016-07/05/content_1993422.htm，最后访问日期：2017年3月20日。

[20] 参见全国人大常委会关于民法总则的说明，载 http://www.npc.gov.cn/npc/lfzt/rlyw/2016-07/05/content_1993422.htm，最后访问日期：2017年3月20日。

三、商法的一般规范

从宏观层面看,商法规范可供抽象的并不多。日本学者志田钾太郎指出,商法典缺少可谓法典大要件之组织,统一可一贯全编之原则极少,因之,所谓总则者,其实并无总则之价值。[21] 有学者从历史因素考察商法难以抽象的原因,商法规则本来就是民法的"弃儿",商法典是对游离于民法之外的"散兵游勇"的收容,故其在内在联系性上远远不如民法。例如,保险行为、票据行为、破产清算、期货买卖行为、证券买卖行为之间的差异性远远大于共同性,其共同适用的原则难以抽象出来。[22] 诚如上述,商法从宏观层面可供抽象的规范确实不多,商法不同于民法的一般规范不足以与民法分庭抗礼,但是忽视商法特性,对民商事关系一体适用法律的观点也不足以采纳。民法典如果无视商事法律关系的特殊性,对商事行为一体适用,会造成不公平。[23]

(一)基本原则

民法学界认为人格平等、私有权神圣、意思自治、过错责任是民法的基本原则。[24] 商法学界对于商法的基本原则没有共识,最少的有保障交易便捷和维护交易安全两原则;[25]最多的为九原则,即利润最大化、诚实信用、磋商调节、互惠、简便敏捷、安全、经营自主、强化企业组织与社会责任原则;[26]在这些原则中,经营自主、诚实信用是民法的基本原则,并不是商法的特有原则。商主体严格法定、维护交易安全和保障交易便捷等几个原则是比较有共识的原则,但这几个原则与民法的基本原则并不相同,民法平等、自愿、诚实信用、公序良俗等原则是民事主体在从事民事活动中都需要遵守的基本原则,也是指导立法和司法的原则。商法的基本原则可以指导立法和司法,但是很多对交易主体没有法律规范意义。这些原则与其说是基本原则,不如说是学者对商法条文的高度抽象和概括,并不能成为与民法基本原则相同位阶的基本原则,但是这些总结却充分体现了商法的特性。

(二)商主体

有学者认为,商主体可以分为商事组织和商自然人,商事组织包含公司、合伙企业、合作社、个人独资企业和其他营利性经济组织,商自然人则仅指个体工商户;[27]也有的提出分为商法人、商合伙和商自然人三种类型。[28] 商人概念只是特定历史阶段的概念,已经不再是一个特殊的阶层,因此,民法典中不应当再采用商人这一概念。当前由于分享经济的迅速发展,更是

---

[21] 参见[日]志田钾太郎:《商法总则》,熊元楷编,上海人民出版社2013年版,第10页。

[22] 参见李永军:《论商法的传统与理性基础》,载《法制与社会发展》2002年第6期。

[23] 参见蒋大兴:《论民法典(民法总则)对商行为之调整——透视法观念、法技术与商行为之特殊性》,载《比较法研究》2015年第4期。

[24] 参见龙卫球:《民法总论》,中国法制出版社2002年版,第53~56页。

[25] 参见赵中孚主编:《商法总论》,中国人民大学出版社1999年版,第23页。

[26] 参见任先行、周林彬:《比较商法导论》,北京大学出版社2000年版,第82~96页。

[27] 参见王保树:《商法总论》,清华大学出版社2007年版,第111~112、232~233页。

[28] 参见范健、王建文:《商法的价值、源流及本体》(第2版),中国人民大学出版社2007年版,第199页;雷兴虎:《商事主体法基本问题研究》,中国检察出版社2007年版,第11页。

不同于采用商人概念这一主观主义进路来构建商法典的年代，每个人都可能是从事营利活动的主体，从主体规范角度进行规范，必然导致法律适用困难。

（三）商行为

法律行为作为私法自治的核心制度，是贯穿整部民法典的核心要素。商行为作为法律行为，与民事行为在本质上并无太大区别。大陆法系商法典主要通过商主体和商行为两条进路来实现商法的体系化。但是这两种制度无论采用主观主义还是客观主义都存在互相循环定义的色彩，造成客观上的适用困难，我国立法也不必采用商行为概念。

虽然不必采用商行为概念，但是应充分注意，关于商行为的成立、生效、解释等规则，沉默在缔约效力上与民事行为有很大差别，法律行为的效力制度因不同的商行为类型而差别很大。至于具体的商行为，则差别更大：商事代理（包括表见代理、间接代理、经理权与代办权）的特殊规则；被代理人死亡导致代理关系终止与否的民商区别；流质禁止的商事法例外；连带保证推定的民商区分、违约责任归责原则的民商区分，违约金调整与否的民商事合同区分，借贷利息的民商事区分、委托合同在佣金与单方解约权的民商事区分，以及以下合同类型的民商区分：运输合同、寄存（保管）合同、租赁合同、委托合同、行纪合同、居间合同、信托合同等。[29]

（四）其他规范

考察德国、日本、葡萄牙等国家的商法典，都有关于商事登记和商事账簿的规定。

1. 商事登记。商事登记的登记程序等具体规则，属于公法内容。商事登记的意义是登记内容可以由与商事主体进行交易的第三人获得，用来调整不同主体之间的利益关系。

2. 商事账簿。商事账簿是否应被归入私法，受到极大质疑，卡纳里斯指出，商事账簿法与私法不具有任何共同性，其更多地受到税法和经济学的影响；由此，《德国商法典》第三编商事账簿为十分特殊的内容，其无论在体系方面，还是在目的方面，均具有十分特殊的地位。[30]

四、民商合一与一般商法规范

我国民法典编纂秉承民商合一，且制定总则部分。考察世界各国和地区民法典编纂，德国、日本作为民商分立的国家，民法典有总则部分，瑞士、意大利等民商合一国家的民法典并无总则部分。只有我国台湾地区民商合一，且有总则部分。民商合一又制定总则编，则总则编较德国和日本的总则，可供抽象的最大公约数将会更少，在此情况下一定要正确处理民法典的高度抽象、稳定与商法规则变动、创新的关系；既要保持民法典私法一般法的特点，又要对商法一般规范作出规定；处理好公法与私法的关系；明确商事惯例为法律渊源。

（一）一般规定与特别规定

1. 民法总则部分。作为私法一般法的民法，总则中的原则，既要适用于民法中的婚姻家

[29] 参见李建伟：《民法总则设置商法规范的限度及其理论解释》，载《中国法学》2016 年第 4 期。
[30] 参见卢谌：《〈德国商法典〉：解构抑或重构》，载《德国研究》2014 年第 2 期。

庭和继承,又要适用于商法,如此一来,能够作为一般原则的规定就不可能包含营利性原则、效率等商法特有原则;民事主体和商事主体也没有区分的必要;法律行为成立生效等一般规定、诉讼时效等可以适用于商事领域。这些规范都可以作为一般规范,适用于商法。但是由于民法总则中的民事代理不能完全适用于商法,尤其是经理权之特殊性,总则应当将商事代理作为民法总则的特别规定。关于沉默在民事行为和商事行为要约和承诺中的不同效力、是否需要立即承诺、违约金在民商事合同中能否调整的不同等具体问题可以在债编的一般规定中作为特别规定。

2. 关于商行为。民商分立国家的商行为主要内容都是合同法规范,与民法典中典型的民事合同相区分。民商合一的瑞士民法典则包含了民事和商事合同。我国合同法中的有名合同也基本是商事合同,合同法由于制定之处就参照了多个公约,体现了商法的特点和需要,适应了实践的需要,保持了稳定性和前瞻性,这符合合同发展的趋势。虽然买卖、租赁等都是传统的民事合同,但是随着商业贸易的发达,这些传统的合同都作为商事交易的手段,乃至成为国际贸易的制度。因此这些所谓传统的民事合同已经转化为商事合同,合同的内容已经呈现出与民法完全不同的特点,合同的法律问题,或许不再是消费者权益保护或者弱者的保护,而是要求法律关系更加清晰。所以合同法已经演变成商法的核心内容,从民商分立国家来看,商法典中的契约类型也丰富了民法典中的典型合同。因此,债编中的合同应当考虑商事交易的特点,将商事合同作为合同的核心内容和一般规定,方能体现合同法在发达贸易背景下的真正地位。对于以商事交易合同为主的合同如行纪合同、融资租赁合同、建筑工程合同等,应充分体现商法的原则和特点。对于委托合同等民商事领域都广泛适用的合同,应当区分民商事委托合同的不同,尤其是委托人是否可以随意解除合同,以及被代理人死亡对于合同的影响,民商事借贷合同对于利息请求权的不同等。

(二)区分公法和私法

民法是市民社会的法。[31] 因为民法旨在规范个人间的利益,民法主要特征及规范意义在于私法自治。[32] 商法虽属于私法范畴,但是属于带有公法化倾向的私法,有日益增多的公法性质的规范,形成商事法的公法化。[33] 商法公法化的规范体现了国家管制的需要,这些规定不宜进入民法典,破坏民法私法一般法的属性。

民商合一的实质是将民事生活和整个市场所适用的共同规则和共同制度集中规定于民法典,而将适用于局部市场或个别市场的规范规定于特别法中。相对于民法总则,即使是相对于商事法律,商事登记和账簿制度都为典型的特殊制度,无须动用民法总则进行规范。将各类制度简单机械地叠加于民法总则中,将会破坏民法总体上的逻辑性。如果把带有公法性质的商事特别法都汇编到民法典中,民法典的体系就无从谈起。

1. 关于商事登记。民法总则的规定重点在其一般性与抽象性,即符合最大公因式提取标准。即便在严格奉行民商合一的瑞士与意大利,其民法典总则中只是作出关于民法适用的一

[31] 参见梁慧星:《民法总论》,法律出版社1996年版,第25~31页。
[32] 参见王泽鉴:《民法总则》,中国政法大学出版社2001年版,第13页。
[33] 参见张国健:《商事法论》,三民书局1980年版,第20页。

般性规定，而未将商事登记制度引入民法总则。民法总则只需对于登记对抗效力作出一般规定即可。

2. 商事账簿制度本质上属于公法的范畴，在规范属性上并不属于私法。我国公司法、会计法已经对会计账簿作了相关规定。因此，在民法典中不应规定关于商事账簿内容。

（三）引入经营者或者营利性作为连接点

卡纳里斯将商法定位为企业的对外私法，[34]也有国内学者主张我国应在“企业”术语的基础上构建我国商法体系。[35] 但是，民法典的基本精神，应在于务实、精简，规范上着重纳入对于维护人民基本权利具有重大性、基本性和必要性的内容，没有必要画蛇添足，亦无须画地自限。[36] 因此，民法典编纂中，尤其是总则的内容，只能将民法与商法共通、共同的一般规则纳入其中，而不能为了通过将商法规范囊括而达到民商大一统，造成体系的粗细不均，并且加入过多商法规则，会导致民法典体系的不稳定性，甚至由于修改的困难，造成法典固化，影响实践的发展和商业的创新，所以企业法不宜进入民法典。总则对于法人规范部分应当只对于公司法、合伙企业法、个人独资企业法等单行的主体法之外没有规范的法人抽象共同规则进行规定，对于单行法有规范的内容可不再作抽象。

虽然关于公司等商法规范没有纳入民法典的必要，但是民法典也要通过引入经营者或者营利性等概念，联结民事关系和商事关系，补充完善商事规范。民法作为一般私法，其主要规范的是伦理性强的民事关系，营利性是例外。2002 年德国民法典增加了经营者和消费者概念，德国民法典中的经营者概念，显然较商人的概念广，则商人所为的交易行为当然能被经营者交易行为所涵盖，一旦民法契约法被改编为经营者契约法，则专以商事交易为规范对象的商行为规范，再无存在的必要。传统的双方商行为概念可以被经营者交易所取代，单方商行为则被消费者契约所吸收，商法典中的商行为编存在极其复杂的特别规定，则无存在的必要。[37] 对于典型商事合同，尤其是双方商行为，营利性是其目的之所在。因此，在债编中的典型合同中的一般规定或者物权编涉及商事留置以及其他特殊抵押规则，都可以采用经营者或者营利性概念为连接点对商事行为作特别规定。

（四）明确商事惯例为法律渊源

司法实践中，法院处理商事纠纷时，欠缺商法意识和商人精神，往往无视商法的基本理念，将商事纠纷视为民事纠纷，用民法的基本意识甚至是传统的伦理道德观念来解决商事问题，把公平放在第一位，注重公平而非效率和安全。这种看似体现社会公平的司法判断，实际上根本性地否定了商业预期，破坏了商业规律和秩序，严重损害了商主体的合法权益。[38] 用民法的基本原理解决商事纠纷，本质上是对商事交易意思自治的否定，因此必须明确商事惯例

---

[34] 参见［德］C. W. 卡纳里斯：《德国商法》，杨继译，法律出版社 2006 年版，第 11 页。
[35] 参见范健、王建文：《商法基础理论专题研究》，高等教育出版社 2005 年版，第 159 页。
[36] 参见王文宇：《从商法特色论民法典编纂——兼论台湾地区民商合一法制》，载《清华法学》2015 年第 6 期。
[37] 参见卢谌：《〈德国商法典〉：解构抑或重构》，载《德国研究》2014 年第 2 期。
[38] 参见樊涛：《我国商行为制度的评判与重构——兼论与法律行为制度的区别》，载《河南师范大学学报》（哲学社会科学版）2008 年第 5 期。

作为法律渊源。这也符合国际惯例，如日本在《商法典》第2条规定，关于商事活动，本法中未明确规定的事项遵照商习惯；无习惯的，适用民法规定。[39]《德国商法典》第346条规定，在商人之间，在行为和不行为的意义和效力方面，应当顾及在商事往来中适用的习惯和惯例。[40]

虽然我国《合同法》第61条规定，合同生效后，当事人就质量、价款或者报酬、履行地点等内容没有约定或者约定不明确的，可以协议补充；不能达成补充协议的，按照合同有关条款或者交易习惯确定。但是这里规定的交易习惯，性质上应属于事实上的习惯，而不是法律上的习惯。拉伦茨认为，习惯法是指长时期，事实上被普遍遵守之人际关系上的行为规则，循行者并具有借此以满足法律命令的意识。因此，仅有事实上的行止态度，其尚不足以证明习惯法的存在。[41] 因此，应由民法总则规定，商事惯例具有优先适用于民事基本法的地位。这符合约定大于法定的要求，符合法无禁止皆可为的现代市场经济规律要求。

（五）重视法官造法

实践中，有些法院在商法部门法没有规定转而直接适用民法的规定或者民法的原则进行裁判，不尊重商业实践和市场主体的自治，造成看似公平实则不公的裁判。王文宇认为，商事单行法规范有所不备时，固可考虑援用民法规定，但在此之前，个别单行法所存之商法原理原则，应有受优先参酌或调整适用之地位，方为理解正途。[42] 商法部门法的基本原则不足以作为民商法的共同原则，可以考虑通过单行法的规定与法官造法来实现。

拉伦茨认为，当具体法律规范存在漏洞时，需要法官遵循基本的方法进行法的续造（包括法律内的法的续造和法律外的法的续造）。尤其是基于法律交易上需要法官从事法的续造。[43] 法官可以借助一般原则从事法的续造，这些一般原则既包括民法的一般原则，更重要的是法官需要借助商法的特别原则，如更加重视意思自治、形式公平、效率、鼓励创新等，进行法的续造。法的续造需要司法和学理的良性互动，商法学者应当从个案中总结出更为可行符合实际的一般原理，指导商事审判实践。反过来，商事审判实践的完善，会为商法基本理论的研究提供更多的素材，促进理论研究。经过理论和司法的积淀，商法的一般原则和精神才会更好地推动立法进步。

五、结论

民商合一，既不是民法一统、民商融合，也不是民商松散混编，而是将商法一般规范中区别于民法的不同规范，根据民法典的抽象限度，编入其中。既保持民法典的稳定性和对具体部门法的引领作用，又要为商事法律的创新和发展留下空间。通过系统的梳理，将商法的一般规范分散编入民法典是目前较为务实和可行的路径。

---

[39] 参见刘成杰译注：《日本最新商法典译注》，中国政法大学出版社2012年版，第7页。
[40] 参见《德国商法典》，杜景林、卢谌译，法律出版社2010年版，第211页。
[41] 参见［德］卡尔·拉伦茨：《法学方法论》，陈爱娥译，商务印书馆2005年版，第230～231页。
[42] 参见王文宇：《从商法特色论民法典编纂——兼论台湾地区民商合一法制》，载《清华法学》2015年第6期。
[43] 参见［德］卡尔·拉伦茨：《法学方法论》，陈爱娥译，商务印书馆2005年版，第246、287页。

合同抑或自治规范？
——公司章程性质的再检讨

梁泽宇*

一、问题的提出

20 世纪 90 年代初，我国经历了国企改制的浪潮，为了保证改制后的企业的持续和平稳运营，鼓励员工为改制后的企业继续工作，我国在此轮国企改制中借鉴了西方国家的员工持股(employee stock ownership plans)经验，在不少改制企业中建立了职工持股制度。

然而，随着时间的流逝，不少持股的员工因为种种原因，不再留在原企业工作。而原企业则认为，发给员工股票的原因是为了挽留员工，员工若离开企业，则丧失了继续持有股票的基础。在最初实行员工持股制度时，不少公司的章程都对于上述情况缺乏规定。

2005 年，我国通过了对 1993 年公司法的修改。此番修改有着浓重的“去管制”色彩，释放了大量的公司自治空间。[①] 其中具有典型意义的是 2005 年《公司法》在其第 72 条新增了第 4 款规定：“公司章程对股权转让另有规定的，从其规定。”该规定也为 2013 年最新修改的公司法所保留，只是将条文序号改为第 71 条。

由于公司法的修改，不少公司选择修改公司章程，规定员工离职的，应当依修改后的章程规定将所持股份转让给第三人。员工不愿意依此转让自己的股票，由此在全国各地引发了一系列的诉讼。公司章程修正案虽经股东会通过，但是未获得全体股东一致同意的，其中强制股东转让其股权的规定是否有效，对此我国法院系统内部产生了不同的意见，这些判决有以下三种情况：

其一，无效。无效的主要理由为：股权具有财产权与身份权的双重属性，非经权利人的意思表示或法定的强制执行程序不能被变动。因此，在没有获得权利人同意的情形下，强制权利人转让其股份的章程条款对权利人无效。[②]

其二，有效。有效的主要理由为：章程强制股权转让规则是公司意思自治的产物，只要不

---

* 清华大学法学院商法学 2017 年博士研究生。

① 参见罗培新：《公司法的合同路径与公司法规则的正当性》，载《法学研究》2004 年第 2 期。

② 苏州市常熟市法院(2006)常民二初字第 335 号。

违背强行法，章程条款本身的强行性是有限公司维护封闭性愿望的表现，没有理由否定其效力。③

其三，整体有效，涉价格条款无效。持此种意见的法院认为，根据权利与义务对等原则，股东离职后不应继续持有股权，修改公司章程是公司股东会的法定职权，公司针对离职股东权利义务失衡的问题，作出股东会决议对公司章程进行修改，并未违反法律、行政法规的规定，应当有效。但是，股东权的行使不得损害公司或者其他股东的利益，因此股权转让价格条款对已表决同意的股东发生法律效力，对未表决同意的股东不具有约束力。④

实务上的混乱也引发了理论上的争论，而且尽管《公司法》第71条第4款已经施行了十余年，但是对该条款的理论、实务争议从来没有停止过。初始章程以及一致通过之章程修正案中对股权转让特殊规定的效力，一般都能获得理论界和实务界的认可。但是章程修正案对股权转让特殊规定的效力，尤其是对投反对票股东的效力，仍然是理论界和实务界争议的焦点。十余年来，这些交锋为本文的研究留下了丰富的素材，如今重新检视理论学说的发展和实务操作的变迁，展现两者的交互关系，是一个富有意义的视角。

二、法官认识的发展历程

"春江水暖鸭先知"，我国商事审判的法官对现行《公司法》第71条第4款之解释始终保持着关注。前文已经述及自2005年至今，我国法官群体对《公司法》第71条第4款的解释依然没有得到完全的统一，但是通过综合考虑最高人民法院之态度、不同地域法官文章中的观点、法院内部权威发行物以及省级以上法院的内部文件，我们还是能够粗略地辨析出迄今为止法官之间的主流观点，共经过三个阶段的发展。

（一）第一阶段：绝对无效

2007年，由最高人民法院主办的全国性刊物《人民法院报》刊发文章，指出"未经股东本人同意，股权转让不能成立"。⑤ 撰写此文的法官指出，股东权的自由转让是股东的固有权利，除经合法程序不得剥夺，因此章程不得剥夺或限制股权转让自由。文章对现行《公司法》第71条第4款采取限制性解释，认为该款仅授权章程对现行《公司法》第71条第1款至第3款的法律规定进行另行规定。由于现行《公司法》第71条第1款至第3款规定的是其他股东优先权和向第三人转让的程序，因此章程仅能对其他股东优先权的行权方式以及向第三人转让股权之相关要件作出不同于公司法的规定，但是不得违背股东的意思，强制其转让股东权。总之，文章认为，某些股东权只有经过股东同意方能处分，而以资本多数决方式通过之章程不得对这些股东权进行限制或剥夺，否则章程无效。⑥

同年，江苏省高级人民法院民二庭在最高人民法院机关刊《人民司法·应用》上发表文

---

③ 如常州市天宁区人民法院(2006)天民二初字第338号；江苏省高级人民法院(2013)苏商申字第343号。
④ 如南京市栖霞区人民法院(2007)栖民二初字第506号；南京市中级人民法院(2008)宁民二终字第449号。
⑤ 孔修寅、王东辉：《未经股东本人同意，股权转让不能成立》，载《人民法院报》2007年2月17日，第4版。
⑥ 参见孔修寅、王东辉：《未经股东本人同意，股权转让不能成立》，载《人民法院报》2007年2月17日，第4版。

章，文章中也探讨了章程修正案强制股东转让股权的效力问题。文章首先对章程可规定的事项范围也即章程的效力范围进行了探讨。文章认为，并非所有股东权都可以交由资本多数决原则来处分，虽然后者是公司治理的基本游戏规则。股东权大体可以分为三类：第一类是不可因资本多数决乃至不可因各方合意而改变的权利，这类权利包括实现诚实信用之权利和涉他性权利；第二类是可以因各方合意，但是不可因资本多数决所改变的权利，如盈余利润分配权、新增出资优先认缴权、表决权以及股东权的整体处分权；第三类就是无需各方合意，可以通过资本多数决改变之权利，但同时应受到现行《公司法》第20条的限制。

文章进一步指出，鉴于股东权的整体处分权属于第二类股东权，由于初始章程以及股东一致通过的章程修正案实际上获得了每一个股东的同意，因此初始章程以及股东一致通过的章程修正案对股东权的整体处分作出规定的，应属有效。而没有获得股东一致通过的章程修正案，对投反对票的股东不具拘束力。但是，若承认该章程修正案对投赞成票的股东具有拘束力，则会导致股东之间的不平等，因此应当认定该章程修正案整体无效。⑦

由于以上两篇文章都发表于最高人民法院主办的全国性刊物上，对全国各级法院的法官都有很强的参考意义，因此我们有理由认为，在现行《公司法》第71条第4款面世之初，我国法官中的主流观点认为，股东权的整体处分权属股东固有权利，除法律特别规定外（如强制执行等），其变动应获股东本人之同意，非经全体股东一致通过的章程修正案，不得对股东权的整体处分权进行剥夺或限制。

（二）第二阶段：原则无效，例外有效

在2011年全国法院学术讨论会上，上海市的法官发表文章对上述观点做了进一步的发展。文章还于当年获得了上海法院系统学术讨论会的优秀论文奖，可以说论文的观点代表了相当一部分法官的认识。

相比于上一部分之观点，本文显著的不同之处体现在两个方面：

一是，文章认为，即便初始章程是全体股东合意的结果，但是对股东权整体处分的限制也必须符合公司法的基本原则。由于股权转让自由是公司法的基本原则，因此当章程对股权转让的限制已经达到了灭绝股东财产的程度，那么这样的限制就是不合理的、违背公共利益的，因而也是不合法的。⑧ 当然，若章程剥夺了股东转让股权的权利，也自然属无效规定。文章的作者还引入了英美法上的合理性检验标准予以印证。在国内，广东省高级人民法院认为，“公司章程的限制不得过于严格，不能造成股权转让难以进行或根本不可能进行，更不能明确禁止股权转让”。⑨ 广东省高级人民法院的意见也为本理论提供了一定依据。

于此，文章实际上是提出了对章程应当进行合理性审查的问题。这对于前文所述的观点是一个极大的突破。这就暗示着，江苏省高级人民法院民二庭提出的以股东合意和资本多数

---

⑦ 参见江苏省高级人民法院民二庭：《审理有限责任公司治理结构案件中的三个基本问题》，载《人民司法·应用》2007年第7期。

⑧ 参见朱颖琦：《转型中国公司章程自治实践中的司法力量——以公司章程中股权转让约定条款效力的司法审查为例》，载《探索社会主义司法规律与完善民商事法律制度研究——全国法院第23届学术讨论会获奖论文集（下）》2011年，第1302～1310页。

⑨ 吴晓峰：《广东高院：公司章程不能禁止和变相禁止股权转让》，载腾讯网：http://news.qq.com/a/20071021/001175.htm，最后访问日期：2017年4月19日。

决为划分标准的股东权“三阶层”体系可以得到部分重构，而重构的标准是“合理性检验标准”，亦即法院可以通过章程规定是否合理来判断章程条款的效力。

二是，文章指出固然防止大股东通过资本多数决侵犯小股东利益，依然是法院解释、适用《公司法》第71条第4款首先应当警惕的问题，但是除此之外，法院还应当考虑公司整体之利益，允许在特殊情况下突破股权转让自由原则。文章认为，当股东的行为严重侵犯公司的利益时，法院应当从维护公司整体利益的角度，认可章程修正案（获得通过，但是未取得全体股东一致同意）中强制股东转让其股权的规定。文章还指出，在这种情况下，由于该股东之行为已经严重侵犯公司以及其他股东的利益，使得有限公司的“人合性”丧失，强制该股东离开公司是合适的选择。

综观全文，文章提出的两个新理论至少存在两个现实背景：一是在国企改制过程中，企业向职工发行股份，在很大程度上是为了挽留职工、保持市场竞争力，若职工拿到股份后提前离职，会使得企业的期望落空；此外，职工继续为企业工作是员工持股的对价之一，这是约定俗成的做法，属于“默示条款”，因此企业可以通过章程修正案予以明确化。二是我国存在大量的家族企业，家族企业有其存在的价值，允许章程修正案对股权转让进行限制，表现了对我国经济运行中的家族企业现象的尊重，有利于促进社会整体利益。⑩

（三）第三阶段：原则有效，例外无效

2015年，在全国法院第二十六届学术讨论会上，南京市中级人民法院的法官和江苏省扬中市人民法院的法官分别独立提交论文，再次对章程修正案限制股权转让的效力进行讨论。

南京市中级人民法院的法官以公司修改章程强制离职股东转让股权为例，提出了尊重公司内部自治，认定章程有效，利用矫正机制和救济通道，防止表决权滥用的观点。文章将尊重公司整体利益提升到了首要位置，认为资本多数决这一治理机制本身就体现了股东的共同意志，因此通过资本多数决形成的决议应当为全体股东所一并遵守。针对可能由此引发的控股股东滥用表决权侵犯小股东利益的行为，文章主张运用物权保护理论，遏制章程中侵权条款的适用。⑪

扬中市人民法院的法官提出了类似的观点，也主张在公司章程意志与股东个人意志冲突时，应以公司章程意志为先。唯如此可能造成控股股东对小股东利益的侵害，因此法院在审查公司章程效力时，应“适当”考虑是否存在控股股东权利滥用。扬中市人民法院的法官还提出了审查是否存在控股股东权利滥用的实质标准：一是审查是否违反法律或者社会公共利益，二是审查股东投票时的真实意思，三是审查是否损害股东的核心利益和合理需求。⑫

无独有偶，2015年最高人民法院选编的《人民法院案例选集》收录了“蒋某莉诉四川杰特机器有限公司股东资格确认纠纷一案”，法院判决与上述两地法官的看法一致。

---

⑩ 参见朱颖琦：《转型中国公司章程自治实践中的司法力量——以公司章程中股权转让约定条款效力的司法审查为例》，载《探索社会主义司法规律与完善民商事法律制度研究——全国法院第23届学术讨论会获奖论文集（下）》2011年，第1302～1310页。

⑪ 参见朱绚凌、沈湧、樊荣禧：《“股随岗变”连环诉讼之裁判迷局、归源及破解——兼论公司强制离职股东转让股权的效力》，载《全国法院第二十六届学术讨论会论文集：司法体制改革与民商事法律适用问题研究》2015年，第1333～1340页。

⑫ 参见熊鹰：《公司章程限制股权转让条款的司法审查及效力认定》，载《全国法院第二十六届学术讨论会论文集：司法体制改革与民商事法律适用问题研究》2015年，第1325～1332页。

四川杰特机器有限公司(以下简称四川杰特)是由国企改制而来,直至2013年4月前蒋某莉都是四川杰特的职工,且于四川杰特改制时取得企业的部分股份,成为企业的职工股东。蒋某莉于2013年2月提出辞职,并于2013年4月9日获批。四川杰特于2013年4月9日召开股东会,并通过了章程的修正案:"因违反法律、法规、违反公司规章制度等而被解聘的股东、自动辞职的股东,从离开岗位或被解聘之日起,其股份权由公司按股权证证载股额全额收回。"蒋某莉出席股东会并投了反对票。一审法院认为蒋某莉取得四川杰特的股权是基于其职工身份,蒋某莉辞职后丧失了该身份,因此四川杰特的章程修正案具有合理性,不违反法律规定。法院还指出,股权转让价格应当由出卖人和买受人协商决定,协商不成的应按照公允价格交易。二审法院维持了一审法院的判决。[13]

以上两份论文和一份判决书,分别反映了江苏省和四川省法官的观点,各方的观点近乎一致,而且都刊登在对全国法院系统皆有一定影响力的发行物上,可以看出,至迟在2015年我国法院系统内部又形成了相对统一的意见。

(四)小结

回顾近十余年来我国法院系统内部的观点,可以比较清晰地分辨出三个发展阶段。第一阶段的共识出现在2005年公司法颁布施行约两年后,主张股东个人对股东权的整体处分应优先于公司章程的意志,具有明显的物权保护和合意变动规则的思维。

第二阶段的认识或许还称不上是全国法院系统范围上的共同认识,但是第二阶段观点的出现,部分突破了第一阶段观点所设置的物权保护和合意变动规则的藩篱。第一阶段的观点认为若无股东同意,则章程不得强制股东转让股权,可以称为是"绝对无效"模式。而第二阶段的观点则以股东意思自治为原则,以维护公司的整体利益为例外,可见第二阶段对章程修正案(未获得全体股东的一致同意)强制股东股权转让条款之效力认定,采"原则无效,例外有效"的态度。

第三阶段的观点则更进一步,在审查章程效力上主张的以公司意思自治为原则,以保护小股东合法权益为补充,我们可以称之为"原则有效,例外无效"模式。近十年法院认识的发展,明显地体现出商事审判思维逐渐替代民事审判思维的过程,法院关注的重点由股东私权利的保护逐渐转到公司整体利益保护上来,是一个公司意思与股东意思不断分化,公司意思自治程度不断加深的过程。

从我国法院主流观点形成的周期来看,每两个相邻阶段的间隔都是4年(2007年至2011年至2015年),不知这仅是一个巧合,还是审判经验内部不断扬弃而表现的外部客观规律?

---

[13] 四川省资阳市简阳市人民法院(2014)简阳民初字第1173号;四川省资阳市中级人民法院(2014)资民终字第355号。

三、理论学说的争议与发展

实务中的问题，立刻得到了理论界的关注，很快就形成了一个研究上的热点。理论上分析章程性质与效力问题的工具主要是公司合同理论和自治规范理论。

根据新古典经济学的公司合同理论，公司“乃一系列合约的连接”。[⑭] 此种理论盛行于英美，认为公司章程系公司与股东之间的“法定契约”，章程的合法性来源于公司各股东之合意。典型的如英国《1985 年公司法》第 14 小节规定：如同该公司章程及规定细则（memorandum or articles）已由公司成员共同签署一般，已登记的公司章程及规定细则将得拘束公司及其成员；而且前述公司章程及办事细则包含每一公司成员遵守之所有公司章程及办事细则条款的正式文件（covenants on the part of each member to observe all their provisions）。[⑮] 修订后的英国《2006 年公司法》虽然对公司章程作出了部分改革，但仍然坚持认为其“是股东与公司之间、股东相互之间的法定契约”。[⑯]

“自治规范理论”则主张公司章程是公司内部的自治规范，对所有股东具有普遍约束力。该观点认为，有限责任和资本多数决是公司制度的两大基石。因大股东提供相对多的出资，其与公司的利害关系相对较大，承担的风险也较大，故多数资本在公司中占主导地位，这也符合权利与义务相一致的民法原理。大陆法系国家的多数学者认为，公司章程不是公司与股东以及股东相互之间的契约，而是公司内部的自治规范。[⑰]

在公司合同理论下，合同各方的合意是修改章程的重要方式。而自治规范理论则主张在公司内部决策过程中，根据少数服从多数的民主原则，采纳持股数占多数的股东意志，以资本多数决的方式进行经营判断。[⑱] 当然，二者也不是绝对排斥的，公司合同是长期合同，公司章程是不完备的开放式合同，公司章程不能就公司经营过程中可能面临的所有问题进行规定，为了促进商事效率，股东会可以通过资本多数决的方式对章程进行修改。[⑲]

然而，仍需讨论的是，章程在哪些事项上是“完备”的，因此必须由合意来解决；而在哪些事项上是“不完备”的，可以借由资本多数决来决定？由现行《公司法》第 71 条第 4 款导致的实务争议，给了理论界极好的讨论脚本。

（一）二元说的提出

学者中较早对实务上困境做出回应的是钱玉林教授，他于 2009 年发文指出，初始章程和

---

⑭ Jensen & Meckling, "Theory of the Firm, Managerial Behavior, Agency Costs and Ownership Structure", 3 *J. Fin. Econ.* 305, 360 (1976).

⑮ 在英国，公司章程及办事细则原则上均须提交政府机关公告登记。在美国，公司章程（articles of incorporation）与办事细则（by-laws）之规定的事项不同，前者于公司设立登记时必须将章程向州政府申报，故而章程为一公开之文件。后者之内容系有关公司内部事务之管理，其内容不得与章程之内容相抵触，因不需向州政府申报，故不公开。See Robert W. Hamilton, *The Law of Corporations in a Nutshell*, 5th ed., 2000, pp. 78 – 80, 105 – 106.

⑯ See Companies Act 2006 Explanatory Notes, Chapter 2(65); Also see Paul Davies, *Gower's Principles of Modern Company Law*, 6th ed., 1997, pp. 115 – 122.

⑰ 参见王保树教授七十华诞祝贺文集编写组：《商法、经济法的最新发展》，法律出版社 2010 年版，第 164 页；朱慈蕴：《公司章程两分法论——公司章程自治与他治理念的融合》，载《现代法学》2006 年第 5 期。

⑱ 参见朱慈蕴：《资本多数决原则与控制股东的诚信义务》，载《法学研究》2004 年第 4 期。

⑲ 参见宋从文：《公司章程的合同解读》，载《法律适用》2007 年第 2 期。

章程修正案的法理不同，前者的制定系由股东或发起人一致同意做出的，而后者的修改则采取资本多数决的方式。钱玉林教授由此认为，若是初始章程中的“另有规定”，则受影响的股东因为已经同意了初始章程而受其拘束；而章程修正案中的“另有规定”，若未获得股东的同意，则对该股东不产生拘束力，不得排除公司法规则的适用。[20]

2011 年，钱玉林教授进一步对自己的理论进行了完善。他认为章程不是一个不可分割之整体，因此根据章程规定事项的不同，章程的内容可以分为作为合同的章程、作为自治规范的章程以及根据具体情形确定为合同或自治规范的章程。钱玉林教授认为“另有规定”基本都属于根据具体情形确定为合同或自治规范的内容，至于实务中如何界定，他认为应当以是否平等地对待全体股东为标准。质言之，平等地对待全体股东的“另有规定”，可以根据资本多数决判定其有效；而针对个别股东的“另有规定”，则应当依据合同路径判其无效。[21]

2012 年，可能是为了应对质疑，钱玉林教授专门就章程限制股权转让之效力发表文章。在文章中，他提出将限制股权转让条款划分为程序性规定和股权处分权规定。初始章程可以同时另行对程序性要求和股权处分权做出规定；章程修正案除非得到股东的一致同意，否则只能对股权转让的程序另行做出规定，而不得涉及股权处分权本身。[22]

钱玉林教授的理论综合了公司合同理论和自治规范理论，按章程条款的形成原因，将章程分为初始章程和章程修正案，按章程的内容，将章程分为合同、自治规范、依具体情况确定为合同或自治规范三个部分。因此，笔者称其观点为“二元说”，其主要内容如表 1 所示：

表 1

方式与内容	初始章程	章程修正案	
方式	合意	合意	多数决
内容	股东之间的关系；股东固有权利	股东之间的关系；股东固有权利	股东与公司之间的关系；程序性规定及其他
	股东与公司之间的关系及其他		

二元说的基本逻辑如下：

其一，由于初始章程必然是各股东经过博弈后合意的体现（若各发起人没有就章程达成一致意见，则公司不会设立），因此无论是股东之间的关系还是股东与公司之间的关系，皆是发起人合意的体现。

其二，后续对章程的修改，必须依据不同的合法性基础进行。若涉及股东之间的关系，该章程修正案必须由股东全体一致通过方可；若涉及股东与公司之间的关系，则可通过资本多数决通过，以实现对效率的保障。

（二）自治规范理论的反击

二元说虽然同时批评了公司合同理论和自治规范理论，并采取了兼而取之的态度。但实

[20] 参见钱玉林：《公司章程“另有规定”检讨》，载《法学研究》2009 年第 2 期。
[21] 参见钱玉林：《作为裁判法源的公司章程：立法表达与司法实践》，载《法商研究》2011 年第 1 期。
[22] 参见钱玉林：《公司章程对股权转让限制的效力》，载《法学》2012 年第 10 期。

则自治规范理论是公司法上占统治地位的学说，钱玉林教授的做法无疑扩充了公司合同理论的辐射范围，而入侵了自治规范理论的领地，因此受到了自治规范理论支持者的反击。

2011 年，吴建斌教授发文起身维护自治规范理论的地位，再次声明公司机关之议事规则应当依据资本多数决为之，反驳章程修正案（未经全体股东一致同意）中限制股权转让条款无效的观点。他认为，无论是初始章程还是章程修正案都属于公司的自治规范，股东同意章程加入公司之时，就意味着股东同意遵照公司法所预设的“资本多数决”游戏规则。[23] 股东不得保留股权处分权这一“自留地”，股权处分权也同样作为筹码参与到公司游戏之中。

自治规范理论对二元说的质疑，其理由大致包括：一是一人公司的大量涌现导致公司合同理论根基不稳；二是公司法中关于公司议事规则的规定，都明确体现了资本多数决原则，如现行《公司法》第 43 条、第 90 条、第 103 条、第 111 条等；三是章程修正案（未经全体股东一致同意）可能造成对某些股东具有拘束力、对某些股东不具拘束力的悖论；四是二元说的复杂结构可能引致理论的混乱等。二元说所要解决的主要问题在于，控股股东可能利用资本多数决规则，滥用股东权利进而侵害小股东的利益，因此要赋予小股东一定的防卫性权利，该权利的前沿阵地就是以股权处分权为代表的股东固有权利。而吴建斌教授指出，二元说固然有上述优点，但是也会导致少数股东进行逆向选择，扰乱公司正常经营秩序，因此二元说的制度设计不是最佳方案，相较而言自治规范理论提供了一个更优的制度选择。[24]

（三）小结

二元说并不认为章程的全部内容都是合同，而是将公司合同理论和自治规范理论进行了综合，并且经过不断完善和发展，形成了比较有序的逻辑体系。然而，这套理论体系之间的内部关系并不足够分明，二元说将章程划分为合同、自治规范和依具体情况确定为合同或自治规范三种类型。相对而言，合同和自治规范应是比较明确的两个部分，然而二元说也没有给出清晰的界定标准，而是通过列举的方法予以呈现，这就造成作为合同的章程和作为自治规范的章程在各自的外延上是模糊的。

章程的第三种类型，即依具体情况确定为合同或自治规范的内容，是二元说处理疑难问题的“杂货铺”。之所以称为“杂货铺”，是因为二元说将无法一眼分辨出是合同还是自治规范的章程内容，划入了此部分，交由个案评判，然而二元说却无法从理论上提供有效的评判标准。

二元说提出了实证标准和形式标准两个标准。实质标准是股东平等标准，即平等地对待全体股东的“另有规定”，可以根据资本多数决判定其有效；而针对个别股东的“另有规定”，则应当依据合同路径判其无效。[25] 然而，这一实质标准恐怕难以通过实证的考验。究其原因，法院难以判断章程修正案中的“另有规定”是否平等地或不平等地对待全体股东。而且，即便是“不平等”地对待股东，如已经发生的“股随岗动”案件当中，多数情况下都是个别股东离职在先，修改章程在后，因此此类的章程修改基本都是“针对个别股东”的，但是从实证上看法院

[23] 参见吴建斌：《合意原则何以取代多数决——公司合同理论本土化迷思解析》，载《法学》2011 年第 2 期。
[24] 参见吴建斌：《合意原则何以取代多数决——公司合同理论本土化迷思解析》，载《法学》2011 年第 2 期。
[25] 参见钱玉林：《作为裁判法源的公司章程：立法表达与司法实践》，载《法商研究》2011 年第 1 期。

越来越倾向于判决此类章程修正案有效。

二元说还提出了形式标准,即区别程序性规则和实体性规则。二元说以限制股权转让为例,认为章程修正案在未取得全体股东一致同意的情况下,只得对程序性规则作"另有规定";而初始章程方能对程序性和实体性规则作"另有规定"。[26] 这里的问题是,程序性规则和实体性规则差别有时可能并不明显,如某些公司章程规定了极其严苛的股权转让程序,可能实质性地剥夺股东股权处分权。这就使得二元说的形式标准也难以适用。

而自治规范理论的优点在于简洁明了,无论对于股权处置还是公司内部治理都适用同样的规则。

吴建斌教授坚持,合意原则不能取代公司的多数决原则。他甚至认为,章程分为初始章程和章程修正案的效力也是不妥当的。"公司章程依据法律规定确定的多数决议事规则,是所有公司股东不管在哪个阶段加入公司时,都默示接受的游戏规则","章程中有关多数决的制度安排,是经过在具体决议时的异议股东实现统一接受的"。[27]

自治规范理论虽然具有简洁明了的优点,但是在理论体系上也有解释力不完美的地方。最典型的就是,章程修正案虽然可以强制股东转让其股权,但是股权转让价格必须符合社会上的公允价格,公司自治的余地就较小。

总之,章程修正案对股东权整体处分权的"另有规定",已经相当接近公司合同理论和自治规范理论的边界线,故而二者才会相互对垒,冲突激烈。权利的寻疆勘界不仅需要在理论上进行充分讨论,还必须详尽比较、分析各种制度选择的优劣,才能做出明智的抉择。

四、二元说和自治规范理论的比较分析

根据科斯提出的交易成本理论,法律只是对初始权利归属进行了分配,社会还可能依照实际情况,对资源进行二次分配。前文已经论及,二元说与自治规范理论都存在一定的优势以及不足之处,甚至可以说,二元说与自治规范理论在绝大多数实务适用上都是没有区别的,其区别只存在于若干复杂情形之中(如本文所讨论的,未获全体股东一致同意之章程修正案,强制股东转让股权的情形)。

从理论上的完善性来说,自治规范理论更加简洁,但是二元说的理论构造也具有一定的层次感和逻辑性。因此,我们还必须探讨两种理论的制度选择会对现实生活产生何种直接影响,以及权利初始分配之后,为达致社会效用的最大化,有哪些制度上的救济以及当事人之间的矫正手段。通过对社会影响的分析,来确定两种理论孰优孰劣。

(一)二元说的制度成本

1. 二元说的社会影响

二元说将股东权整体处分的权利配置给小股东,因此大股东不可以通过多数决的方式将

[26] 参见钱玉林:《公司章程对股权转让限制的效力》,载《法学》2012 年第 10 期。
[27] 吴建斌:《合意原则何以取代多数决——公司合同理论本土化迷思解析》,载《法学》2011 年第 2 期。

小股东剔除出公司。从客观上来讲,二元说能够吸引小股东加入公司,因为小股东可以通过自己的意志决定去留问题,而不存在被大股东强制剔除之虞,在公司经营得力、发展前景光明时,小股东可以分享公司发展带来的利润;而当公司经营不善、发展前景黯淡时,小股东也可以根据自己的判断在合适的时点离开,减少损失。因此,二元说有利的一面在于,能够为公司吸引投资和挽留人才,进而增强公司的凝聚力。

二元说不利的一方面就在于,公司治理存在代理成本,小股东在公司中占股比例较低,与公司利益的同质化程度较低,因此可能产生理性的冷漠和"搭便车"行为。然而,有限公司具有人合性的特征,有限公司股东对公司的投入,不仅体现为金钱投入,还表现在智力上、管理上、劳务上的投入。有限公司的股东往往在有限公司中任职,甚至股东本身就是公司的核心员工。有限公司的小股东"出工不出力"将会使有限公司的人合性丧失。例如,前引"蒋某莉诉四川杰特机器有限公司股东资格确认纠纷一案",若不允许公司修改章程强制离岗职工转让股权,则会导致离职员工既可以享受低价入股的优惠,却又不用为公司的进一步发展贡献力量,致使职工持股的目的无法达成。

更为严重的是,由此可能引发小股东的蛮横行为。[28] 由于小股东与公司利益的同质性较低,而大股东与公司利益的同质化程度更高,小股东可以牺牲自己部分的利益而让大股东遭受更大的损失,通过这种方法要挟公司和大股东向其意志屈服,由此导致公司经营开展举步维艰,或侵害大股东和公司的合法权益。

总而言之,二元说会迫使大股东谨慎选择其合作伙伴,以避免出现因少数股东不配合而影响公司经营之情况出现。

2. 二元说模式下的矫正机制

(1)于初始章程中事先约定

为了避免少数股东的理性冷漠、"搭便车"和蛮横行为,二元说模式下,大股东最有利的手段就是在设立公司时,通过在公司初始章程中记载相关事项,明确规定资本多数决适用于股权处分权。

但是这种矫正机制的缺点在于:首先,该种机制对于已经设立的公司无效,我国国企改制普遍发生于2005年《公司法》颁布之前,此种矫正机制对救济改制企业及其大股东没有效果。其次,此种集中只能是"头痛医头,脚痛医脚",相当被动,只有当其他公司发生相关章程效力纠纷时,才可能为其后预备设立的公司提供借鉴。而且章程起草过程中,需要设想今后可能遇到的章程效力纠纷,并设计专门的解决机制和游戏规则,即使不是不可能,也是极其耗费精力和资源的。

(2)小股东法定义务的设置

小股东虽然持股比例较低,但是作为公司的股东,自然需要与公司的利益保持一致,不得利用股东身份、滥用股东权利损害公司和其他股东的利益。现行《公司法》第20条不仅适用于控股股东,同样适用于中小股东。小股东的行为侵犯公司利益的,公司可以提起司法诉讼,请求法院判决有此行为的股东离开公司。

---

[28] 参见朱慈蕴:《资本多数决原则与控制股东的诚信义务》,载《法学研究》2004年第4期。

然而,司法资源的启动是有成本的,公司只可能就小股东严重侵权的行为提起诉讼,而对于小股东理性冷漠和“搭便车”则不大可能提起诉讼,且就算提起诉讼也难以得到支持。此外,还有一个重要问题在于,虽然我国有学者提出过,小股东也应履行诚信义务,[29]但是总体而言,对小股东法定义务学术界关注较少,小股东的法定义务有哪些?判断其是否满足上述义务的标准为何?在实务上缺乏相关经验,理论界也没有提供有力的理论支持。

(二)自治规范理论的制度成本

1. 自治规范理论的社会影响

自治规范理论将公司的主导权赋予持有大多数股权的股东,这是因为持股比例越大,股东与公司利益的同质化程度就越高,越能从公司的利益出发,实现公司利益的最大化。当然,自治规范理论的劣势也很明显,就是存在大股东滥用其表决权优势的风险,将大股东自己的利益凌驾于公司利益与小股东利益之上,通过掠夺小股东的利益,获取超出自己持股比例的经济利益。

根据自治规范理论,大股东可能在公司发展顺利、盈利前景可观时,通过资本多数决的方式将小股东排除出公司,使小股东无法享受公司发展带来的好处;大股东还可能在公司发展前景不好时,禁止小股东及早离开,甚至强迫小股东接盘,通过损害小股东的利益,减少自己的损失。

自治规范理论在一定程度上既会阻却投资人的投资热情,也会降低股权、期权奖励的激励效果,因为小股东的股权处于不确定之中。

2. 自治规范理论模式下的矫正机制

(1)小股东提高持股比例

这种方法最为直接有效,但是社会成本也最高。在有限公司中,如果小股东持股超过1/3,大股东就一定丧失了凭自己一方即可修改公司章程的能力,小股东保护自己的能力则大大加强。但是,这样的后果必然是社会资源的大量浪费,这意味着所有超过2∶1(大股东及其一致行动人∶所有小股东之和)的股权比例配置都无法选择了,显然这种方法不可能适用于每一个企业。

当然,在资金充足和投资利益丰厚的前提下,所有中小股东都倾向于尽量提高自己的股权份额,在实践中也存在诸多关键节点,如持股超过5%、10%、33.33%乃至接近50%等。

(2)另行签署协议

在章程之外,另行签署协议是防止大股东侵犯小股东权利的一个可选方式之一。若另行签署协议,则大股东因此而负有对小股东的债务,不得任意修改章程。

这种情况在我国股权投资的操作中已经十分常见。投资人在作出投资决定后,往往会和公司大股东签订投资协议及其补充协议,在这一系列投资协议中,会对双方的权利义务作进一步的约定,如投资人有对重大事项的一票否决权(其中就包括股权转让)等。而有时,为了方便地通过工商部门的备案,这些投资协议或其补充协议不会体现在备案的公司章程之中。

---

[29] 参见苗壮:《美国公司法制度与判例》,法律出版社2007年版,第338页。

在这种情况下，投资者固然仍旧存在大股东修改章程、失去股权之虞，但是由于其对大股东享有债权，因此，还是能够确保其投资的安全性。这种情况，在公司将要上市前尤为常见，因为公司上市往往意味着原股东手中的股份价值要翻很多倍，而投资者的股份相对于创业者的股份往往份额较小。为了防止创业者在上市前利用投票权的优势，强制使投资者退出，使投资者“竹篮打水一场空”，投资者往往利用这种手段保护自己作为小股东的利益。

(3)设置章程特别表决条款

该方法和上述方法类似，都是通过预先设置对大股东的限制，以保障自身权利，所不同的是，上一种往往运用于股份公司场合，因为股份公司的备案登记较为严格。而此种方案可以适用于有限公司。

譬如，在股权投资中，投资者可以在章程中规定，对某些章程内容的修改，必须达到比2/3表决权更高之标准，乃至需要全票通过，或者投资者拥有一票否决权。这样规定的客观因素在于，我国对初始章程和后续章程的效力不作区分，如果不做特别规定，那么在大股东所占股权超过2/3的场合下，小股东在初始章程中设置的约束大股东之条款已经没有意义，因为大股东可以随时修改该条款。

以上是我国社会为解决大股东侵犯小股东权益，尤其是股权权益常见的方法，亦不违反法律、法规的强制性规定。但这些方法在股权投资领域很常见，因为此领域的投资人大多是专业人员，而被投资的公司及其原股东亦拥有较丰富的投资管理经验。

然而，对于没有投资经历的自然人而言，在选择与他人共同投资设立和加入公司之时，往往难以考虑到通过以上方式保护自身权益，而在公司不断发展壮大之后，在利益的驱动下，就会发生诸如公司修改章程强制要求离职股东转让股权的纠纷，这种情况也是很常见的。

(4)控股股东的诚信义务

“控制股东的控制权力和其承担的诚信义务是控制股东支配力产生的孪生兄弟。”[30]控股股东通过资本多数决的方式支配公司的行为，必须受到诚信义务的约束。在 *Donahue v. Rodd Electrotype Co. of New England Inc.* 案中，美国马萨诸塞州最高法院首次提出股东的诚信义务，指出“封闭公司的股东应承担与合伙组织合伙人间所负的信义义务相同的义务”，封闭公司的股东应该以“最大的善意和诚信”对待公司的其他股东。[31]

在普通法上，判断股东是否履行了对其他股东的诚信义务，须以是否符合股东的合理预期为标准。[32] 法院在判定时，应遵循两个步骤。第一步是证明“预期”的存在。这就要求原告提供两方面的证据：一是证明典型封闭公司中股东行为模式的一般性证据；二是符合这种行为模式的、股东于公司中的实际行为过程的特定证据。第二步是证明预期的“合理性”。此时法院需要运用假设交易模型，还原公司创立之初时股东之间的协商场景，探求股东当时的心理状态和计算过程，从而得出股东当时的合理预期。[33]

---

[30] 朱慈蕴：《资本多数决原则与控制股东的诚信义务》，载《法学研究》2004年第4期。

[31] 367 Mass 578, 328 N. E. 2d 505(1975).

[32] 参见汤欣：《论公司法的性格——强行法抑或任意法?》，载《中国法学》2001年第1期；常健、张强：《商业判断规则：发展趋势、适用限制及完善——以有限责任公司股利分配为视角》，载《法商研究》2013年第3期。

[33] 参见常健、张强：《商业判断规则：发展趋势、适用限制及完善——以有限责任公司股利分配为视角》，载《法商研究》2013年第3期。

虽然控股股东的诚信义务在比较法上和理论上已经有了比较丰富的积累,但是其仍然存在比较明显的缺陷。首先,我国实务上仍缺乏审查控股股东诚信义务之经验。其次,根据谦抑原则,法院对商业判断一般采取克制态度,一是因为行为人自己才是判断商业行为最好的法官;二是商业判断有一定的专业性和冒险性,法院无法从事后完全模拟商业判断做出时行为人的想法。因此,采取控股股东诚信义务以弥补自治规范理论带来的负面影响,在效果上依然存疑。

(三)两种理论制度成本的比较

二元说对中小股东相对有利,主要的负面问题是会产生小股东的合理冷漠、"搭便车"以及蛮横行为。其主要的矫正机制有预先制定章程有关条款和设置小股东诚信义务。但是,这两个矫正机制都有不足之处,前文已有分析,在此不赘。

自治规范理论对大股东更为有利,主要的负面问题是会导致大股东的滥权。通常股东可以通过提高股权份额、另行签署协议、设置章程特别表决条款等方式进行预防。然而,第一种方式即提高股权份额实则是一种颇为浪费资源的做法。而后两种方式,存在二元说矫正方式的同样问题,即股东必须提前预见可能出现的章程效力争议。当出现效力争议时,股东各方已经无法达成合意,此时再让他们通过另行签署协议、设置章程特别表决条款的方式解决问题,显然是行不通的。自治规范理论的副产品是控股股东的诚信义务,但是在我国实务中的适用情况还有待检验。

1. 二元说的优势之处

自法律经济学提出以来,"以效率为价值取向的法律经济学,无可争议地成为公司法学研究中最具解说力的分析工具"。[34] 根据科斯定理:(1)在交易费用为零的情况下,不管权利如何进行初始配置,当事人之间的谈判都会导致资源配置的帕雷托最优;(2)在交易费用不为零的情况下,不同的权利配置界定会带来不同的资源配置;(3)因为交易费用的存在,不同的权利界定和分配,则会带来不同效益的资源配置,所以产权制度的设置是优化资源配置的基础(达到帕雷托最优)。

因此,在交易费用为零的情况下,二元说和自治规范理论最终达成的效果是一样的,下面举例予以说明。

> 甲和乙共投资100万元设厂,分别占比70%和30%。初始章程中没有载明股权转让的方式和条件。该厂每年的净利润也是100万元,并假定贴现率为10%。在不考虑损耗的情况下,很容易计算出乙所有的30%股权价值为300万元。

依据自治规范理论,甲可以通过决议的方式,修改章程,以合适的价格强迫乙出售其所持有之股份。现实情况就是,作为控股股东,甲可以随时以300万元作为对价换取乙所持有的股权。而依据二元说,即便作为控股股东,甲不可以要求乙何时出卖股份套现。乙可以自由

---

[34] 罗培新:《公司法学研究的法律经济学含义——以公司表决权规则为中心》,载《法学研究》2006年第5期。

地在市场上行使股份交易的权利，仅受甲优先购买权的限制。由于乙所持有股份的市场价为300万元，故而，在此情形下，甲仍可以300万元的价格获得乙的股权，进而获得公司的全部股权。

可以看出，在没有交易费用的情况下，无论甲是否选择修改章程，皆能够以甲乙双方皆可以接受之价格获得乙之股权。只要能通过合理的手段保障股权买卖价格的公允，甲与乙的利益就都没有受到损害。

然而，由于交易成本不为零，而且往往很大，因此二元说和自治规范理论在个案中的适用存在极大的区别。

其一，对公允价格的判断。大股东、小股东、市场对公司的理解程度是不同的，而且是从强到弱递减的。一般情况下，大股东最为清楚公司的实际运营状况和相应的股权价值，而小股东次之，市场对公司价值的了解最为不彻底，而且市场要对公司价值进行评估需要大量的成本。因此，对小股东股权价值的评估，极难称得上公允。

在自治规范理论模式下，即便小股东已经采取另行签署协议的方法，但是，由于大股东可以更准确地计算出小股东持有股权的实际价值与市场估值的差额，完全有动机在小股东股权被严重低估之时，违约修改公司章程，进而获得小股东之股权。而小股东只会因大股东之违约行为获得相应赔偿，若该赔偿额小于大股东的获利，则大股东产生违约的动机。除此之外，小股东增加持股比例、另行设置章程条款本身就是成本极高的举动。

其二，交易费用、协商成本的不同。将股权处分的权利赋予股东自己，可以极大地降低寻找潜在购买者的交易费用和协商成本。其中原因起码有：(1)小股东在数量上比大股东多，且更为重视自己的利益，若是一定要转让股权，小股东合法地自由转让股权，比之大股东通过修改章程强行另其转让股权，要更有效率得多；(2)大股东不得通过修改章程强制小股东转让股权，可以使小股东在其需要时选择转让股权，有利于小股东个人利益的实现；(3)小股东的股权没有被大股东侵害之虞，可以促进民间资本的投资，鼓励民间资本作为小股东参股，繁荣经济形势。

从上述分析可以看出，在具体进行股权处分，尤其是在进行股权定价时，二元说比之自治规范理论确实可以节省下大量的社会成本，这是毋庸置疑的。

2. 自治规范理论的优势之处

首先，自治规范理论的优势体现在理论的完善性。自治规范理论必须搭配以控股股东的诚信义务，而二元说的适用则必然呼唤中小股东诚信义务的生成，显然前一对组合在理论和实务上的积累更加丰富，更具可操作性。

自治规范理论认为资本多数决是公司机关议事的基础规则，贯穿于公司治理的整个过程。而二元说则认为章程根据其内容、性质的不同，而适用不同的议事规则。问题是，二元说尚不能提出一套行之有效的标准，对合同、自治规范做出明确区分，毋庸说某些章程内容还需根据具体情况确定为合同、自治规范，这更加剧了二元说的适用难度。而自治规范理论的负面效应也可以通过控股股东诚信义务的履行得以缓和，达到与二元说类似的保障小股东基本权利的效果。

其次，自治规范理论更符合公司长期运营对效率的需要。虽然在具体的股权转让及价格确定上,自治规范理论的效率不及二元说,这是其劣势。但是从对社会的总体效果来看,具体股权转让及价格确定对社会资源的浪费,毕竟是发生频率较低,具有一定的随机性。而公司的稳定经营和持续盈利具有长期性,对社会福利的促进具有更大的价值。而自治规范理论相比于二元说,更加有利于公司的长期经营。一是,持有多数股权份额的股东,更有动力将公司治理好,会将更多的精力和时间投入到公司的经营中去。二是,可以激励公司的全体股东共同发展公司的事业。实务中,有限公司引入新的股东,往往会考虑该股东的背景,希望该股东运用其资本上、经验上、管理上乃至人脉上的资源帮助公司发展。三是,在有限公司,往往大股东本人或者大股东的其他投入,如知识产权等,就是公司的核心竞争力,而其他小股东则发挥辅助作用。赋予大股东在公司内更大的决定权,减少大股东施政的内部阻力,有利于发挥其积极性和创造力,进而可以最大限度地推动公司发展,促进社会公共利益。这也与“大众创业、万众创新”的时代主题相适应。

最后,自治规范理论是我国现实国情的选择。从实证角度上看,章程修正案强制股权转让条款的效力,经过了“绝对无效”“原则无效、例外有效”“原则有效、例外无效”的过程,所以我国实务界对自治规范理论的选择绝不是一蹴而就的,而是经过了慎重抉择的。

我国目前仍有大量的企业是从国企改制而来,存在大量历史遗留问题,如果采用二元说,可以预见的是将会导致大面积的原职工离岗创业,从而影响企业的效益,对社会造成负面影响。我国还存在大量的家族企业,家族传承的需求和传统客观上需要自治规范理论,以保证企业的控制权仍由家族成员所掌握。此外,当今时代是尊重知识产权、管理才能、鼓励创新的时代,涌现了大量以某个人或某一个群体为核心的创新型公司,大公司更需要制衡,而小公司更则需要集权才能发挥其核心人物的全部创造力。

五、结语

章程,尤其是未获取股东一致同意的章程修正案,能否对股东权整体处分权进行剥夺,是实务界首先注意到的问题。2007 年,实务界中对该问题的认识出现了第一次主流意见,侧重于对小股东权利的保护,体现了较浓重的合意变动规则思维和物权保护思维。

两年后,理论界对此做出呼应,对实务界的做法进行了理论背书,肯认了这种做法。然而,实务中的做法和理论学说很快受到挑战。同样是两年后,理论界出现了不同的声音,主张尊重公司意思自治,肯定资本多数决在公司内部意思形成中的基础性地位。而实务界也有人发出了对主流意见的质疑。

到了 2015 年,实务界在此形成比较统一的意见,接纳了资本多数决理论,体现了从实践到理论再到实践的良好互动。

本文所讨论的问题,处于公司合同理论同自治规范理论的边界处,法学理论的边界往往是模糊的。可以看到,二元说并不是反对章程对股权转让做出限制,而是反对在章程没有明确规定的情况下,通过修改章程剥夺股东的股权转让自由。因此,理论上的争论,更像是公司合同理论与自治规范理论的寻疆勘界之战。决定二者胜负的,一是理论本身是否完善,是否具有很强的解释力;二是看哪一个理论提供的制度更符合社会的需要。

二元说在理论本身的完善度上不如自治规范理论清晰、明确,而自治规范理论又得到了控股股东诚信义务的补充,因此自治规范理论从理论自身素质而言就更胜一筹。二元说虽然在具体股权转让,尤其是股权转让价格确定上,效率更高。但是总体而言,自治规范理论更适应现实的需求,更能呼应时代的发展,因此其在与二元说的竞争中脱颖而出,得到了法官们的青睐。

当然,自治规范理论的体系与在我国的适用还存在不足之处,尤其是控股股东诚信义务的性质和认定在实务中仍显薄弱。这就需要实务界和理论界进一步密切交流、紧密配合,填补法律适用中的空白与漏洞。

论公司债权人之保护
——以台湾地区揭穿公司面纱原则为中心

许郁婷*

一、前言

商业组织的形式可分成公司及商号两种类型。公司之部分,依中国台湾地区"公司法"可分成无限公司、有限公司、两合公司、股份有限公司;商号则可分成独资与合伙。其中,股份有限公司具备以下几项特质:第一,所有与经营分离,公司的经营阶层不一定限于股东,股东可选择自己经营或交由专业的经营阶层为之。第二,股份自由转让原则,股份有限公司属于资合公司,并不重视股东个人资格,故股东所持有的公司股票可自由转让。第三,公司具有法人格,因此公司有权利能力,可永续经营。第四,股东之间接有限责任。因公司具有法人格,故公司与股东之间是各自独立的权利主体,股东仅就所认股份为公司负责。

由公司具有法人格以及公司股东仅负有限责任,可得出公司组织具有"资产分割"之效果,资产分割的原因是在于公司与股东的权利各自独立,财产权当然也各自独立,所以资产分割的意义在于,公司的债权人仅得就公司财产求偿,而不可针对股东的财产求偿。相应地,股东的债权人亦不可就公司的财产求偿。

公司人格与股东人格相互独立,在经济的效益上,反映的是区隔法律上的责任财产,但若公司的存在只是令股东得以利用公司有限责任之特性,从事诈害债权人以谋取不法利益,或为私利而罔顾公共利益时,即公司的存在不过仅为提供股东利用法人格,以有效回避法律规范的一种工具时,实应质疑该法律赋予公司法人格之目的,是否有完全被扭曲而严重损及社会的公平正义之虞。[①]

滥用公司独立法人格或滥用股东有限责任之情形较易发生于一人公司或关系企业中,因一人公司于从事公司业务经营时欠缺一般公司应有之内部制衡机制,而关系企业则是属于经济上同一体而法律上不同个体的矛盾现象,[②]则此时是否仍有固守股东有限责任原则之必要

---

* 清华大学法学院博士研究生。

① 廖大颖:《股份转换制度之研究——兼评控股公司的管理机制》,正典出版文化有限公司 2004 年版,第 176 页。

② 廖大颖:《公司制度与企业金融之法理》,元照出版有限公司 2003 年版,第 148 页。

实值加以探讨。

为解决有心人士滥用公司人格、扭曲股东有限责任原则，造成不公平或危害公共利益之弊端，同时保护债权人的利益，以平衡公司股东和公司债权人两大利益群体，"揭穿公司面纱原则"之法规范因之而生。"揭穿公司面纱"(piercing the corporate veil)系指在某些情形下，为保护公司债权人或更高之法益(如避免诈欺)，而将公司之法人格否认，亦即法院可揭穿公司面纱，否定公司与股东各为独立主体之原则，成为"股东有限责任原则"之例外情形，[③]因而使公司的个人股东或公司股东直接对公司债务负责，于关系企业之情形，则使母公司对子公司之债务负责。[④] 唯这种例外规则的存在，并未否定或削弱股东有限责任制度，相反地，它是对股东有限责任制度的一种维护和补充。

二、理论依据

(一)股东有限责任制度之理论依据及功能

依台湾地区"公司法"第154条第1项规定为股东有限责任之原则，[⑤]亦为现代公司法制之基本原则。此原则之内涵有两个层次，就内部关系而言，指股东对公司负有缴清其所认购股份总价之义务；[⑥]就公司与外部之关系而言，代表股东对于公司的债务仅在其出资额之限度内负责，股东个人对公司之债权人并不用负责，公司之债务，其清偿完全应由公司自行负责。[⑦]

股东有限责任之最大依据在于：第一，由于经济活动风险过大且超出个人所能掌握之范围，若不承认有限责任，将使经济活动萎靡不振，此根据所着重者，乃发生于经济活动外部而为经济主体所无法掌握之风险，在政策上为鼓励经济活动之参与，故有减轻参与者责任之必要；第二，在多数人所共同参与的集团经济活动中，因无法参与其间的营运方针决定，而不能对该团体的活动行使控制或影响力时，得承认其仅负有限责任，[⑧]这样的理念于公司所有与公司经营分离之原则下，所产生的"经营者控制"之现象，更有适用之必要。此项根据乃针对经济活动内部所存在之所有与控制分离的现象，适用"有控制方有责任，无控制不应负责"之原则，令形式上所有但实质上已无控制力之个人，仅负有限责任。[⑨]

股东有限责任原则之目的在于奖励投资，避免投资人因公司经营不善而蒙受巨大损失，以致不敢从事投资，因而具有减轻投资人之投资风险、促进多角化投资之功能，盖因投资风险已限定在投资财产本身，投资人为分散风险，会将财产分散投资于不同之事业体上；又因投资人得自由选择投资目标，故只要风险得以被分散、投资组合整体仍有获利，投资人即有投资的

---

③ 刘连煜：《揭穿公司面纱原则与否认公司人格理论在台湾实务之运用》，载台湾地区《法学》2005年第67期。

④ 赖英照：《关系企业法律问题及立法草案之研究》，载《公司法论文集》，财团法人台湾证券市场发展基金会，1988年修订五版，第122页。

⑤ "公司法"第154条第1项："股东对于公司之责任，以缴清其股份之金额为限。"

⑥ "公司法"第139条："认股人有照所填认股书，缴纳股款之义务。"

⑦ "最高法院"1931年上字2255号判例："公司既经'合法'登记即成为法人，该公司所负之债务，依'法'自应由该公司负偿还之责。""最高法院"判例要旨(1927~2005年民事部分)，第561页。

⑧ 参见黄铭杰：《商事法暨财经法论文集——王仁宏教授六十岁生日祝贺论文集》，元照出版有限公司1999年版，第306页。

⑨ 参见黄铭杰：《股东有限责任制度之省思，"公开发行公司法制与公司监控"——法律与经济之交错》，元照出版有限公司2001年版，第73~74页。

诱因，此结果不仅能够加强股份有限公司的集资能力，亦可令新兴创投事业有成立之空间；再者，在现代公司经营与所有分离之潮流下，股东因投资风险限定在投资财产上，毋庸对于经营者进行高度监控，其他股东之资力多寡、信用程度，亦非投资人投资时之考量重点，因此有利于降低公司交易相对人之交易成本，促进资本市场之形成。

（二）股东有限责任制度之弊端

基于股东有限责任制度之最大功能即为将企业经营之风险社会化，使最终风险可转嫁由公司债权人负担，故于公司经营不善时，股东及经营者易过于轻率地从事高报酬、高风险的经营计划，使公司债权人承担公司经营者之道德风险；此外，企业为避免负担经营风险，利用股东有限责任之原则，为企业体作不同的安排与设计，以切断企业体内各财产间之关联性，使之成为个人或是企业规避法律责任之手段。易言之，即可能会产生股东滥用权利之情形；另外于母子公司，股东有限责任制度亦有其存在必要性之检讨，第一，在子公司人格受否定，而由子公司控制股东即母公司负责时，母公司之股东仍受股东有限责任之保护，亦即母公司依然以其公司资产偿付子公司之债务，此种双层保护之利益，为“公司股东”所独有，因而未完全实现“股东有限责任”之基本理论——保护“个人股东”免受无限责任之累；[10]第二，由债权人优先保障之出发点，子公司之设立多系为了母公司或整体关系企业之利益，故子公司之债权人及少数股东所承受之风险相较于单一公司形态者为高。因此，以关系企业之形式经营企业比用单一企业之方式经营更容易对债权人造成损害，[11]债权人处于相对的经济弱势，故保护债权人利益之考虑应更重于母公司才是。

三、比较法规范

（一）美国法

1. 概念意义

“揭穿公司面纱”为英美法处理关系企业中对从属公司承担债务的最主要的法律规则。所谓“揭穿公司面纱”，就是指法律原则上承认控制公司与从属公司各为不同的法律主体，各自仅以自身财产对其法律行为和债务承担责任，从属公司背后的大股东即控制公司对从属公司债务不承担出资之外的额外责任；但当控制公司无度操纵从属公司，从而使从属公司实际上丧失独立法人的资格时，法律将揭开控制公司与从属公司之间的“面纱”，追溯从属公司背后的控制公司，从而责令控制公司对从属公司的债务承担责任。[12]

有学者从体系上介绍，认为揭穿公司面纱原则不等于法人格否认理论。所谓的“法人格否认理论”，应该包括三种类型：第一，公司债权人对公司股东所提起之诉讼，要求股东对公司

---

⑩ See Jonathan Landers, “A Unified Approach to Parent, Subsidiary, and Affiliate Questions in Bankruptcy”, 42 *U. of Chi. L. Rev.*, 617 – 619(1957).

⑪ See Jonathan Landers, “A Unified Approach to Parent, Subsidiary, and Affiliate Questions in Bankruptcy”, 42 *U. of Chi. L. Rev.*, 596 – 597(1957).

⑫ 参见张汉槎：《香港公司法原理与实务》，科学普及出版社 1994 年版，第 6 ~ 8 页。

之债务负起责任，此种情形通常称公司债权人尝试去“揭穿公司面纱”，目的在于使公司股东对于公司债务负起赔偿责任。第二，“揭穿公司围墙”（piercing corporate wall），在关系企业中，使兄弟姊妹公司对分子公司之债务负责。第三，滥用公司形态以逃避“法令或契约上的债务”（statutory or contract obligations），法院否认其公司法人格，使其不法目的不达。[13] 是故，第一种、第二种情行判决使用“揭穿公司面纱”或“揭穿公司围墙”字眼似较为常见；第三种情行使用“否认公司人格”较贴切，因为此一类型所重者，并非是股东个人应否对公司债务负责问题。[14]

美国法上对于提出许多对债权人保护的方法，揭穿公司面纱原则并非唯一的方式，故对于揭穿公司面纱原则有肯定说与否定说的争论。

2. 理论依据

(1) 肯定说

美国多数学说及实务采肯定说，理论的基础有五个，分别为工具理论（instrumentality theory）、分身理论（alter ego theory）、企业主体理论（enterprise entity theory）、公共政策理论（public policy theory）、[15]代理理论。

①工具理论

该理论由美国学者 Frederik Powell 在 1991 年提出，指公司仅系为股东所利用之工具时，股东即须对公司之债务负责。[16] 依据此说，当子公司之存续仅为母公司经营之需要，本身已沦为母公司之工具时（instrumentality），子公司实际上丧失了其独立法人格，母公司应对子公司之债务负责。根据此理论，揭穿公司面纱须符合下三项要素：第一，过度控制：公司之股东必须对于公司实际上有过度之控制；第二，非法或不公平之行为：公司股东对于公司过度控制之地位，从事规避法律或违反法律之行为，或其行为已造成不公平之现象；第三，与原告之损失有因果关系：必须原告之损失，与股东之对于公司高度控制下所从事之行为具有因果关系。该理论是借由工具之概念形容公司股东及公司之间的关系。于工具理论之下，股东对于公司的支配与控制程度须使得公司已丧失其独立之意志、自我，或失去独立之存在，并且只是成为被股东利用的营利事业之一个部门。除此之外，必须还要有不公平的现象出现。工具理论常常用于母子公司之案例。[17]

②分身理论

该理论系指公司和股东在实质上被评定为相同之情形下，由于公司与股东同一，故而股东对公司债务，就如同自己之债务般，须对之负责。[18] 此理论一般可分成两个要件：第一，必须是股东对于公司之所有权以及其个人之利益发生合二为一之现象，且其程度使得法律上独立之公司与个人的界线不复存在；第二，如果将造成债权人损害的行为视为公司单独所为，并仅得要求公司负责，则可能会造成不公平的现象。分身理论所强调者，不仅是子公司受母公司影响或管理的事实，而且是母公司将其持有的子公司股权与母公司自身利益合而为一，使得

---

⑬ Jesse H. Choper & Melvin A. Eisenberg, *Corporations*, 5 - 8 (1989).

⑭ Jesse H. Choper & Melvin A. Eisenberg, *Corporations*, 7.

⑮ 参见刘公伟：《揭穿公司面纱原则之经济分析》，载《台大法学论丛》（第 30 卷）2001 年第 5 期。

⑯ 参见柯芳枝教授六秩华诞祝贺文集编辑委员会编：《柯芳枝教授六秩华诞祝贺文集》，三民书局 1997 年版，第 21 页。

⑰ 赖英照：《关系企业法律问题及立法草案之研究》，载《公司法论文集》，财团法人台湾证券市场发展基金会 1988 年修订五版，第 125 页。

⑱ 参见柯芳枝教授六秩华诞祝贺文集编辑委员会编：《柯芳枝教授六秩华诞祝贺文集》，三民书局 1997 年版，第 21 页。

彼此间的独立性丧失,并且若坚持母子公司间之独立法人格会造成诈欺或不公平现象。[19]

③企业主体理论

此说由 Berle 教授于 1947 年提出,系以企业主体代替公司主体之观念,并主张应观察"公司事实"与"企业事实"是否符合。如股东成立数公司,唯均系经营同一企业,虽然于法律上存在许多实体,但是于经济上之观点只有一个单一的企业整体。此时法院则应该忽略法律上所肯定之个别独立实体,而改依经济上之事实认定所有法律上之实体为单一企业整体,于对外之关系应该只有一个独立法人格。[20]

但此理论关于法院应该在何种条件下揭穿公司面纱并无进一步之讨论,且其企业整体之标准亦不甚清楚,因此该理论于许多情况下虽能说明企业实际之运作,但由于缺乏客观且明确之标准,故甚少被实务上引用。[21]

④公共政策理论

法院设立抽象的目标,当公司的设立或存续与该目标冲突时,法院便可揭穿公司面纱。例如,公司滥用独立法人格破坏公共利益、诈欺、助长犯罪等。[22]

⑤代理理论

此说认为如子公司之设立、存续与经营,完全依从母公司之指令,而成为母公司之代理人者,则子公司已不具独立之法律主体,母公司对子公司之债务即须负责。此种代理关系之存在,可能有两种方式证明:第一,母子公司之间有授权代理之关系;第二,虽无明文之授权代理关系,但如母公司对子公司之控制已达相当之程度,使子公司之经营纯系达到母公司经营之目的者,而推定事实上存在代理关系。[23]

理论上,若子公司为母公司之代理人,代理人所为和所受之意思表示,其法律效力直接及于本人,根本无需借法人人格否定理论要求母公司对于子公司之债务负责,故此说并不妥切。[24]

除控制的要素外,Thompson 教授在对于法院适用揭穿公司面纱原则的实证研究中提出了 9 个要素:[25]a. 资本显著不足;b. 未遵守公司形式;c. 公司财报、功能、人员重叠;d. 不实陈述、诈欺;e. 股东对公司之控制、支配能力;f. 股东与公司资产之混淆不清,或公司缺乏实质独立性;g. 公司成为股东的分身或工具;h. 依据公平、风险分担;i. 法律政策。

(2)否定说

Bainbridge 教授主张废除揭穿公司面纱原则,[26]其主要的理由是认为,公司法应该是一个具确定性且可预见的规范,而揭穿公司面纱原则却不是如此。法院在判断揭穿公司面纱原则

---

⑲ 参见刘公伟:《揭穿公司面纱原则之经济分析》,载《台大法学论丛》(第 30 卷)2001 年第 5 期。

⑳ See Berle, "The Theory of Enterprise Entity", 47 *Colum. L. Rev.* 343(1947).

㉑ 赖英照:《关系企业法律问题及立法草案之研究》,载《公司法论文集》,财团法人台湾证券市场发展基金会 1988 年修订五版,第 127 页。

㉒ 参见刘公伟:《揭穿公司面纱原则之经济分析》,载《台大法学论丛》(第 30 卷)2001 年第 5 期。

㉓ 赖英照:《关系企业法律问题及立法草案之研究》,载《公司法论文集》,财团法人台湾证券市场发展基金会 1988 年修订五版,第 124 页。

㉔ 参见王泰铨:《比较关系企业法之研究》,翰芦图书出版有限公司 2004 年版,第 13 页。

㉕ See Robert B. Thompson, "Piercing the Corporate Veil", 76 *CORNELL. L. REV.* 1036, 1044 – 1045(1991).

㉖ See Stephen M. Bainbridge, Abolishing Veil Piercing(2000), available at http://papers.ssrn.com/sol3/papers.cfm?abstract_id=236967.

的适用标准是模糊的，如适用的理论不同（工具理论、分身理论等）。Bainbridge 教授举 Walkovsky v. Carlton[27] 一案，认为揭穿公司面纱原则给予法官过于广泛的裁量权，法院对于揭穿公司面纱的过程有专断、恣意之嫌。

本案的判决概要是本案被告之一为 Carlton 先生，他一人设立十家出租车公司，他持有全部的股权，而每家公司却巧妙安排仅拥有两辆出租车之财产而已。其中一家公司的出租车司机，某日不慎辗过本案原告 Walkovsky。原告遂控告该出租车司机所属之公司及其他九家关系公司请求赔偿。法院认为如原告能证明 Carlton 有不当受领股利等分派之挪用公司资产行为，即足以证明被告 Carlton 是以个人之身份而经营业务，应使其个人对公司债务负责。

但本案判决结果，故股东无须负责，不适用揭穿公司面纱原则，只需兄弟姊妹公司负责。就本案事实而言，被告的行为明显是在限制股东责任，不仅有资本不足之虞，更可能是股东有限责任的滥用，若依前述工具理论，应可适用揭穿公司面纱原则。法院不揭穿公司面纱的原因是否是因股东为自然人不得而知，此点就可看出法院对于揭穿公司面纱上拥有广泛的裁量权。

Bainbridge 教授认为，美国现行法中，有关诈欺财产移转法之直接责任，以及企业一体理论已经足以保护公司之债权人，实无须再由法院另以"揭穿公司面纱原则"予以救济。

3. 实证研究

"揭穿公司面纱原则"在美国有很多学者提出自己的见解，包括适用条件的不同，例如，公开公司或闭锁公司；股东为自然人或法人；发生债权的种类是契约还是侵权等问题，但实务上是否真的依理论而判决，Robert B. Thompson 教授在 1991 年做出实证研究。[28]

首先，揭穿公司面纱之案件仅限于闭锁性公司、关系企业（母子公司或兄弟姊妹公司）。在全部的调查资料中，美国现代的揭穿公司面纱案例并没有涉及公开上市交易的公司案例。这可能与股东有限责任于公开公司中扮演了重要的功能有关，例如，股份自由地流通、使证券市场具有高度流通性、集资方便，以及使投资人可以通过持股而分散风险。这些功能于闭锁性公司或关系企业中都不存在，所以法院较勇于揭穿其公司面纱。[29]

公司股东人数的多寡与法院揭穿公司面纱的态度是息息相关的。例如，于闭锁性公司，随着股东人数增加，揭穿之比率也越低，其比率依序是，于闭锁性公司中，一人公司为 49.64%、两人或三人之公司为 46.22%、超过三人之公司为 34.98%、于公开公司是零。另外，股东于公司中所扮演之角色也影响着法院的态度。当被告只是股东，而非同时身为董事或经营阶层时，法院倾向于不去揭穿。[30]

被告为个人时，法院之揭穿公司面纱比率较被告为公司时高。这个结果与一般认为法院于股东为公司，其揭穿比率较高之印象相反。但是如果将一人、两人甚至是三人公司从资料中排除，则对公司揭穿之比率的确比个人揭穿之比率高。另外，当被告为公司时，法院关于揭穿公司面纱之倾向为，兄弟姊妹公司高于母公司或子公司。[31]

另外于债权发生的原因当中，最引人注意的是契约与侵权行为案例之区别。但是调查的

---

[27] Walkovsky v. Carlton, 223 N. E. 2d 6 (N. Y. 1966).
[28] See Robert B. Thompson, "Piercing the Corporate Veil", 76 *CORNELL. L. REV.*
[29] See Robert B. Thompson, "Piercing the Corporate Veil", 76 *CORNELL. L. REV.* at 1047 – 1048 (1991).
[30] See Robert B. Thompson, "Piercing the Corporate Veil", 76 *CORNELL. L. REV.* at 1054 – 1056 (1991).
[31] See Robert B. Thompson, "Piercing the Corporate Veil", 76 *CORNELL. L. REV.* at 1056 – 1057 (1991).

结果却与一般学者的想象(侵权行为案件揭穿之比率应高于契约)有一大段差距,契约揭穿之比率为41.98%,而侵权行为的比率为30.97%。之所以会造成这样的结果,其原因难以推断,作者提出于契约案件中,有很大一部分是与不实陈述有关,认为在契约案件里,"揭穿公司面纱"应以债务人有诈害、欺骗等不诚实之行为为要件,并且法院于发现有不实陈述之情况下大多会予以揭穿。由于不实陈述具有侵权行为之性质,因此契约于比例上会多于侵权可能是因为这方面的原因。但是数据显示,即使将不实陈述从契约之案例中扣除,契约之揭穿比率比例仍然高于侵权行为。[32] 这可能是因为侵权案件都以和解收场或因为侵权案件比较难举证。

实证的结果与理论上不完全相同,这些数据可以让我们反思理论上的盲点,并成为讨论揭穿公司面纱原则的重要资料。

4.小结

无论是肯定说还是否定说,其解决方式都是否定法人格,只是否定说认为为了保障股东有限责任,反对对股东主张赔偿责任,只可以把关系企业视为一体,向整个主体求偿。故在美国法上对于保护债权人的方式仍是以否认法人格为主。

此外,对于债权人的保护还有一些其他学说,例如,股东有限责任否定说[33]或股东无限责任说。[34]

(二)欧洲法

欧洲法在处理公司债权人的问题时,已脱离美国法上揭穿公司面纱原则的框架,而直接处理母公司干涉子公司经营的问题。如法国之破产法、瑞士之公司法以及欧洲共同体第九号指令草案所采取之事实上董事观念,即是用以调和股东有限责任原则与现代企业以集团方式经营的事实。这些国家的立法将控制子公司经营权的母公司,视为子公司的正式董事,以突破法律规范上的盲点。[35]

上述处理模式在实务上产生些许争议,第一,举证责任在原告,且原告须以代位诉讼方式提诉,如此对于原告的诉讼成本将会过高;第二,关系企业之受任人义务为何,是否有具体的规范。[36]

德国法上为解决此问题,以法官造法的方式,创设了"推定的关系企业"理论。此理论是指在一企业集团里,母公司以其股东身份对子公司日常事务行使经常且广泛的控制力。法院认为当母公司长久且强力地介入其现已破产之子公司的经营,则"推定"母公司未善尽其忠实及注意之义务。因此,除非母公司能举证抗辩,否则母公司将被判定直接对子公司的债权人负责。此理论的优点在于将举证责任倒置给公司、子公司,债权人对母公司有直接诉权。[37]

---

[32] See Robert B. Thompson, "Piercing the Corporate Veil", 76 *CORNELL. L. REV.* at 1058 – 1059(1991).

[33] See Phillip I. Blumberg, "The Increasing Recognition of Enterprise Principles in Determining Parent and Subsidiary Corporation Liabilities", 28 *Conn. L. Rev.* 295(1996).

[34] See Henry Hansmann and Reinier Kraakman, "Toward Unlimited Shareholder Liability for Corporate Torts", 100 *Yale L. J.* 1879 (1991).

[35] 参见刘连煜:《公司法理论与判决研究(一)》,三民书局1995年版,第72页。

[36] 参见刘连煜:《公司法理论与判决研究(一)》,三民书局1995年版,第76页。

[37] 参见刘连煜:《公司法理论与判决研究(一)》,三民书局1995年版,第82页。

此外,德国法也以立法救济方式保障公司债权人。德国《股份法》第300～301条对保护从属公司债权人(还有少数股东)利益进行了专门的规定。综合归纳,其主要措施有下列几项:(1)提高法定公积金、法定盈余公积金。(2)设立盈余转移的最高数额。(3)设立损失承担的机制,即规定在关系企业中,控制公司在特定的情况下要对被控制公司年度亏损负责补偿。(4)设立对从属公司债权人的债务由控制公司担保。[38]

(三)日本法

1. 理论之发展与法理基础

在日本,法人格否定的法理从20世纪中期即由日本学者大偶见一郎教授及松田二郎教授提倡导入,然该理论导入之初并未全面为学界及法院所接受,直至昭和44年(1969年)2月27日的最高裁判所对法人格否定法理作出肯定见解,[39]该理论始对于裁判实务产生极大的影响。

日本法人格否定法理于实定法上之根据,系类推适用《日本民法典》第1条第3项权利滥用禁止规定而得。虽法人格否认之制度已获得确立,然于实际运用上,对于适用时之一定事由其解释适用范围及条文依据,学说及判例见解并不相同。[40]

2. 适用要件与范围

法人格否认理论之适用范围,学界、实务有不同之见解。[41]

①中义说:此说为昭和44年最高法院所采之见解。此说主张法人格否认理论之适用范围,系在于法人仅具有形骸及为回避债务而滥用法人资格之情形。

②广义说:除上述最高法院判决承认的两种情形外,亦应包含设立公司之时,即已存有预期违反相关法律规定之不法意图者;除此之外,甚至亦有主张仅存有间接违反之意图者亦为法所不许。换言之,只需于公司设立时已存有不法意图之可能性即为已足。

③狭义说:此说为德国及法国所采。[42] 此说主张法人格否认理论应适用之范围,仅限于公司形骸化及法人资格滥用后,以对他人造成侵害者始适用之,否则将会过分扩张法人格否认法理之适用,有危害法安定性之疑虑。[43] 其主张"法人格滥用"之要件为:第一,法人格的利用者对公司具有实质的支配力;第二,法人格的利用在客观上违反社会目的,不为社会观念所认可者,即为法人格滥用。

④小规模个人公司否定说:考虑日本小规模个人公司众多的特殊情形,当该形态之公司

㊳ 参见洪贵参:《关系企业法——理论与实务》,元照出版有限公司1999年版,第119～147页。

㊴ 昭和44年2月27日,最高判(一小),判时551·80、民集23·2·511。日本学界将该判例称为leading case,其内容为:甲为节税而将其所有之电器行申请改成乙有限公司,由甲任董事长。后甲向丙(知悉乙公司为甲之个人企业)以乙公司名义承租店面作为营业所,约定每月租金为1万日元,但丙一直系以甲为租赁契约之真正当事人。嗣后终止租约,甲届期未还,丙以甲为被告起诉,双方达成和解,约定于一定期间内甲必定归还该店面。然事后甲以乙公司名义提起上诉,主张原第一审之和解存在丙甲之间,乙公司不受和解内容拘束。高院与最高院均驳回乙之上诉,其判决指出,尽管租约及和解书上形式当事人非同一人,然事实上该案之真正当事人为甲一人而已,此案为甲滥用公司法人格所致,乙之法人格在本案应予以否认,甲丙之和解书可解释为系乙公司所签订之和解书,乙公司须于一定期间内归还店面予丙。

㊵ [日]今川嘉文:亲子会社の责任论に关する一考察(1)－CERCLAと法人格否定の法理－,神户学院法学第32卷2号,2002年9月,第152页。

㊶ [日]井上和彦:《法人格否认之法理》,千仓书房1984年版,第96～102、170～174页。

㊷ [日]井上和彦:《法人格否认之法理》,千仓书房1984年版,第99～102页。

㊸ [日]田中诚二:《会社法详论》(上卷),劲草书房1986年版,第99～100页。

胜诉后，为便于其强制执行及减少讼源之故，因而主张对涉案公司否认其法人格后，使既判力得直接扩张至强制执行之程序法，胜诉者无需于实体判决胜诉后另行提起强制执行之诉，以避免再度诉讼之烦琐程序旷日废时，使原胜诉判决对胜诉者毫无意义。

⑤暂定的适用说：受德国影响而将法人格否认法理限定在最狭小的适用范围内之学说，此说认为目前法人格否认理论所适用者皆系暂时性现象，因目前私法领域之理论并不完备，使许多相关问题无法解决，因此不得不暂以法人格否认理论以为因应，法人格否认理论将被吸收于日后发展之理论体系形成过程中。[44]

多数学者赞同狭义说，其理由如下。[45]

①从近期之判例以观，渐将重心放置于法人资格滥用之情况，于形骸化的情况下并不适用，只有在仅有滥用的情况或是形骸化伴随滥用的情况下始肯定法人格否定之法理。易言之，判例上亦认为法人格否定应限定于法人格滥用时才有适用之余地。

②法人格否认之法理于实体法上之依据，德国学说系由《德国民法典》第226条权利滥用禁止而得之，日本则由类推适用《日本民法典》第1条第3项权利滥用禁止之规定而得。如此可见，法人格之否定限定于法人格滥用之情形为正确。

③法人格系由实体法所赋予，而法人格否认之结果即属否认实体法上所承认之制度，应视为例外，本于"例外从严解释"，该例外应以有明确之法律依据者为限，故法人格否认应限于法人格滥用之情况。

④此外，受到德国之影响，近来有日本学者提出法人格否认理论适用范围缩小之主张，其主要论点乃在于，法人格否认理论仅能作为一般法理或条款，故仅于欠缺具体直接规定或相关具体规定适用上有争议，以及举证责任困难，[46]而有调整当事人间利益冲突必要之场合才适用。[47]

3. 适用之效果

一般而言，当公司法人格被否认后，其效果并非使该公司本身因此必须办理解散登记，亦非一般性的否认公司法人格，其仅限于特定之法律关系，于个案中在利益平衡下为个别之判断。因此，公司并不因在特定事案中被否认其法人格，其他债权人即均可追究其背后股东之责任，仍须个别提起诉讼，请求法院就该个案判断是否应否认法人格。[48]

有异议者对实质上行为者之责任形态为何提出疑问，就此部分，日本学界大致可分为三种见解，第一种为"法人无责说"，该说认为于法人格否认后，其背后之实际控制者应就所有债务负无限清偿责任，至于被否认法人格之公司无责任可言；[49]第二种说法为"共同责任说"，基于法人与实际控制者的人格视为同一之下，承认身为背后者的实际控制者与法人有共同责任，债权人得就两者择一求偿或连带求偿；第三种为"补充责任说"，强调法人格独立性并以发起人的资本充实责任为补充，对于身为背后者的实际控制者，承认有第二次的填补义务，亦即

---

[44] [日]赵德枢：《日本、大陆及台湾法人格否认理论与一人公司关系之探讨》，载《铭传大学法学论丛》(创刊号)2003年11月。
[45] [日]井上和彦：《法人格否认之法理》，千仓书房1984年版，第171～174页。
[46] [日]田中诚二：《法人格否认法理再论》，载《会社法研究》(第2卷)，千仓书房1981年版，第55～56页。
[47] [日]江頭憲治郎，会社法人格否認の法理，东京大学出版会1980年版，第412、446页。
[48] 黄铭杰：《公开发行公司法制与公司监控》，元照出版有限公司2001年版，第73～74页。
[49] [日]井上和彦：《法人格否认之法理》，千仓书房1984年版，第110～111页。

主张应先追究公司责任，就该公司财产先行求偿，不足之处再追究该公司背后实际控制者之责任，该实际控制者所负者仅系补充性责任。[50] 基于充分保护债权人之角度以观，第二说较为通说所接受[51]。

4. 相关实务

日本最高法院作成一具有创设法律原则之判决后，下级法院纷纷根据该判决而作有关公司人格否认的适用，其中较为一般学者专家重视的判决为，仙台地院针对仙台工程公司案件认为母公司在特定情形下，应对子公司之法律行为负责之判决，是首度承认母子公司间得适用法人格否定论来解决母公司责任之问题，[52]借以保障子公司外部股东及债权人。

其案例事实为：仙台工程股份有限公司有资金420万日元，员工200余名。该公司后因亏本甚多而宣告解散，所有的员工亦遭解雇，其中有111名员工未能领取公司解散前一个月之工作薪资，于是这111名员工便向仙台工程公司之母公司请求。川岸工业公司拥有仙台工程公司之所有股份，仙台工程公司之重要人员也大多由川岸工业公司之股东担任，仙台工程公司所需要的工程建筑物及工厂设施亦为川岸工业公司所租赁，在法院诉讼程序中，仙台地方法院认为仙台工程公司与川岸工业公司在经济上实为一体。仙台工程公司的企业活动完全受到母公司川岸工业公司的管理支配，仙台工程公司之债务在公司人格否认法理的指导下，母公司川岸工程公司应负履行清偿之责。[53]

（四）中国法

1. 理论发展

“揭穿公司面纱”在中国大陆司法实务中称为“直索（Durchgriff）股东责任”或“股东对公司债务直接承担责任”。[54]

中国大陆自1978年以后展开一连串经济改革，尤其在公司法的制定及国有企业改革确立公司化之政策方向后，更加速经济之蓬勃发展，其中《公司法》第3条规定了股东有限责任，[55]在此种以少数资本即得为无限制营业，但却仅需负有限责任之公司法制度下，不少利用设立公司以滥用公司法人格，而为侵害他人权益之情事因而层出不穷，为了保护公司债权人，大陆必须开始面对法人格否认理论适用之问题。

然而大陆之立法界及司法界自实行公司制度以来，于公司法制度上一直未正视有关法人格否认理论之问题。[56] 仅在司法实践中，1987年最高人民法院作出的《关于行政单位和企业单位开办的企业倒闭后债务谁来承担问题的批复》，为首次以司法解释形式确认法人人格否认制度在司法实践中的适用；[57]另外，有部分行政规范与一般国家法人格否认理论之效果大致

[50] ［日］田中诚二：《会社法详论》（上卷），劲草书房1986年版，第110～111页。
[51] ［日］井上和彦：《法人格否认之法理》，千仓书房1984年版，第172页。
[52] 仙台地判昭和45年3月26日判例，判例时报588号，第38页。
[53] 刘兴善：《论公司人格之否认》，载《政大法学评论》1978年第18期。
[54] 王元庆：《公司法人人格否认制度的司法适用》，载《学术交流》第146期，2006年5月。
[55] 《公司法》第3条规定：“公司是企业法人，有独立的法人财产，享有法人财产权。公司以其全部财产对公司的债务承担责任。有限责任公司的股东以其认缴的出资额为限对公司承担责任；股份有限公司的股东以其认购的股份为限对公司承担责任。”
[56] 朱慈蕴：《公司法人格否认法理研究》，法律出版社1998年版，第354页。
[57] 高文君：《浅论公司法人人格否认制度》，载《中国商界》第194期，2010年3月。

相同，此即指在一定条件下，公司股东或与该公司有关之第三人，须就该公司债务负一定责任。因此，该规定在效果上颇具有法人格否认理论之特色。[58] 例如，国务院于1990年颁布关于被撤销公司债权债务清理问题之通知，[59]以及最高人民法院于1994年之关于全资性子企业被撤销或歇业后，有关于其民事责任承担之批复，[60]则有一定程度法人格否认理论之意义，故此可认为系大陆法人格否认理论之基础；[61]再者，于实务判决中，就股东滥用公司独立法人格和股东有限责任而严重损害公司债权人利益时，人民法院系根据民事法律诚实信用原则和权利不得滥用原则，以为判定滥用权利之股东对公司债务负直接承担之责。[62]《公司法》于2005年修正，公司法人人格否认制度在大陆正式确立，公司法人人格否认制度规定于《公司法》第20条第3款，另外就一人有限责任公司的部分，另有第63条之规定。由上可见，公司法人人格否认制度的基本内容有两项：第一项为确立股东不得滥用公司独立人格和股东有限责任的公司法原则；第二项为当股东出现滥用之行为时，严重损害债权人利益，应当对公司债务承担连带责任。[63]

2. 新法规定及其适用问题

中国《公司法》第20条规定："公司股东应当遵守法律、行政法规和公司章程，依法行使股东权利，不得滥用股东权利损害公司或者其他股东的利益；不得滥用公司法人独立地位和股东有限责任损害公司债权人的利益。公司股东滥用股东权利给公司或者其他股东造成损失的，应当依法承担赔偿责任。公司股东滥用公司法人独立地位和股东有限责任，逃避债务，严重损害公司债权人利益的，应当对公司债务承担连带责任。"第64条规定："一人有限责任公司的股东不能证明公司财产独立于股东自己的财产的，应当对公司债务承担连带责任。"

大陆公司法人人格否认制度之适用要件有四个：(1)前提条件：公司已经合法取得法人资格；(2)主体条件：对公司有实际支配力之股东滥用有限责任；(3)客观条件：公司侵犯了债权人利益和公共利益；(4)主观条件：对于公司法人格的否认不应以股东主观故意为条件，以避免增加债权人举证之困难。[64]

目前大陆公司法人人格否认制度适用范围，通说见解认为有四种情形：(1)公司资本显著不足，盖公司以资本作为其对外事务的最低担保，与债权人的利益密切相关，至于判断资本不足之标准，学者认为应以公司之营业状况、交易性质判断。(2)利用公司人格规避合同义务，此又可细分为：①当事人未回避契约上特定的不作为义务而设立新公司或利用旧公司掩盖其真实行为；②股东为逃避原公司巨额债务而抽逃资金或解散该公司或宣告该公司破产，再以原设备、场所、人员及相同经营目的而另设一公司的行为；③当事人以公司名义进行诈欺以逃避合同义务的行为。(3)滥用公司法人人格规避法律义务的行为，如国际避税。(4)公司法

---

[58] [日]赵德枢：《日本、大陆及台湾法人格否认理论与一人公司关系之探讨》，载《铭传大学法学论丛》(创刊号)2003年11月。

[59] "国务院关于清理整顿公司中被撤并公司债权债务清理问题的通知"所指应适用事由，为一般国家法人格否认理论中之"完全控制"、"财产混合"及"资本不足"事由。

[60] "最高人民法院关于企业开办的其他企业被撤销或者歇业后民事责任承担的批复"所指应适用事由，为关系企业之子公司资本不足实，母公司责任归属问题。

[61] [日]赵德枢：《日本、大陆及台湾法人格否认理论与一人公司关系之探讨》，载《铭传大学法学论丛》(创刊号)2003年11月。

[62] 王元庆：《公司法人人格否认制度的司法适用》，载《学术交流》第146期，2006年5月。

[63] 王元庆：《公司法人人格否认制度的司法适用》，载《学术交流》第146期，2006年5月。

[64] 王超：《关于公司人格否认制度的适用条件》，载《经济研究专刊》第89期，2010年。

人形骸化，指实质上公司与股东完全混同，形成股东即公司，公司即股东的情况，如财产混同、业务混同、组织机构混同、人格混同。[65]

《公司法》第 20 条为公司法人人格否认制度的原则性规定，其实现了公司法人人格否认理论在中国从无到有的进步，为一具划时代意义之条款；但是，由于各种因素的限制，此规定显得过于笼统，缺乏可操作性。[66] 何谓滥用公司的股利财产？何谓滥用公司的有限责任？立法者应当列举若干情形以便参考，如空壳公司、[67]脱壳经营。[68]《公司法》第 63 条则为公司法人人格否认理论在一人公司中运用的体现，一般而言，根据举证责任分配之原则，债权人原则上须就以下内容承担举证责任：(1)股东确有滥用公司法人人格独立地位和股东有限责任的行为，并导致公司逃避债务；(2)债权人利益受到严重损害，而非一般损害；(3)股东的滥权行为与债权人的损失之间存在因果关系。唯此规定在一人公司中的法人人格否认理论要实行举证责任倒置，即一人公司的股东不能证明公司财产独立于股东自己财产者，即应当推定一人股东滥用公司法人格，从而对公司债务承担连带责任。本条规定在减轻债权人的举证责任、规制一人公司有限责任的滥用方面均有重要意义。但本条仍存有一定不足之处，即仅列举股东不能证明公司财产独立于股东自己的财产的一种情形，然一人公司法人人格滥用中除了有公司与股东财产混同外，还有公司与股东的业务混同、人格混同、场所混同及会计混同等现象，故建议在今后的司法解释中可将上述情形都进行列举。[69] 另有学者以为，《公司法》第 64 条仅规定一人公司财产混同之部分，其余的情形则应回归适用第 20 条的原则性规定。[70]

至于相关适用问题，第一，第 20 条第 3 款之主体可否扩大适用至“实际控制人”；第二，法院得否主动适用法人人格否认制度。就第一点而言，有学者朱慈蕴以为于有“表见股东”之情形下亦有第 20 条第 3 款之适用；[71]然另有学者赵旭东认为依文义解释，第 20 条第 3 款之主体为“公司股东”，因此除非该实际控制人为一隐名股东，否则即无第 20 条之适用。[72] 关于第二点，实务普遍认为依照民事诉讼法中当事人程序主体权之意旨，认为除非当事人有提出相关请求，否则法院不得依职权主动适用之。[73]

---

[65] 周高：《公司法人人格否认理论与实践研究》，载《学理论》2010 年第 5 期。

[66] 张鸿莹：《论一人公司中法人格否认理论》，载《北京城市学院学报》2009 年第 6 期。

[67] 空壳公司为投资者在公司成立后，即将其投入的资金抽逃或转移，企业因资产减少或严重不足，成为空壳法人。当债权人要求公司偿还债务时，公司早已失去偿付能力，而股东则以公司为有限责任为由拒绝承担清偿责任。

[68] 脱壳经营，指公司在大量举债情况下，故意不参加年检，迫使工商行政管理部门吊销其营业执照，股东或出资者既不依法组织清算，也不向工商行政管理部门注销登记，而是以原有的营业场所、经营人员、董事会异地重新设立公司组织经营，并将原公司的主要业务转入新公司，以达到逃脱原公司巨额债务之不当目的。

[69] 张鸿莹：《论一人公司中法人格否认理论》，载《北京城市学院学报》2009 年第 6 期。

[70] 张璇：《浅论台湾公司法人格否认制度——以公司法第 20 条为背景》，载《发展月刊》2010 年第 4 期。

[71] 《“揭开公司面纱”——法人人格否认制度理论与实务研讨》，载《中国审判新闻月刊》2008 年第 4 期。

[72] 《“揭开公司面纱”——法人人格否认制度理论与实务研讨》，载《中国审判新闻月刊》2008 年第 4 期。

[73] 《“揭开公司面纱”——法人人格否认制度理论与实务研讨》，载《中国审判新闻月刊》2008 年第 4 期。

四、中国台湾地区学说与实务之发展

(一)学说见解

有学说及实务认为“揭穿公司面纱原则”因其法律效果为否定公司人格,故又称“法人格否认法理”。[74]

唯另有学者主张“揭穿公司面纱原则”与“公司法人格否认理论”两者概念略有不同,[75]认为“揭穿公司面纱原则”所重者为股东个人应否对公司债务负责之问题,而“否认公司人格”部分则不然,其注重者为利用公司形态以达不法目的之行为。

(二)台湾地区实务现况

台湾地区“公司法”第9条是规范公司有独立法人格的条文,[76]“公司法”第154条第1项为规范股东有责责任的条文。[77] 故在台湾地区的“法制”下,公司具有独立法人格是“公司法”的规范目的之一,但于近代公司的发展上,亦出现关系企业及一人公司,上述立法例中,对于公司债权人保护不足的地方,台湾地区亦发生相同情形。因此为保障债权人,学说开始于1983年相继引进“揭穿公司面纱原则”及“法人格否定理论”,[78]并在1997年“公司法”增订“关系企业专章”时,纳入部分精神(台湾地区“公司法”第369条之四参照[79]),然真正获得重视,系于“公司法”2001年修正承认形式意义一人公司后,为防止一人公司之弊端,学者纷纷提出以法人格否定论为防弊之方法,[80]亦即认为若承认形式一人公司存在,需排除有限责任原则之适用。[81]

虽为保障债权人,而在“公司法”修订时,对于关系企业增订第369条之四,唯该条文并未贯彻揭穿公司面纱原则,而系规定由从属公司之债权人或具一定条件之股东,代位从属公司为请求,此规定非但效用不彰,且事实上董事亦无该条文控制公司负责人责任之适用,有举证

---

[74] 王志诚:《论关系企业之立法与课题》,载《证交资料》1999年第445期;台湾高等法院台南分院89年上字第47号判决:“就本件工程而言,上诉人与华一司从主要负责人、营业项目、营业场所、构成员、客户方面观察,华一公司与上诉人公司均系形异而实同,故虽在‘法律’上两者人格不同,权利主体互异,唯后者乃前者逃避契约上责任而滥用公司型态,但依诚信原则言之,应将二者同视,即此时在‘法律’上应将二公司视为同一,在‘法律’效果上即将旧公司(华一公司)所负之一切债务,应由新公司继续负责,亦即在此情形,应否认新成立之公司之人格,不认其于本件情形有独立之人格,此即英美法所谓公司人格否认之理论(或称揭穿公司之面纱理论),此在日本德国实务上亦已广被实务见解引用……”

[75] 刘连煜:《揭穿公司面纱原则与否认公司人格理论在台湾实务之运用》,载台湾地区《法学》2005年第67期。

[76] 台湾地区“公司法”第9条规定:“公司应收之股款,股东并未实际缴纳,而以申请文件表明收足,或股东虽已缴纳而于登记后将股款发还股东,或任由股东收回者,公司负责人各处五年以下有期徒刑、拘役或科或并科新台币五十万元以上二百五十万元以下罚金。”

[77] 台湾地区“公司法”第154条规定:“股东对于公司之责任,以缴清其股份之金额为限。”

[78] 揭穿公司面纱原则较有体系之介绍首见于赖英照教授发表于《中兴法学》(现为《台北大学法学论丛》)之《关系企业法律问题及立法草案之研究》一文。至于法人格否定论首见于刘兴善教授同年8月在《政大法学评论》上发表之《论公司人格之否认》一文。

[79] “公司法”第369条之四规定:“控制公司直接或间接使从属公司为不合营业常规或其他不利益之经营,而未于会计年度终了时为适当补偿,致从属公司受有损害者,应负赔偿责任。控制公司负责人使从属公司为前项之经营者,应与控制公司就前项损害负连带赔偿责任。控制公司未为第一项之赔偿,从属公司之债权人或继续一年以上持有从属公司已发行有表决权股份总数或资本总额百分之一以上之股东,得以自己名义行使前二项从属公司之权利,请求对从属公司为给付。前项权利之行使,不因从属公司就该请求赔偿权利所为之和解或抛弃而受影响。”

[80] 简祥纹:《债权人与少数股东之保护——以金融控股公司型态为中心》,高雄大学法律系研究所2004年硕士学位论文,第51页。

[81] 林国全:《一人公司立法之研究》,载《政大法学评论》1999年第62期。

责任和代位诉讼的问题,台湾地区许多学者对此条文予以批评。[82]

综观上述解决公司债权人的方式,对于台湾地区而言何种方式最为适当,本文以为,就长期而言,仍应修“法”明文订定揭穿公司面纱原则,然于未修“法”以前,观诸目前实务见解,相关案例均系以权利滥用为依据而为判决,故似可认为将法人格否认理论及揭穿公司面纱原则充作为权利滥用法理下之形态,法院应根据权利滥用原则而为判断。

近来所发生之力霸掏空案,为我国台湾地区最大的白领犯罪之一。王某曾恶意掏空中华商银、违法超贷后赴美逍遥,债权人却求偿无门。为吓阻恶意经营者滥用有限责任的保护伞,终在2013年1月通过台湾地区“公司法”第154条修正案,[83]将“揭穿公司面纱原则”明文化,并将其对象范围扩及非公开发行公司之股份有限公司类型,以扩大保障公司投资人或其他的第三人之权利。[84]

然关于新修正之条文,仍有诸多疑问。例如,何种情形属于“股东滥用公司之法人地位”、关于“特定债务”与“有必要”应如何解释其范围、原告必须负担举证责任以及与台湾地区“公司法”第369条之四间之适用关系等。再者,根据美国法院的以往判决,只要公司表面拥有完整之结构,法院拒绝揭穿公司面纱的概率高达90%。真正会因为台湾地区“公司法”第154条第2项而受到影响的,仅为拥有多家纸上公司的企业集团。[85] 现行台湾地区“公司法”第154条第2项构成要件缺乏弹性及实用性,纵使已明文规范揭穿公司面纱原则,仍不免有所疏漏。[86]

由法律经济之角度以关,揭穿公司面纱涉及层面过广,且若法院就每个个案均允许揭穿公司面纱,将极大地违反法律经济效益。因此本文认为,首先,就订定“揭穿公司面纱原则”部分,依照经济分析理论,选择股东有限责任是因为经济效率,则“揭穿公司面纱原则”亦需为具有经济效率始得为之,因此若揭穿公司面纱成本小于揭穿公司面纱利益,不应揭穿公司面纱;反之则可。其中所指之成本,包括请求股东实现债权的交易成本、效率资本市场的损害;利益系指债权人之债权实现。若为公开公司,因股东有限责任可以降低监控成本、促进投资人投资、促使效率资本市场的出现、投资人可分散投资风险、并降低交易成本,因此可不揭穿公司面纱;若属于非公开公司,虽有限责任可以降低整体社会成本、鼓励发展企业、促进投资,但无促进效率资本市场的问题,因而可揭穿公司面纱。再者,若公司债权人属于侵权行为而生之债权,此债权无法事前与公司协商,若给予股东有限责任,会产生负面外部性,故可揭穿公司面纱;若为契约行为而生的债权,则无外部性问题,符合效率,盖公司不能履行义务之风险可事前补偿(如利息),另外于契约成立前诈欺、契约成立后增加债权人风险行为时,仍可揭穿公司面纱。[87]

外国立法例上保障公司债权人的方式有二:一为德国法之事前规制,以立法救济方式,提

---

[82] 刘连煜:《现行关系企业法解析,现代公司法》,元照出版有限公司2007年版,第504页。

[83] “公司法”第154条第2项规定:“股东滥用公司之法人地位,致公司负担特定债务且清偿显有困难,其情节重大而有必要者,该股东应负清偿之责。”

[84] 股东有限责任与揭穿公司面纱原则,载 http://web. angle. com. tw/News/NewsDetail. asp? iNews = 9743。

[85] 欧阳弘:《新修正“公司法”的“揭开公司面纱原则”》,载 http://www. clhlawoffice. com. tw/law-info. php? id = 125。

[86] 现在最新“公司法”修正草案中,就“公司法”第154条第2项进行修正,增加滥用行为之类型至包含侵害他人权利、不当规避“法律”义务及责任,以及其他显属不正目的之行为,以期扩大具体滥用行为之类型,谋求规范的周延。

[87] 参见刘公伟:《揭穿公司面纱原则之经济分析》,载《台大法学论丛》(第30卷)2001年第5期。

高公司法定盈余公积，以避免公司资金不足返还债务；二为美国法上的事后规制，以司法救济方式，提出揭穿公司面纱理论，直接对于股东进行求偿。以台湾地区目前现状，或有以为似应以前者为佳，盖债权人之所以受损害是因公司无法还款，若使公司的资金充足，即不会有资金不足还款之问题，因而认为先对于公积部分进行修“法”属较为可行的方式。然这样之解决方法系建立于公司营运且有盈余之前提下方属有用，若公司亏损连连，财务赤字问题严重，则此项办法仍无法发挥其所预期之效用。

（三）相关实务判决

“揭穿公司面纱原则”及“公司法人格否认理论”为学者于1983年引进台湾地区以达20年之久，其间并经学者之广泛讨论，然实务审判上却迟至台湾台南高等法院89年度上字第47号判决，才首度采用该理论，但最后于“最高法院”91年度台上字第792号判决中不采此项见解，可见实务多仍维持保守态度，固守法人独立人格与股东有限责任之窠臼。

1. 台北地方法院92年度智字第86号判决、台湾高等法院95年度智上字第24号判决

原告主张诉外人美国尖端公司与诉外人太平洋新福公司签订专利权买卖契约，并出售本件之系争专利权，后太平洋新福公司与原告合并，原告继受其所有权利义务，而成为系争专利权。因认美国尖端公司向智财局申请将系争专利权移转登记予被告国际超能源公司，属无权处分行为，向法院请求确认原告拥有系争专利权，并向被告请求侵权行为之损害赔偿。被告依台湾地区“专利法”第59条之规定提出抗辩，认为原告受让专利权既未经登记，自不得对抗被告云云。

台北地方法院92年度智字第86号判决容认原告之请求，判决书指出：“专利法该条所谓‘第三人’，应系指信赖登记公示效力之一般第三人而言，如果该‘第三人’之地位，系由当事人或其代表人滥用法人具有独立法人格之特性而造成第三人之外观，此时自应适用‘法人格否认之法理’，认定该法人并非属于一般第三人。……被告蔡克己先代表美国尖端公司让与系争专利权予原告，嗣后复以美国尖端公司及被告国际超能源公司代表人之双重身份，恶意将属于原告之系争专利移转登记予被告国际超能源公司，显系滥用法人具有独立法人格之地位，以移转登记予‘第三人’之名，行左手交付予右手之实，此时受让登记之被告国际超能源公司，自不能成为‘专利法’第59条所称之‘第三人’，被告所为之前开抗辩，即不可采。”

然台湾高等法院95年度智上字第24号判决却回避有关法人格否认理论适用与否之问题，认为诉外人美国尖端公司与被告公司间让与专利权，并由被告公司申办专利权登记之行为，属于权利之滥用行为之一种，故依台湾地区“民法”第148条之规定判决被告不得依台湾地区“专利法”第59条之规定对原告主张登记之对抗效力。[88]

---

[88] 台湾地区高等法院95年度智上字第24号判决：“按权利之行使，不得违反公共利益，或以损害他人为主要目的，‘民法’第148条定有明文，上诉人申办系争专利权之转让登记行为，既系以妨阻太平洋新福公司取得系争专利权为其主要目的，已如上述，且观其一方面于本件诉讼抗辩系争专利权为其所有，他方面又以尖端公司违约、诈欺为由，而主张终止、解除其与尖端公司间就系争专利权之买卖契约，是无论就上诉人之申办登记行为而言，抑或就其于本件诉讼所为之抗辩而言，均属权利之滥用，本诸恶意不受保护之原则，应认上诉人尚不得执上揭91年修正前‘专利法’第59条之规定，对于太平洋新福公司主张登记之对抗效力。”

2. 台湾高等法院台南分院89年度上字第47号判决、"最高法院"91年度台上字第792号判决

此案例事实为:原告主张被告为诉外人华一公司之连带履约人。诉外人向花莲县政府承包空调设备工程,后因诉外人无法完成工作,由被告以保证人身份接受承作该系争工程,后被告再将系争工程转由原告承揽,完工后,被告拒付工程款,故原告依承揽之法律关系向被告请求给付之。被告则抗辩已与诉外人就工程尾款结算清楚,又原告与诉外人应属相同之权利主体,故原告无权另为请求。

台湾高等法院台南分院89年度上字第47号判决认为:"就本件工程而言,上诉人与华一司从主要负责人、营业项目、营业场所、构成员、客户方面观察,华一公司与上诉人公司均系形异而实同,故虽在'法律'上两者人格不同,权利主体互异,唯后者乃前者逃避契约上责任而滥用公司形态,但依诚信原则言之,应将二者同视,即此时在'法律'上应将二公司视为同一,在'法律'效果上即将旧公司(华一公司)所负之一切债务,应由新公司继续负责,亦即在此情形,应否认新成立之公司之人格,不认其于本件情形有独立之人格,此即英美法所谓公司人格否认之理论(或称揭穿公司之面纱理论),此在日本德国实务上亦已广被实务见解引用……"此判决系台湾地区实务中最明白表示援用揭穿公司面纱原则之判决。

唯"最高法院"作成91年度台上字第792号判决却以"华一公司与上诉人公司,终究为不同之权利主体,乃原审谓在'法律'上应将华一公司、上诉人公司视为同一,在'法律'效果上即将华一公司之一切债务,由新公司继续负责云云,洵有未洽"为由废弃原判决。"最高法院"之保守见解,使得台湾高等法院台南高分院企图引进法人格否认,解决实务上滥用公司形态逃避"法律"责任的弊端之美意遭遏止。[89]

3. 台北地方法院90年度劳诉字第142号判决、台湾高等法院92年度重劳上字第8号判决

原告主张曾先后受雇于被告金讯公司与惠普台湾分公司,两公司同属海外集团。原告主张被告金讯公司、惠普台湾分公司事实上系属同一公司,若非同一公司,亦是共同雇用原告,故被告等对于应给付原告之资遣费、预告工资及未休假代金共同雇用原告,应负连带清偿责任。

台北地院判决认为:"被告金讯公司与惠普台湾分公司分属不同公司,此观卷附之被告公司变更登记表所载公司统一编号均不相同即为可知。原告虽主张依所谓'法人格否认论'或'揭穿公司面纱'应否认被告二公司具有个别独立之法人格云云,唯此理论实有违台湾地区现行规定,况且,依此理论,判断是否应否认该个别公司之法人格独立性,亦应由公司设立之目的、资本之构成、管理阶层组织等各方面比较,认定是否具备实质上同一性。"否认法人格否认理论,唯因最低资本额仅具有象征意义,故其仍以公司之设立目的、资本之构成、管理阶层组织等各方面具体判断被告二公司是否有实质上同一性。

台湾高等法院肯认原审见解,认定本件被告二公司无实质同一性,并无适用法人格否认最大之可能。

---

[89] 参见刘连煜:《公司法理论与判决研究(四)》,元照出版有限公司2006年版,第147页。

4. 台北地方法院99年度重诉字第477号判决、台湾高等法院100年度重上字第9号判决、“最高法院”101年度台上字第187号判决

本案原告与诉外人LBCCA签订换汇换利交易契约，并由被告Lehman Brothers Holdings INC.（LBCCA之控股公司）为保证人。原告请求诉外人补足担保品金额遭拒。诉外人进行清算程序影响原告之权利，且被告亦声请宣告破产，故诉外人属违约，而应负债务不履行之责。又被告与诉外人实质上应属同一法人格，故依照揭穿公司面纱原则，被告对原告应与诉外人负同一损害赔偿责任。被告抗辩本案无揭穿公司面纱理论之适用，而非与诉外人实质上为同一法人格。

地方法院判决关于“揭穿公司面纱”之适用，认为“参酌台湾地区‘公司法’于86年6月25日修订增设关系企业专章时，并未将‘揭穿公司面纱原则’同时纳入‘公司法’规范，可认应系‘立法’者有意排除此理论在台湾地区之适用，是此理论既与台湾地区现行‘公司法’规定有违，则是否仍得将美国法‘揭穿公司面纱原则’或日本法‘法人格否定法理’或德国法‘穿透责任法理’等，援引为‘民法’第1条规定所称之法理，以排除台湾地区现行‘法’所采公司仅就其行为负责原则之适用，诚有疑义”。对于揭穿公司面纱理论采否认看法，且该等理论与台湾地区现行“公司法”规定之公司责任分担原则有违，故判决驳回原告之诉。

高等法院虽认为揭穿公司面纱原则法无明文规定，作为“法理”有违台湾地区现行“法”制而驳回上诉，但仍指出：“股东有诈欺不实之行为或为了符合公平正义之情形，始能例外地揭穿公司面纱，否则将失却公司作为主要商业组织并创造社会利润之诱因。又美国法院于决定是否适用此原则时，通常将被害人（债权人）区分为自愿性或非自愿性两种。所谓自愿性之债权人，以契约关系之相对人为代表，此等人于债权发生前多半已与公司有所接触，对于公司之资力、债信有所认识及评估，才决定与公司进行交易，自愿性之债权人对于损害之发生具有预见可能性，因此一旦于嗣后发生损害，基于其对风险已有所预期，使其承担风险尚属合理，故不得转嫁至对方公司及其股东，是在契约案件中，法院并未轻易适用此原则。至于侵权行为之案例，由于被害人多属非自愿性之债权人，对于可能发生在自己身上之风险及损害，多无法事先预见，此时，法院为保障这些非自愿性之债权人，较倾向适用此原则，令股东负担损害赔偿责任。”

“最高法院”认为，在有诈欺不实之行为或为了符合公平正义之情形下，能例外揭穿公司面纱，并发回高院要求调查被害人属于“自愿性”或“非自愿性”。故“最高法院”虽非直接采取揭穿公司面纱原则，唯其发回要求高院详加调查之事项却多为该理论之要件。[90] 可见在司法实践上已逐渐朝向承认揭穿公司面纱原则。

五、结论

股东有限责任原则为现代公司法制之基本原则，对于公司之成立有极大之利益，亦有助于落实公司经营与所有分离原则之实现。然企业经营有限责任化却使不法者得以借此而为

---

[90] 杨宗翰：《揭穿公司面纱理论于实务之新发展》，载http://www.justuslaw.com.tw/news_detail.php? class=183。

诈欺投机之行为,侵害债权人之利益,基于维护衡平之目的,例外需否认公司法人格之存在,此一例外,一般通称为公司人格之否认理论。[91] 换言之,于制定法规范时,立法者必定会考虑利益衡量,公司之独立法人格与股东有限责任为公司的最大利益,但此项最大利益于遇到其他更大利益时,如避免诈欺,则有必要为例外之规定,且由经济分析之层面以观,揭穿公司面纱具有一定之经济效率,依此而言,揭穿公司面纱原则确有其存在之必要。[92]

纵使有学者认为不应将揭穿公司面纱原则条文化,而认为由适用的基准明确性以观,揭穿公司面纱原则模糊之判断基准正为其不得不然之本质,将之作为一法理援用即为以足。[93] 且实务大多对于法人格否认理论采否定见解,然关系企业部分因台湾地区"公司法"有增订关系企业专章,因此纵使债权人仅有代位请求权,相较于外国法制,中国台湾地区"法制"大体上以较无缺漏。又于 2013 年新修正台湾地区"公司法"第 154 条,将揭穿公司面纱原则明文化,更进一步确实保障债权人之权利。

至于是否每件个案均得适用揭穿公司面纱原则,本文有不同见解。本文以为揭穿公司面纱原则之适用仍应考虑法律经济效益之问题,揭穿公司面纱原则之适用在不同债权发生原因上均有适用余地,唯依照公司类型之不同,考虑法律经济效益则会有所不同之结论。

目前实务多对于法人格否认理论采否定看法,均肇因于"法"无明文所致,如今基于保护债权人利益,以及维护交易衡平之考虑,既已将揭穿公司面纱原则明文订入台湾地区"公司法",虽或仍有条文适用上之疑义,然此项条文之修正案于台湾地区司法上关于揭穿公司面纱原则之适用在实践中将会有所不同,值得期待。

---

[91] 刘连煜:《揭穿公司面纱原则与否认公司人格理论在台湾实务之运用》,载台湾地区《法学》2005 年第 67 期。
[92] 参见刘连煜:《公司法理论与判决研究(四)》,元照出版有限公司 2006 年版,第 139 页。
[93] 刘连煜:《揭穿公司面纱原则与否认公司人格理论在台湾实务之运用》,载台湾地区《法学》2005 年第 67 期。

三类股东表决权行使问题探讨

朱宸佐*

信托计划、资产管理计划及契约型基金，本质上为投资人与管理人经由合同方式而组成的契约型理财产品。在这种契约的框架下，由投资人作为委托人，把财产委托给管理人，由管理人为投资人进行投资理财运作。管理人运作投资理财的方式之一，就是将资金投入二级市场，购买上市公司股票，进而使得信托计划、资产管理计划及契约型基金成为上市公司的股东，实务上对此统称为"三类股东"。然而，因目前法律上并不认可三类股东的法人性质，故目前三类股东管理人行使投票权时，并无依《公司法》及相关证券法规而应具有的严格的公司自治、公司负责人的信义义务、信息披露义务及公正的第三方监督机制，这对保护投资人的合法权益以及控制管理人的自我图利及利益冲突十分不利。本文拟从厘清三类股东的性质与定位，进而探讨其应怎样行使表决权等问题。

本文将分为以下几个部分进行讨论：第一部分是三类股东的形成及发展，包括三类股东的起源、成因、现行官方意见对于三类股东的态度及登记规则等。第二部分就三类股东行使表决权的股东资格认定及表决权归属进行探讨，包括三类股东股东身份的探讨、表决权究竟应归属于管理人还是投资人。第三部分就投资人行使表决权相关问题进行探讨，包括投资人可否行使表决权？管理人应如何汇集投资人的意见？投资人内部是否可分割行使表决权？第四部分就管理人行使表决权的相关问题进行探讨，包括管理人行使表决权时是否具有信义义务？信息披露义务？对管理人行使表决权的监督机制为何？第五部分是结论。

一、三类股东的形成及发展

三类股东形成的历史，可说是金融市场需求驱动监管政策开放下的产物。首先，2001 年颁布的《信托法》及 2007 年银监会公布实施的《信托公司集合资金信托计划管理办法》，明确了信托公司运作股权投资业务可通过信托计划的形式，并可投资于未上市企业股权、上市公司限购流通股或银监会批准可以投资的其他股权。此后证监会、银监会及保监会，于 2012 ~ 2013 年陆续公布实施了一系列部门规章，将信托计划的做法扩充到资产管理计划中。而证

* 清华大学 2016 级商法专业博士生。

券、期货、基金、银行及保险等各类金融类公司，则依据相应的监管部门规章发行资管理财产品，并进行股权投资业务。[①] 依据实证分析，截止到 2018 年 1 月底，深圳 A 主板 513 家上市公司前十大股东的名单中，股东名称登记为资管计划的共有 92 家，占深圳 A 主板上市公司比例 17.9%；登记为保险产品的（包括万能险）共有 88 家，占深圳 A 主板上市公司比例 17.1%；登记为信托计划的共有 94 家，占深圳 A 主板上市公司比例 18.3%；登记为基金的（包括私募及公募）共有 151 家，占深圳 A 主板上市公司比例的 29.4%，其中更有 12 家上市公司的前十大股东中，单一契约型股东持股比例超过 5%。[②] 由此可知，三类股东已大幅存在于实务运作中。

除了监管政策开放的原因，三类股东的发展亦受下列原因促成：

（一）证券投资基金法的许可

《证券投资基金法》修订前，股权类投资基金多以公司型、有限合伙型的形式设立，直至 2013 年 6 月 1 日实施新《证券投资基金法》，将非公开募集基金纳入监管范畴，才为契约型私募基金奠定了法律基础。因此，《证券投资基金法》修订后契约型基金验明正身，正式取得合法地位。在契约型基金取得法律地位后，因契约型基金在登记、税务、成立、清算、保密及法规制方面相较于公司及合伙型基金具有成本上的优势，故现在多数的投资基金，选择以契约形态进行。[③] 又因契约型基金的投资目标，依据《私募投资基金监督管理暂行办法》第 2 条第 2 项，其范围包括股票及股权。故许多契约型基金管理人运用投资资金购买了上市公司股票，致使上市公司中出现了许多契约型基金股东。

（二）运作上的便利性

法人的制度具有较高的代理、运行、税务及监管成本，而三类股东相对于法人在制度成本上具有一定的优势。[④] 表现为：

第一，组成上的便利性。三类股东是由投资人与管理人签订的投资合同所组成，当事人的权利义务均由投资合同的内容约定，不需设立董事会、股东会及监事会，亦无严格的公司自治规范，代理及监督成本低；三类股东的设立，仅需对相关部门申请备案，不需如公司设立应至当地主管部门进行登记；三类股东的清算，由投资合同进行规定，并无公司法严格的清算制度。

第二，税务上的便利性。因契约型股东并无法人格，并非独立的纳税主体，以管理人为扣

---

① 券商资管部分，2012 年证监会修订《证券公司客户资产管理业务管理办法》、《证券公司集合资产管理业务实施细则》及《证券公司定向资产管理业务实施细则》，明确券商可以为单一及多位客户设立资产管理计划；并在 2013 年重新修订了《证券投资基金法》承认私募证投基金的合法地位。基金子公司部分，2012 年证监会修订了《基金管理公司特定客户资产管理业务试点办法》及《证券投资基金管理公司子公司管理暂行规定》，允许基金公司借道专项资产管理计划进行资管业务。期货公司部分，2012 年证监会颁布《期货公司资产管理业务试点办法》，期货公司获准开展资产管理业务。保险资管部分，2012 年保监会发布了《保险资金委托投资管理暂行办法》《关于保险资金投资有关金融产品的通知》《基础设施债权投资计划管理暂行规定》《关于保险资产管理公司有关事项的通知》；2013 年保监会发布了《关于保险资产管理公司开展资产管理产品业务试点有关问题的通知》，允许保险资金可以展开资产管理业务。

② 数据源依据巨潮资讯网（http://www.cninfo.com.cn/cninfo-new/index）公开资料收集，收集时间为 2018 年 1 月。

③ 国家税务总局于 2008 年 1 月 1 日公布的《关于企业所得税若干优惠政策的通知》第 2 条关于鼓励证券投资基金发展的优惠政策中，规定证券投资基金、投资者及证券投资基金管理人，暂不征企业所得税。

④ 张笑滔：《论资管计划的兴起——企业形态竞争及其规制视角》，载《清华金融法律评论》2017 年第 1 卷第 1 辑。

缴义务人，代扣代缴投资人应缴纳的税收，且在现行规定下三类股东具有明显的纳税优惠。[5]例如，2008 年国家税务总局公布的《关于企业所得税若干优惠政策的通知》第 2 条第 3 项规定，证券投资基金、投资者及基金管理人对于从证券市场取得的收入及从投资基金分配中取得的收入，暂不征收企业所得税。

第三，避免监管的便利性。为了维护金融秩序并保障交易安全，《公司法》《证券交易法》及其他相关法规对于公司购买上市公司股票，具有一系列的行为规范。然而，因契约型股东并非公司，大大减少了法律监管所带来的运作成本。

（三）官方意见不明确

近年对于三类股东讨论最热烈的议题，是三类股东上市前应否被清理问题。例如，有文章认为，因三类股东的契约本质，使实际出资人和资金来源有查核上的困难。管理人进行投资管理时亦无明确的信义义务及信息披露义务，可能出现到期兑付、短线交易、利益输送、投资人股权转让等影响公司股权稳定及损害投资人利益的情况。故认为三类股东上市前应先进行清理，并还原至实际投资人。[6]

对此问题目前官方的态度并不统一。证监会在其 2013 年公布的第 54 号文档中第 3 条关于股份代持及间接持股的处理中第 2 项规定，“以私募股权基金、资产管理计划以及其他金融计划进行持股的，如果该金融计划是依据相关法律法规设立并规范运作，且已经接受证券监督管理机构监管的，可不进行股份还原或转为直接持股”，[7]似乎默许三类股东于上市前不需被清理。2015 年《全国中小企业股份转让系统机构业务问答（一）》对证监会的第 54 号文进行了说明，认为只要三类股东所投资的公司申请挂牌时，主办券商在《公开转让说明书》中将三类股东列示为股东，并在《公开转让说明书》中充分披露三类股东与其管理人和管理人名下其他产品的关系。同时主办券商就相关事项进核查并发表明确意见，[8]则三类股东所投资公司申请在全国股转系统挂牌时，就能将股份直接登记为产品名称。[9] 然而上海证券交易所于 2017 年的公众号发文却认为，三类股东具有隐秘性、数量多、金额大并可能会因存续期到期而造成股权变动，影响公司股权稳定的情况，认为三类股东上市前应被清理。[10]

在官方意见不明确下，近期实务上亦已出现多个三类股东通过审查成功申请 IPO 的案例，[11]如 2017 年 12 月 5 日，福达合金（832675. OC）IPO 申请顺利通过证监会发审会，成为第一

---

⑤ 陈斌才：《契约型私募基金税务处理解析》，载《财会研究》2015 年第 2 期。

⑥ 冯珊珊：《新三板 IPO“三类股东”的两难境地》，载《首席财务官》2017 年 8 月 23 日。

⑦ 证监会中国证券监督管理委员会公告〔2013〕54 号《非上市公众公司监管指引第 4 号——股东人数超过 200 人的未上市股份有限公司申请行政许可有关问题的审核指引》，见“三、关于股份代持及间接持股的处理（二）特别规定”部分。

⑧ 相关事项包括下列四项：（1）该资产管理计划或契约型私募基金是依法设立、规范运作并已履行相关备案或者批准手续；（2）该资产管理计划或契约型私募基金的资金来源清晰并合法合规；（3）投资范围符合合同约定，以及投资具有合规性；（4）资产管理计划或契约型私募基金权益人为拟挂牌公司控股股东、实际控制人或董监高，只要符合上述条件，就能将股份能否直接登记为产品名称，并列示为股东。

⑨ 《全国中小企业股份转让系统机构业务问答（一）》——关于资产管理计划、契约型私募基金投资拟挂牌公司股权有关问题。

⑩ 2017 年 3 月 16 日，上海证券交易所的官方微信公众号“上交所企业上市服务”发布《企业改制上市 30 问之二十三：新三板挂牌企业 IPO 需要注意什么问题?》。

⑪ 如福达合金材料股份有限公司（832675）、科顺防水科技股份有限公司（833761）及广东奥飞资料科技股份有限公司（832745），虽其具有三类股东，但均已成功首发上市。

家过会的新三板上市企业,也是第一家过会的含三类股东的企业。⑫

(四)结算登记机关的支持

在证券账户的登记制度中,实名制的规定最为重要,即形式股东与实质股东必须相符。而信托计划、资产管理计划及契约型基金等三类股东本质上均为契约,缺乏独立的法人性质,导致其形式股东及实质股东分离。故如何对契约型股东进行登记,为一大挑战。对此中国证券登记结算有限责任公司(以下简称中证登)颁布了《中国证券登记结算有限责任公司特殊机构及产品证券账户业务指南》(以下简称《业务指南》),对各类资产管理产品登记细项进行说明。在登记做法上《业务指南》首先对资管产品的性质属于信托关系或委托关系进行分类,并采用了不同的登记规则。⑬ 中证登颁布的《业务指南》,为三类股东提供了登记的依据,也促进了三类股东的发展。

二、三类股东的股东资格认定及表决权归属

(一)股东资格认定问题

股东拥有表决权,以具有股东身份为前提,故在判断三类股东表决权归属前,应先确认何人为股东。股东资格的认定须符合两个条件:一是向公司出资或认购股份;二是股东姓名或者名称被记载在公司章程或者股东名册中。前者是对公司股东的实质要求,后者是形式要求。⑭ 然而,在实质与形式股东不符的情况下,公司法亦承认隐名股东的概念。最高人民法院《关于适用〈中华人民共和国公司法〉若干问题的规定(三)》(以下简称《公司法司法解释(三)》)第25条至第28条专门针对显名及隐名股东间的相关问题进行了规定。若以股东资格的认定标准套用至三类股东中,结果是混乱的。投资人作为委托人是实际的出资者,管理人作为受托人为投资人进行投资管理并对外行使权利。就《公司法司法解释(三)》对于隐名股东的理解,投资人应为实际出资人,管理人为名义出资人,股东名簿上应以名义出资人管理人的名称进行股东登记。然而,现行实务上的做法却以理财产品名称进行股东登记,使得股东资格的认定发生了混淆。

现况产生的原因,为资管行业兴起后证券、期货、基金、银行及保险行业等,依据监管部门的部门规章,大量及快速地发售各种类型的资管产品。而监管层批准一个产品,中证登即发布一个单行通知允许产品开户,最后中证登整理吸收各个单行通知,形成现在的《业务指南》,

---

⑫ 《福达合金过会释放信号:清理三类股东企业IPO障碍或解》,载搜狐财经:http://www.sohu.com/a/208915586_115443。

⑬ 《业务指南》首先对资管产品的性质是信托还是委托进行分类,并开展出两类不同的登记规则。根据《业务指南》,属于委托关系的产品主要有两类,即证券公司定向资产管理计划和上市公司员工持股计划。"账户命名"上,证券公司定向资产管理计划账户命名为委托人全称,上市公司员工持股计划账户命名为上市公司全称—第X期员工持股计划;《业务指南》认定为属信托型理财产品的共有17类,具体包括信托计划,证券投资基金,证券公司集合资产管理计划,银行理财产品,基金公司、期货公司、保险资产管理公司资产管理计划等,因于信托型资管产品的信托财产具有独立性、受托人具有自主权,故依据特殊的命名规则进行登记,在"账户命名"的登记上,采用三联名、两联名及非联名的方式,以三联名者如证券公司集合资产管理计划,以证券公司简称—托管人简称—集合资产管理计划名称表示;二联名者如证券投资基金,以托管人名称—证券投资基金名称表示;以非联名者如全国社保基金,以"全国社保基金+投资组合"名称表示。

⑭ 施添涛:《公司法论》,法律出版社2005年版,第241页。

即目前三类股东的股东登记规则。[15] 故现行以理财产品名称进行股东登记的做法，是资管行业野蛮生长下的产物，并无法理基础，无法依此方式进行股东资格的判断。退一步而言，若欲维持现行三类股东登记制度，我国应参照美国投资公司的形式，以法律明确赋予契约型理财产品独立的法人地位。[16] 以法律明确赋予契约型理财产品独立的法人地位后，即可将理财产品登记为股东，投资人作实际出资人为隐名股东，而管理人为理财产品执行事务的代理人。现行的三类股东登记方式，回避了是否应赋予契约型理财产品法人资格的讨论。故在现行法下，若欲判断股东资格及表决权归属，仅能暂时遵从实务上所创设的三类股东"类法人主体性"资格，以投资人与管理人所签订的合同性质，作为股东资格及表决权归属的判断。

（二）表决权归属问题

承上所述，三类股东的表决权归属问题，仅能暂时以投资人及管理人间的合同性质进行判断。三类契约型股东中，信托计划及契约型基金均有明确的法律依据，分别受《信托公司集合资金信托计划管理办法》及《证券投资基金法》规制。两者的上位法均属信托法，投资人与管理人间属于信托关系，三类股东的表决权，由受托人即管理人行使。而资管计划目前并无明确法律依据，故投资人与管理人间的关系，长期以来存在信托及委托的争议。

信托说认为，因资管计划的受托资产是独立财产，且资产管理人是以自己的名义为投资人进行管理。符合信托关系财产独立性、收益对象确定性及委托人意图独立性等三个要素，故应将资管计划定性为信托关系。[17] 委托说认为，资管计划是委托人将资金交付给受托人，由受托人依合同约定为委托人进行投资管理。委托人应承担最终的投资盈亏，并享有在约定的条件出现时取回委托财产的权利，性质上属于委托关系。[18] 银监会在 2005 年出台的《商业银行个人理财业务管理暂行办法》[19]亦明确使用了"接受客户的委托和授权"的字眼。[20] 然而近期，越来越多的学者跳脱信托及委托的争议，着眼于资管计划的本质进行讨论。如刘燕老师及楼建波老师在文章《企业并购中的资管计划——以 SPV 为中心的法律分析框架》[21]中将资管计划定性为特殊目的载体 SPV；缪因知老师在文章《资产管理内部法律关系之定性——回顾与前瞻》中，[22]依据各别资管计划的性质将各类资管计划分别定性。

因投资人的投资目的多数是获取回报，因而多抱有将投资款项交付管理人后坐等收益的心理。基于市场的需求，资管计划多设计为管理人对投资财产具有独立处分权限的信托理财产品，仅有少数资管计划依据投资人的特殊需求设计为委托的形式。[23] 本文认为，无论信托或

---

[15] 中国证券登记结算有限责任公司访谈心得。

[16] 依据美国 1940 年投资公司法第 2 条对公司的定义："包括公司、合伙企业、协会、股份公司、信托、基金或任何一群人组成的法人或非法人团体"。在美国 1940 年投资公司法下，信托及基金具有法人格，可以作为股东进行登记。

[17] 强力：《大资管时代与信托业立法的思考》，载《海峡法学》2017 年第 1 期。

[18] 郭霓：《关于委托理财法律问题的若干思考》，载《金融法苑》2005 年第 10 期。

[19] 《商业银行个人理财业务管理暂行办法》第 9 条规定："综合理财服务，是指商业银行在向客户提供理财顾问服务的基础上，接受客户的委托和授权，按照与客户事先约定的投资计划和方式进行投资和资产管理的业务活动。"

[20] 刘晓艳、马庆泉：《欧美资产管理人市场准入与行为规范比较分析》，载《经济理论与经济管理》2002 年第 6 期。

[21] 刘燕、楼建波：《企业并购中的资管计划——以 SPV 为中心的法律分析框架》，载《清华法学》2016 年第 6 期。

[22] 缪因知：《资产管理内部法律关系之定性——回顾与前瞻》，载《法学家》2018 年第 3 期。

[23] 李勇：《银行理财业务法律性质与风险监控》，载《法制与社会》2008 年第 14 期。

委托，均仅为资管计划设计的一种方式，在进行定性时，仅需依据信托三个要素（财产独立性、收益对象确定性及委托人意图独立性）判断后，排除属于委托关系的资管计划，其余的自然均属信托性质。具体而言，可参考《业务指南》中对于资管类理财产品的分类标准，依据业务指南，除证券公司定向资产管理计划和上市公司员工持股计划属委托关系外，其他的资管类理财产品均属信托关系。[24]

在信托关系下，投资人的财产权已移转于管理人，管理人对于信托财产具有管理权及处分权。而投票权的行使为财产管理的一部分，故信托财产的投票权应由管理人行使。[25] 若理财产品属于委托关系，此时投资人的财产权并无移转，管理人仅是投资人的代理人，对外仍以投资人的名义行使权利，故股东的表决权属于投资人。

三、投资人行使表决权的相关问题

（一）信托关系下投资人可否行使表决权

信托契约为当事人依据意思自治所订立的契约，只要契约内容并未违反法律强行规定及善良风俗，应允许当事人自由约定信托财产的范围。然而，在信托关系下，管理人除了取得信托财产，亦取得了股东资格及股东权益，而股东权益中包括了股东的收益权及控制权，股东表决权属于股东控制权的范畴。在信托关系下，股东的表决权是否能与其他股东权益分离进行转让？

对于此问题，有股权说及表决权说两种看法。股权说认为，股东持股的主要目的是获取经济上的收益，表决权仅为辅助股东追求最大收益的手段。[26] 信托是移转整体股东权益所设立的信托，表决权不得单独进行转让。[27] 表决权说认为，股东权益是一个权利束，各个股东权益各自独立。表决权作为股东权益的重要权利内容，可以独立于股东权益，单独作为信托目标。目前多数的学说采表决权说，认为股权说表决权不能独立作为信托目标的观点，违反了公司法所有与经营相分离的原则。[28] 本文认为，虽然我国现行法下并没有表决权信托的法律规定，[29]但因股东的表决权并非股东的人身权，而为股东的财产权，[30]为保护投资人的股东权益，股东的表决权应可于股东权中分离，单独作为信托目标。

然而，纵使认可了表决权能与股权权益进行分离，但投资人签约时面对的多为格式合同，欲使投资人于合同中加入行使表决权的约定，仍有一定的难度。对于此问题，可参照我国台湾地区"信托业法"第20-1条规定："信托业者之财产为股票者，其表决权之行使，得与其他信托财产及信托业自有财产分别计算……信托业行使表决权应依信托契约之约定为之。"虽

---

[24] 参照中国证券登记结算有限责任公司发行的《特殊机构及产品证券账户业务指南》。
[25] 范黎红：《论上市公司收购中结构性资管计划的表决权行使》，载《证券法苑》2017年第19卷。
[26] 覃有土、陈雪萍：《表决权信托：控制权优化配置机制》，载《法商研究》2005年第4期。
[27] 赖河源、王志诚：《现代信托法论》，中国政法大学出版社2002年版，第78页。
[28] 梁上上：《论表决权信托》，载《西北政法法学学报》2005年第1期。
[29] 美国《示范公司法修正本》第7.30条及德国《股份法》第135条均对表决权信托进行了规定。
[30] 胡智强：《论表决权信托——以小股东利益保护为背景展开的研究》，载《现代法学》2006年7月；刘倚源：《构建我国的表决权信托制度——以中小股东利益保护为中心》，载《甘肃政法学院学报》2014年第6期。

然，本条并非强行规定，但台湾地区“信托业法”以“法律”规定投资人与管理人签订信托合同时，可将股东表决权与信托财产进行脱钩。此种做法一方面可以明确股东表决权的独立性，另一方面亦可增加投资人磋商时的谈判筹码。在我国投资人与管理人磋商能力悬殊的现况下，或可参考我国台湾地区“信托业法”的规定，于《信托法》中增订相关条文，使投资人与管理人进行合同磋商时，对于约定行使表决权有一定的谈判空间。

(二)管理人应如何协助收集投资人的表决意见

如上所述，若股东表决权约定由投资人行使，然而投资人人数众多，很难由各个投资人分别投票，而管理人应如何协助收集投资人的表决意见？在现行制度下，信托计划、契约型基金及资管计划等三类股东，其内部均有基金持有人大会或受益人大会，其决议程序、内容范围与公司的股东大会决议具有相似之处。例如，信托计划依据《信托公司集合资金信托计划管理办法》规定，信托合同中应载明受益人大会召集、议事及表决的程序和规则，受益人大会应对信托合同中的重大事项及信托计划约定需要召开受益人大会的其他事项进行决议；又如，契约型基金依据《证券投资基金法》规定，基金份额持有人可以设立日常机构召开基金份额持有人大会，并行使相关职权。《证券投资基金法》第49条第5项规定，基金份额持有人大会可以行使“基金合同约定的其他职权”。由此可知，无论《信托公司集合资金信托计划管理办法》还是《证券投资基金法》中都规定，投资人可以与管理人在信托计划或基金合同中，约定其他职权或其他事项作为基金持有人大会或受益人大会的决议事项。故在现行制度下，投资人可与管理人在投资合同中约定行使表决权，并由管理人通过基金持有人大会或受益人大会汇集投资人的意见，对外代表投资人行使表决权。

(三)投资人的投票权可否分割行使

若股东表决权约定由投资人行使，另一个问题是，对于公司的议案，投资人内部具有不同的意见时，表决权是否可以分割行使？对于此问题我国现行立法并未规定。参酌其他国家及地区的规定，德国、日本及美国，均以法律明文规定股东得分割行使表决权。[31] 我国台湾地区亦于2012年参照日本《公司法》第313条之规定，于我国台湾地区“公司法”第181条增订表决权可分割行使的规定。而我国台湾地区“信托业法”第20-1条的立法理由亦提及：“信托业者之财产为股票者，其表决权之行使本得依各个委托人或受益人的指示，分别为赞成或否决之意思表示，应与信托业自有财产股票的表决权分别行使。”本文认为，既然股份制公司是以股份为最小的计量单位，我国《公司法》第103条规定股东所持每一股份有一表决权，当然允许全体投资人依据各自的意愿，按照各自的持股比例表达意愿，由受托人(管理人)予以集中，在公司股东大会上按照不同股份比例分别表达不同意愿的投资人意见。因此，在现行法并无禁止规定的情况下，站在股东应受公平保障、表决权行使的意思自由及忠实反映股东意思的观点，应允许投资人的投票权可以分割行使。

---

[31] 王志诚：《股东权利之实质保障：股东表决权之分割行使——兼评公司法181条修正草案》，载《月旦法学杂志》第181期。

四、管理人行使表决权的相关问题

(一)管理人行使表决权时应遵守的义务

依据中国基金业协会统计,2016 年基金管理公司对外行使投票表决权情况如下:2016 年度 76 家基金管理公司共就 12338 项议题代表基金对外行使了投票表决,其中 94.5% 是以股东身份参与上市公司的股东大会,5.5% 是以债券持有人身份参与发债公司的债券持有人大会。[32] 由此可见,管理人代理行使表决权的情形实务上已为业界常态。但现行法仅规定了,股东表决权可以被代理行使,并未规定对于管理人代理行使投票权应遵守的义务及监督机制。如《公司法》第 106 条及《上市公司治理准则》第 9 条规定了股东表决权可以被代理行使;《证券投资基金法》第 19 条第 11 项规定,基金管理人以其名义代表基金份额持有人利益行使诉讼权利或者实施其他法律行为,属于基金管理人应当履行的职责。

有鉴于此,证券投资基金业协会于 2012 年 12 月发布了《基金管理公司代表基金对外行使投票表决权工作指引》(以下简称表决权指引),对基金管理公司对外行使投票表决权行为、正确处理利益冲突、防范利益输送及保障基金份额持有人合法利益等四个面向进行规范。[33] 其中确立了基金管理公司行使表决权的四个原则及相关代理行使表决权的程序,[34]希望能借此弥补现行法律对于管理人代理行使投票权规范的不足。

虽然表决权指引为管理人行使表决权提供了原则性及程序性规范,但管理人多为大型的商业机构,投资人又多又分散,在信托关系下很难对管理人行使表决权进行监督。再者,因表决权指引仅为行业的自治规范,管理人违反时又无明确的罚则,对管理人约束性不足。而最根本的问题是,契约型股东并不具有法人资格,故无公司法下对于公司负责人的监督机制,如董监事的忠实义务及监察人、独立董事机制等。为了保护投资人的投资权益,对于管理人行使投票权,应课以相关义务,并对其行使投票权的行为进行监督。

1. 管理人行使投票权的信义义务

信义义务(Fiduciary Duty)是指当事人之间基于信义关系而产生的义务。信义义务存在于信义关系,只要当事人之间存在信义关系,一方就对另一方负有信义义务。信义义务的核心为信任、不为自己谋私利并运用自己的才能、技能、经验及知识以注意和勤勉的态度行事。[35] 包含"忠实义务"(duty of loyalty):受托人应为委托人的最大利益处理事务,处理事务不得与委托人的利益相冲突;以及"注意义务"(duty of care):受托人应以善良管理人的注意从事管理事务,在充分了解所有讯息后才能做出决定。[36] 我国契约型股东的内部法律关系多为信托,可依据《信托法》第 25 条规定,认为管理人应对投资人负有信义义务。而信义义务为受托人

---

[32] http://fund.jrj.com.cn/2017/06/02175522567237.shtml.

[33] 参见《基金管理公司代表基金对外行使投票表决权工作指引》(中基协发〔2012〕22 号)。

[34] 《基金管理公司代表基金对外行使投票表决权工作指引》第 3 条规定,基金管理人代理行使表决权,应当遵循基金份额持有人利益优先原则、专业独立判断原则、不谋求控制原则及规范处理利益冲突原则。

[35] 陈雪萍、豆景俊:《信托关系中受托人权利与衡平机制研究》,法律出版社 2008 年版,第 150~154 页。

[36] 汪其昌:《对金融服务者施加信义义务:英美保护金融消费者的一个独特制度》,载《经济研究参考》2011 年第 20 期。

抽象性的行为准则，在管理人进行融资、投资、管理及退出等不同阶段具有不同的信义义务判准。[37] 管理人行使投票权，属于管理人投资理财中的投后管理阶段，以下就管理人行使投票权时的信义义务进行分析。

(1)忠实义务

忠实义务，侧重于受托人的"善意和忠诚"。受托人应忠实地为受益人的最大利益处理事务，避免自身利益与受益人的利益相冲突，具体而言包括禁止图利、禁止利益冲突两个面向。[38] 因契约型股东的管理人多为大型的商业机构，对于上市公司往往具有错综复杂的利益纠葛。如管理人所管理的不同理财产品，投资了相同公司的股票或管理人本身即为目标公司的董监事，此时管理人行使表决权将可能发生损害投资人权益的情形。依据英美信托法，受托人在管理受托财产时，任何违背信托目的获取个人利益的行为，都可以推定为无效。[39] Bogert 教授认为，若受托人实施信托行为的目的是获取个人利益或为第三人获取利益，即可推定该行为违反忠实义务。[40]

我国《信托法》第 26 条规定，受托人违反图利禁止时，应将所得利益归入信托财产、《信托公司管理办法》第 25 条规定，受托人在处理信托事务时应避免利益冲突，在无法避免时，应向委托人、受益人进行讯息披露。[41] 故在我国现行法下，若管理人违背信托目的，为图利自己或第三人行使表决权，受益人得请求将所得利益归入信托财产。若管理人行使表决权前预见将有利益冲突情况，应将该情形对委托人、受益人进行披露，经委托人、受益人的同意后始能进行表决。

(2)注意义务

注意义务，侧重于委托人的"注意"。注意义务为抽象的认定标准，可分为抽象轻过失(善良管理人注意义务)、具体轻过失(一般人的注意义务)及重大过失三种。管理人行使投票权时的注意义务，应以何种标准为准？有观点认为，因基金等投资具有高风险性，为激励管理人发挥其专业知识及技能，应借鉴 1994 年美国《统一合伙法》和特拉华州公司法中的认定标准，只有管理人的过失为重大过失时才承担法定责任。[42] 亦有观点认为，投资人将资金信托于受托人，具有双重信赖，不仅信赖其信用，亦信赖其能力。且投资人因信赖管理人的专业，向管理人支付高额的佣金，故管理人应尽到与其职业所普遍要求相当的注意义务，即善良管理人注意义务。[43]

本文赞同后者见解。在契约型股东中，投资人与管理人的地位并不对等，管理人投资决策及行使表决权的信息亦不透明。在地位不对等及信息不透明情况下，投资人仍愿意将资金交付予管理人并支付管理人佣金，主要是因信赖管理人的投资专业，相信管理人能正确地进行投资决策，为投资人创造最大的获利。故站在投资人的角度，要求管理人行使投票权，承担比普通人更高的注意义务即善良管理人注意义务，应属合理。而管理人注意义务的内涵，包

---

[37] 肖宇、许可：《私募股权基金管理人信义义务研究》，载《现代法学》2015 年第 37 卷第 6 期。
[38] 王众：《信托受益人保护研究——基于商事实践的视角》，法律出版社 2014 年版，第 131 ~ 137 页。
[39] 陈雪萍、豆景俊：《信托关系中受托人权利与衡平机制研究》，法律出版社 2008 年版，第 150 ~ 160 页。
[40] George Gleason Bogert & George Taylor Bogert, *The Law of Trusts and Trustees*, West Publishing Co. ,1993, p. 227.
[41] 王众：《信托受益人保护研究——基于商事实践的视角》，法律出版社 2014 年版，第 131 ~ 137 页。
[42] 许可：《私募基金管理人义务统合论》，载《北方法学》2016 年第 2 期。
[43] 王众：《信托受益人保护研究——基于商事实践的视角》，法律出版社 2014 年版，第 132 页。

括管理人于表决前，应对议案进行充分的了解、对议案进行分析评估、选取对于投资人最有利的议案进行表决等。

2. 管理人行使表决权的信息披露义务

因投资人与管理人处于讯息不对称的状态，投资人向管理人交付投资资金后，对于资金的运用过程，往往无从知悉。为实现投资人与管理人间的利益衡平，并保护投资人的投资权益，对于管理人应课以信息披露的义务。我国《信托法》第33条规定，受托人应保存处理信托事务的完整记录，且应当每年定期将信托财产的管理运用、处分及收支情况，报告委托人和受益人。证监会于2004年颁布的《证券投资基金信息披露管理办法》、银监会于2005年颁布的《信托投资公司信息披露管理暂行办法》及2009年颁布的《信托公司集合资金信托计划管理办法》、保监会于2018年颁布的《保险公司信息披露管理办法》均对信息披露义务主体、信息披露对象及信息披露内容进行规定。例如，《信托公司集合资金信托计划管理办法》第六章规定了信托公司的对信托受益人的信息披露义务，包括信托公司应按季制作信托资金管理报告，就信托资金管理、运用、处分和收益等事项信托计划相关事项向受益人进行说明、[44]信托计划发生重大事项应当在获知有关情况后3个工作日内向受益人披露、[45]信托计划若违反信息披露义务，由银监督会责令改正并处罚款，给受益人造成损害的，依法承担赔偿责任等规定。[46]

由此可知，除《信托法》外，证监会、银监会及保监会均以部门规章规定了管理人的信息披露规范。然而，上述规范仅为概括性的信息披露规定，现行法下并无专门针对管理人行使投票权信息披露义务的法律规章。我国目前专门针对管理人行使投票权信息披露义务的规范，是由中基协所发布的，表决权工作指引第13条规定："……基金管理公司应当按法规要求履行相关信息披露义务……每年度结束后三个月内向中国证券投资基金业协会报送上一年度其管理的基金参与行使表决权的具体信息，包括但不限于：被投资公司名称、股票代码、股东会议日期、表决事项摘要说明、表决意见、表决结果等"。[47]

观察域外规范，美国《1940年投资公司法》第30b1－4条规定，投资公司的信息披露规则。要求投资公司必须披露代理表决权行使的政策、利益冲突及解决方式、代理行使表决权过程等；[48]美国《1940年投资顾问法》第206(4)－6条及第204－2条规定，行使表决权的机构应为投资顾问。投资顾问必须向客户披露客户应该知道的表决权信息，还应保存代理行使表决权的投票记录；[49]2010年日本立法公布《表决权行使结果之开示府令》。规定对行使表决权的结果须做成"临时报告书"，对于股东大会召开的时间、决议的内容、决议投票的结果及准确的正反数量及其他相关股东会的程序事项进行记载；[50]我国台湾地区"证券投资信托事业管理规则"第23条规定，机构投资者必须为投资人的最大利益进行表决。出席公司股东会前，应

---

[44] 《信托公司集合资金信托计划管理办法》第36条及第37条。

[45] 《信托公司集合资金信托计划管理办法》第38条。

[46] 《信托公司集合资金信托计划管理办法》第50条。

[47] 《基金管理公司代表基金对外行使投票表决权工作指引》第13条规定：基金管理公司应当按法规要求履行相关信息披露义务，并在每年度结束后三个月内向中国证券投资基金业协会报送上一年度其管理的基金参与行使表决权的具体信息，包括但不限于：被投资公司名称、股票代码、股东会议日期、表决事项摘要说明、表决意见、表决结果等。

[48] See Securities and Exchange Commission Disclosure of Proxy Voting Policies and Proxy Voting Records by Registered Management Investment Companies, 2009, 68FR 6564－01.

[49] 沈丽萍：《论机构投资者代理行使表决权》，载《西南民族大学学报》(人文社科版)2009年总第216期。

[50] 陈美颖：《上市公司机构投资者表决行权机制探析：日本经验与中国借鉴》，载《现代日本经济》2015年第5期。

对表决事项进行评估分析，并将评估分析、决策程序及执行结果作成书面记录。

综上观之，我国对于管理人的信息披露义务规定存在以下问题。第一，法规的层级不够高。域外对于管理人的信息披露均以法律规定，而我国目前仅由中基协颁布了表决权指引，其效力为行业间的自治规章，亦缺乏足够的强制力。第二，我国现行规定不够细致。现行规定虽有关于管理人进行投资管理时的信息披露，但并专门无针对管理人行使投票权的信息披露约定。在现行法下，管理人行使表决权前无需披露其政策及评估分析，行使过程中无需披露行使的过程及程序，行使后亦并无需披露行使的结果。即使，表决权指引规定了基金管理公司需将表决的摘要说明、表决意见、表决结果报送中基协。但对于信息披露的内容及方式仍缺乏可操作性的规定，对于违反信息披露义务亦无具体罚则。第三，我国现行规定缺乏统一遵循的标准。信托法、证监会、银监会、保监会及中基协，虽各自颁布了对于管理人信息披露的规定，但对于信息披露的范围、标准及程序均不统一。为完善我国对于管理人的信息披露义务归范，可参照域外规定，于信托法或相关法律中制定统一的管理人的信息披露义务。并将管理人的信息披露义务细致化，分别针对管理人的事前、事中及事后的信息披露事项予以规范。

（二）管理人行使表决权的第三者监督规范

《证券投资基金法》第 88 条规定："除基金合同另有规定外，非公开募集基金应当由基金托管人托管。"2018 年 4 月 27 日四部委联合发布《关于规范金融机构资产管理业务的指导意见》第 14 条规定，三类股东应由具有托管资质的第三方机构独立托管。因此，在三类股东的运作过程中，应有托管人对投资人的信托财产进行保管及监督，与投资人、管理人形成三方关系。

对于投资人、管理人及托管人间三方关系的法律性质，具有两种不同的观点，一是分离说（二元论）。认为在三方关系中，管理人与投资人及托管人各自签订一个信托合同，投资人与管理人的信托合同，与管理人与托管人的信托合同是分离的，投资人与托管人间并无法律关系。故若托管人损害投资人的利益，投资人仅能通过与管理人签订的信托合同，向管理人请求损害赔偿。分离说以德国为代表。二是非分离说（一元论）。认为信托合同是存在于管理人与托管人之间，由管理人为委托人而托管人为受托人。在管理人与受托人签订信托合同后，对外发行受益凭证，投资人购买受益凭证，成为信托契约的受益人。日本、韩国及我国台湾地区采非分离说。[51]

我国大陆亦采非分离说，但法律内涵却与日本、韩国及我国台湾地区有所不同。在分离说下，日本、韩国及我国台湾地区是以管理人为委托人、以托管人为受托人。而我国大陆虽然采非分离说，是以投资人作为委托人，由管理人及托管人构成特殊的共同受托人。如我国《证券投资基金法》第 3 条第 2 款规定："基金管理人、基金托管人依照本法和基金合同的约定，履行受托职责。"我国现行法律下，投资人与管理人及托管人存在同一个信托合同之中，实务操

---

[51] 如我国台湾地区"证券投资信托及顾问法"第 5 条第 1 项规定："证券投资信托契约：指由证券投资信托事业为委托人，基金保管机构为受托人所签订，用以规范证券投资信托事业、基金保管机构及受益人间权利义务之信托契约。"

作上投资合同亦多由管理人和托管人共同事先拟定，再交由投资人进行签署。[52] 若管理人或托管人损害投资人利益，投资人得分别对其请求损害赔偿。

托管人在现有制度下，负责保障及监督信托财产的安全。然而，对于管理人行使表决权时可能发生利益输送、利益冲突或利益交换等，损害投资人权益的情况，现行的托管人制度并不能有效地发挥作用。原因在于，第一，因托管人大多由管理人所选任。虽然《证券投资基金法》第 32 条规定，"基金托管人由依法设立的商业银行或者其他金融机构担任"，但在利益结构下，商业银行或者其他金融机构很难真正对管理人进行实质性的监管。第二，托管人不上心。因托管人与管理人所签订的托管合同，其主要内容是在确保资产隔离，对于管理人表决权的行使及信息披露事项，并非托管人托管的职务范围。故托管人对于管理人行使表决权及信息披露事项往往并不关心。第三，法律规定的缺失导致托管人有心无力。即使托管人欲对管理人行使表决权进行监督，在现行法律并未规定下，托管人对管理人投票权的监督缺乏法律基础，执行困难。

为了避免管理人代理行使表决权时，与上市公司间的利益输送、利益冲突或利益交换，美国证券交易委员会（SEC）于 2003 年建立了防范机制。SEC 规定代表投资公司（Investment Company）使表决权的机构须为投资顾问，并规定投资顾问对于投资人具有受信义务。该规定要求投资顾问在进行表决事项时，应遵守表决政策、程序及避免利益冲突。而投资顾问为了遵守受信义务及避免利益冲突，在代表投资公司行使表决权的过程中，发展出了表决权外包的做法。投资顾问在代理投票前，会将议案内容及投票选择，交由机构投资者服务机构（Institutional Shareholder Services，ISS）等专业的表决权顾问机构进行评估，并依据表决权顾问机构所作出的表决建议进行表决。[53] 在日本，资管计划行使表决权，由日本企业年金联合会（Pension Fund Association，PFA）进行监督，PFA 对此制定了《企业年金联合会公司治理原则》作为管理人行使表决权的依据。[54]

目前，我国对于契约型股东管理人行使表决权的行为，除了托管人制度外，并无有效的第三者监督机制，亦无类似美国及日本具有专业的代理表决权顾问机构及表决权外包方式。现行法对管理人监督机制的不足，可按下列方式进行改善：第一，于证券投资基金法中，明文规定托管人对于管理人行使表决权应具有监督义务，且监督义务必须在当事人签署的合同中约定；第二，增强管理人的信义义务，并增订管理人违反信义义务的罚则，以提高管理人信义义务责任；第三，于相关法律中规定管理人行使表决权需参考外部表决权顾问机构所提出的表决意见。即参考美国的表决权外包机制，在管理人行使表决权前，必须参照 ISS 等表决权顾问机构所提出的投资建议报告，借以加强管理人行使投票权的公正性。

五、结论

随着金融监管政策的开放，2013 年后各类资管行业间大幅发展，并挟带大量的投资资金

[52] 吴晓灵：《投资基金法的理论与实践：兼论投资基金法的修订与完善》，上海三丽书店 2014 年版，第 17～19 页。
[53] 袁田：《表决权"外"——美国共同基金行使代理表决权的范式研究》，载《西部法学评论》2014 年第 1 期。
[54] 陈美颖：《机构投资者监督上市公司治理的日本经验——以表决权行使的激励与规制为视角》，载《金融经济学研究》2015 年 7 月。

进入二级市场购买上市公司股票，进而产生了契约型基金、信托计划及资管计划等三类股东。而因三类股东与自然人、法人及合伙股东不同，其本质上仅为投资人与管理人所签订的契约，并不具有法人资格。然而，目前登记机关在实务操作上回避了三类股东主体性的讨论，直接以契约型理财产品名称进行股东登记，导致股东资格认定上的混乱及表决权归属判断的困难。在现行架构下，仅能暂时忽略登记机关所创造的三类股东“类法人主体性”，回归投资人与管理人所签订定投资合同，进行当事人间股东身份及表决权归属的判断。然而，若欲进行有效规范，解决三类股东中主体资格、表决权归属认定的问题，仍应思考在我国现行法下，是否应立法，赋予具有商业信托性质的三类股东法人的资格及地位。

Stewardship Code 的国际比较与借鉴

金镇亨*

引言

Stewardship Code 是指提出机构投资者的表决权行使指南，而促使管理他人财产的机构投资者做有责任感的投资的一种准则。2010 年英国制定并发表 Stewardship Code 之后，到目前为止已有 10 多个国家和地区①引入了此 Code，而且 2017 年 1 月，美国机构投资者集团(Investor Stewardship Group, ISG)发表了六项机构投资者的 Stewardship 原则，并于 2018 年开始适用，②预计更多其他投资机关会受到影响。随着资本市场的发达，机构投资者成为上市公司的主要股东，又因此机构投资者作为股东的作用及责任再次进入了热烈的讨论之中。对国外 Stewardship Code 实践经验的比较和总结，对于中国证券市场中机构投资者的作用问题的研究会具有重要的现实意义。

一、英日韩引入"Stewardship Code"趋势

(一)英国

1. 引入背景

Steward 是指管家、管理员的意思，主要以做雇主交代的事情，按照雇主的精神和方式管理财产的义务的人。英国的 Stewardship 被解释为使股东、董事及公司管理层向长期、持续的方向经营公司，而有助于增进人类发展以及社会和环境的福利的过程。③ 如果在英国追溯

* 清华大学法学院 2014 级博士研究生，商法方向。

① 英国，加拿大(2010 年)，欧盟，荷兰，南非(2011 年)，意大利，瑞士(2013 年)，日本，马来西亚(2014 年)，肯尼亚，中国香港(2015 年)，ICGN，"ICGN Global Stewardship Code-Member Consultation"，2015. 11 (https://www. icic. org/sites/default/files/ICGN%20Global%20Stewardship%20Code%20Consultation%20FINAL%20November%202016. ppd)，以后 2016 年韩国和我国台湾地区也引入了本 Code。

② See ISG Homepage, "Unveils Framework of Guiding Principles with Expectation of Long-Term Value Creation" (https://www. isgframework. org/news)，最后访问日期：2017 年 5 月 26 日。

③ See Arad Reisberg, "The Notion of Stewardship from a Company Law Perspective: Re-Defined and Re-Assesed in Light of the Recent Financial Crisis?", *Journal of Financial Crime* 18(2), 2011, p. 128.

Stewardship 的起源的话，可以在 1992 年为了分析各类金融案件而发行的 Cadbury Report[④] 里找到。当时 Cadbury Report 对机构投资者的作用提出了意见，建议机构投资者具有作为股东所具有的义务并为了保护投资人的利益，在必要的时候，不得只是单纯买卖股票，而是应当为了给公司带来改变，行使表决权并公开关于表决权行使的政策。[⑤]

此后，到 21 世纪的英国，为谋求公司治理的质量上升，开始了从股东的角度开展讨论。2001 年的 Myners Review[⑥] 指出，当时的机构投资者虽然持有超过 50% 的上市公司股份，但是未能使投资人的利益最大化，并使资本的分配很低效。之后，机构股东委员会（Institutional Shareholders' Committee，ISC）反映了 Myners Review 进行针对机构投资者的性质和作用的详细分析，而 2002 年发表了《机关股东及代理人的责任：原则声明》，并将此原则在 2009 年改为《机构投资者责任准则》。[⑦]

以 2008 年的金融危机为契机，在公司治理领域中重新认识了机构投资者的作用及责任的重要性。Walker Review[⑧] 研究英国对 2008 ~ 2009 年全球金融危机的对策而建议了董事会的功能强化、风险管控能力强化、机构投资者的监督金融机关功能强化等措施。按照 Walker Review 的建议，2010 年英国财务报告委员会（Financial Reporting Council，FRC）分别制定了英国公司治理准则（Corporate Governance Code）和 Stewardship Code，并作为软法采取“遵守或解释”模式每隔一年定期修正准则的内容。该 Stewardship Code 其实是如实地反映 2009 年 ISC《机构投资者责任准则》而继承主要内容的，并在 2012 年修正时，还可以说由民间团体编制的文件被移交给中立性机关，其权威得到提升。[⑨]

2. 主要内容

英国的 Stewardship Code 由“Stewardship and the Code”“Application of the Code”“Comply or Explain”“The Principles of the Code”“Principles”五个部分构成。

（1）Stewardship Code（2012 年）的引入目的及适用方式

英国 Stewardship Code 的正式名称是 The UK Stewardship Code（以下简称英国 Code），以当前的公司治理准则为前提并承担支持其准则的作用。FRC 阐释了英国 Code 以股东作为资本供应商繁荣的方式促进公司的长期性成功（long-term success）的目标。[⑩] 因此，有效的 Stewardship Code 可以给公司、投资者及经济社会带来好处。并且 Stewardship 活动不仅意味着表决权的行使，还包含对公司的战略、业绩、风险、资本结构以及公司治理的问题进行监督或者对话、干预（engagement）。

上市公司的情形，Stewardship 责任由董事会和投资者一起分担。主要责任取决于董事

---

④ Committee on the Financial Aspects of Corporate Governance, Report of the Committee on the Financial Aspects of Corporate Governance, 1992；卡德伯利报告主要是多方面开创了英国公司治理历史的先河，明确要求建立审计委员会。实行独立董事制度，同时将内部控制作为公司治理的组成部分。参见王光远、刘秋明：《公司治理下的内部控制与审计》，载《中国注册会计师》2003 年第 2 期。

⑤ Cadbury report, paras. 6. 10；6. 12.

⑥ Paul Myners, Institutional Investment in the United Kingdom：A Review, 2001.

⑦ Financial Reporting Council, Consultation on a Stewardship Code for Institutional Investors, 2010, pp. 7 – 8.

⑧ Walker. Sir D. , A review of corporate governance in UK banks and other financial industry entities：Final recommendations, 2009.

⑨ See Kim, Soon suk, “Legal Issues Regarding the Introduction of Stewardship code”, *The Korea Journal of Securities*, 17(2), 2016, p. 7.

⑩ 英国 Code, Stewardship and Code, Para. 1。

会，监督公司的经营行动，本公司的投资者也在控股董事会履行其职责方面发挥重要作用。[11] 如果要区分英国公司治理准则和英国 Code 的话，英国公司治理准则是由对公司治理准则的董事会首先承担责任，但对英国 Code 的责任机构投资者也一起承担。如上所述，在关于公司治理准则全体的文脉中，机构投资者的 Stewardship 责任明确被引用。

英国 Code 将养老基金、保险公司、信托公司、其他投资机构界定为资产所有者，从资产所有者受托资金而承担资产运用责任的人定为资产管理者。[12] 英国 Code 的适用对象是持有英国上市公司股份同时在英国登记的机构投资者（含资产所有者和资产管理者），因此不包括外国机构。[13]

英国 Code 是通过机构投资者自发遵守承诺适用。FRC 并不认为要遵守 Code 签名的机构可遵守 Code 的所有内容，签名机构有不愿遵守的原则或指南的，只需披露详细决定及理由即可。这是遵守或解释（comply or explain）的披露模式，是很长时间在英国的各种准则中坚持下来的方式。披露可以通过公司的官网或其他可容易查询的方式进行，其内容包含如何适用 Code 的原则的说明和关于不适用原则的理由。[14]

（2）英国 Code 的内容

英国 Code 规定了七个原则，并对每项原则加上了具体的指南。主要内容为受投资公司的公司治理健全性、与董事及代表董事等的个别会议、参与股东会及表决权行使、股东价值增大、股东的参与鼓励等。

原则 1. 机构投资者应当公开他们是如何履行其 Stewardship 责任方面的政策。

原则 2. 机构投资者应当就会产生与 Stewardship 相关的利益冲突方面具有明确的政策，并公开此政策。

原则 3. 机构投资者应当监督他们的投资对象公司。

原则 4. 机构投资者应当就何时、如何强化他们的 Stewardship 活动建立明确的指导方针。

原则 5. 机构投资者应乐于在必要时与其他投资人共同行动。

原则 6. 机构投资者应当就表决权行使具有明确的政策，并且公开此政策。

原则 7. 机构投资者应当定期地报告他们的 Stewardship 及表决权行使活动。

（二）日本

1. 引入背景

在日本类似于 Stewardship Code 的概念第一次出现是在 2009 年 6 月“金融委员会金融分科会”发表的《关于我国金融资本市场国际化学习小组报告：为了强化上市公司等企业的支配结构》[15]为主题的报告书中。报告书中提示，机构投资者在公司控制结构的领域中承担重要的责任，而股东，投资者不仅通过买卖股票或行使表决权可进行经营监督，还可以通过与公司管

---

⑪ 英国 Code，Stewardship and Code，Para. 4。
⑫ 英国 Code，Stewardship and Code，Para. 6。
⑬ 英国 Code，Application of the Code，para. 2。
⑭ 英国 Code，Application of the Code，para. 3。
⑮ 金融審議会金融分科会，我が国金融・資本市場の国際化に関するスタディグループ報告～上場会社等のコーポレート.ガバナンスの強化に向けて～，2009。

理层的对话从而充实并提出建设性的意见。可见,这就是日本版 Stewardship Code 具备的方向性。[16] 之后日本在 2012 年 12 月为了从日元升值、通货紧缩现象中脱离出来而振兴经济,在内阁成立"日本经济再生本部",旗下再设"产业竞争力会议",以制定具体的经济对策和增长战略。[17]

关于刚开始引入英国 Code 对日本会产生的影响,有很多争论,关于证明 Stewardship Code 是否会对企业盈利、每股收益或股价的上涨产生积极影响,对此几乎没有可提供的证据。但是日本很快地接受英国 Code 并转到国内。其中的一个重要原因则是 2012 年发生的"AIJ 投资顾问股份公司事件"影响[18]和来自欧洲的金融政策上的压力。2010 年 OECD 报告书对日本政府养老基金(年金积立金管理运用独立行政法人:GPIF)采取批判的态度,[19]并认为日本 GPIF 具有较低的盈利能力和短期效益主义。

2013 年 6 月制定的"日本再兴战略"(Japan Revitalization Strategy)中,发表了 2013 年内将制定《通过机关投资者的对话促进了企业的中长期增长,履行受托人责任的原则》(機関投資家が、対話を通じて企業の中長期的な成長を促すなど、受託者責任を果たすための原則),据此 2014 年设立"关于日本版 Code 的专家审查会"(日本版スチュワードシップ. コードに関する有識者検討会)并发表了《有责任感的机关投资者的诸原则》(日本版スチュワードシップ. コード,简称日本 Code)。

2. 主要内容

日本 Code 由"'Stewardship responsibilities' and the role of the Code""Background""Aims of the Code""'Principles-Based Approach' and 'Comply or Explain'""The Principles of the Code"五个部分构成。主要以英国 Code 为规范而制定,还将日本独特的企业环境反映在一些原则上。

(1)日本版 Stewardship Code 的引入目的及适用方式

日本引入此原则的理由是因为机构投资者与受投资企业对话不够充分。[20] 在日本 Code 中,Stewardship 责任指机构投资者根据对公司及经营环境的深入了解,通过建设性的对话,促进提高受投资公司的价值以及可持续增长,宗旨是为他们的客户和受益者扩大中长期的投资回报的责任。[21] 虽然 Stewardship Code 对表决权行使及披露方式很关心,但这只不过是一种 Stewardship Code 规定,是作为有责任感的机构投资者的行动要求而已。日本 Code 的目标是包括表决权行使,强化促进建设性的对话。[22]

日本 Code 虽然针对机构投资者进行了许多的规定,但并未对机构投资者下定义。日本 Code 中提出了投资链条(インベストメント・チェーン)的概念,[23]扩大了适用范围,范围包

---

[16] [日]神作裕之,日本版スチュワードシップ. コードと資本市場,企業法研究 30(2),2016,第 39 页。

[17] 日本 Code,Background,para. 1。

[18] AIJ 半数以上业务是负责日本国内企业养老金投资运作,该公司从年金基金受托管理的资产为 1458 亿日元(1 元人民币约合 13 日元),因投资造成的损失达 1092 亿日元伪造投资报告。

[19] [日]增山隆,"A Study on Japan's Stewardship Code under a Long-term Bear Stock Market Hypothesis",载《城西大学大学院研究年报》,2015,第 57 页。

[20] [日]神作裕之,日本版スチュワードシップ. コードと資本市場,企業法研究 30(2),2016,第 38 页。

[21] 日本 Code,Aims of the Code,para. 4。

[22] [日]石田猛行,2014 年 ISS 議決權行使助言方針,商事法務 2026,2014,第 41 ~ 42 页。

[23] 日本 Code,The Principles of the Code,Guidance 1 - 2。

含投资循环过程中具有主要作用的资产所有者、资产管理者、表决权行使咨询公司。因此日本 Code 不仅可以适用于投资日本上市公司的机构投资者，还包括受托于机构投资者的咨询公司。受托于机构投资者的咨询公司虽然可以行使表决权但不属于机构投资者，基于他的业务的性质，可能会影响到机构投资者表决权行使方针或投资战略，履行 Stewardship 责任。㉔

日本 Code 要求履行 Stewardship 责任的方针、利益冲突管理方针、对表决权行使的方针、表决权行使的结果。与英国的意向相同，采取了遵守或解释的模式，如果存在不愿接受的原则，要对其进行充分的解释。㉕

(2) 日本 Code 的内容

日本 Code 也规定了七个原则，并对每项原则加上了具体的指导方针。

原则 1. 机构投资者应当就他们如何履行 Stewardship 责任制定一个明确的政策，并公开此政策。

原则 2. 机构投资者应当就会产生与 Stewardship 责任相关的利益冲突方面制定一个明确的政策，并公开此政策。

原则 3. 机构投资者为了投资对象公司的可持续发展，应当正确把握投资对象公司的现状，从而合理地履行 Stewardship 责任。

原则 4. 机构投资者应当通过有建设性及目的性的对话，与投资对象公司努力达成共识，并解决问题。

原则 5. 机构投资者应当就表决权行使具有明确的行使指南及披露政策。关于表决权行使的政策不应该仅仅是单纯的形式，而应该是可有助于投资对象公司的可持续性发展。

原则 6. 机构投资者原则上应当定期向他们的客户和受益人报告他们是如何履行管理 Stewardship 责任的，包括表决权的行使。

原则 7. 为了给投资对象公司的可持续发展带来积极的贡献，机构投资者应当就投资对象公司及其经营环境、技能，所需资源方面有着深入的了解，并在与投资对象公司的对话以及 Stewardship 活动方面需要具备能判断出真伪的实力。

(三) 韩国

1. 引入背景

韩国引入 Stewardship Code，源于股东的不作为，从而导致想要削弱坚持霸权主义的股东权利。韩国法明确表示了受托人责任和表决权行使的义务。㉖ 但是韩国公司治理院(Korea Corporate Governance Service, CGS)分析了 2014 年举办的"有价证券市场上市公司的定期及临时股东大会"上的表决权行使趋向，CGS 报告说 2014 年机构投资者行使的 19,638 起案件中，反对票是 480 件，只占 2.4%。㉗ 过去 3 年间，机构投资者的反对率在 2012 年为 0.4%，

㉔ [日]笠原基和，責任ある機關投資家の諸原則」<日本版スチュワードシップ. コード>の概要，商事法務 2029，2014，第 66 页。

㉕ 日本 Code，"Principles-Based Approach" and "Comply or Explain"，para. 10。

㉖ 韩国《关于资本市场与金融投资业的法律》第 37 条、第 79 条、第 87 条；《国家财政法》第 64 条、第 79 条。

㉗ Korea Governance Service, CGS Report, 2015, p. 21.

2013 年为 0.9%,2014 年为 2.4%,不断增加。[28] 随着 2013 年 5 月《资本市场法》的修订,关于行使表决权的忠实履行义务在法律中做出了明文规定。因此,预计机关投资者的反对率也将大幅提高,但其反对率仍然很低。表明反对意见的机构投资者一般都是不依靠大型企业的投资运用机构,其他大部分机构因在很多方面上牵涉企业集团,所以忌讳提出异议。[29]

韩国金融委员会委员长 2014 年 11 月在记者招待会上首次提出了 Stewardship Code 引入的计划。当时的环境下很多人认为引入 Stewardship Code 的过程很难,因为政府部门之间对此 Code 的运用方式存在矛盾,并且企业界对 Code 的原则反对意见很强烈。且不少人对制定 Stewardship Code 的权限转移到民间机构 CGS,能否顺利地扎根,持怀疑态度。但是 2015 年 4 月金融委员会发表了《为资本市场改革的政策推进方案》,方案中提出"优化资本市场交易及保护投资者信赖"方针并确定 Stewardship Code 的制定。

最近在韩国公司治理研究领域中存在的主要争议是关于机构投资者在表决权行使过程中的盲目赞成。因此为资本市场持续发展,需要赋予机构投资者适当的受托人责任,使他们通过有责任感的行为,为公司治理的改善做出贡献。最近由于各种公司治理的问题,导致股市下跌,同时也导致个人及机构投资者的损失扩大。由于大规模企业集团不良经营问题、所有者风险(owner risk)问题等的因素,国际社会对国内资本市场的信赖度持续下降。而且国内机构投资者对股东权行使持消极态度,这些问题都是必须引入 Stewardship Code 的重要原因。

2. 主要内容

2016 年 12 月 19 日韩国 CGS 发表了韩国版 Stewardship Code,即《关于机构投资者的受托责任的原则》(以下简称韩国 Code)。韩国 Code 由"原则引入目的及意义""原则的适用""原则"三个部分构成。

(1)韩国版 Stewardship Code 的引入目的及适用方式

韩国 Code 的正式名称为《关于机构投资者受托人责任的原则》。韩国 Code 将受托人责任界定为机构投资者作为管理、运营他人资产并承担责任,还通过追求投资对象公司的中长期价值增长及成长可以谋取客户和最终受益者利益的责任。[30]

为了使履行受托人责任的活动范围不局限于表决权行使,韩国 Code 还包括一个广泛的股东活动,与面向明确建设目标的投资对象公司进行对话。韩国 Code 不仅适用于持有韩国上市公司股份的国内外机构投资者,还包括资产所有人、资产管理人、表决权行使咨询机构和投资咨询机构。[31] 这些原则并没有法律约束力,因此,原则只适用于同意遵守并履行原则的机构投资者。遵守签名的机构按照"遵守或解释"模式实施,对不愿遵守的原则进行解释,解释后需要在官网上进行公示,其内容包括遵守 Code 的意义、如何履行原则、本 Code 要求公开的内容、未适用原则的理由及其替代的方案等。[32] 此次披露的内容对客户和受益人来说,需要有

---

[28] The Korea Economic Daily,韩国型 Stewardship code,2015.4.07;http://stock.hankyung.com/news/app/newsview.php?aid=2015040386536,最后访问日期:2017 年 5 月 26 日。

[29] See Kim,Hyung Chul,"A study on stewardship code of the Pension Funds",*Logos Management Review* 14(4),p.117.

[30] 韩国 Code,Objectives of the"Principles"and their Implications,para.1。

[31] 韩国 Code,Objectives of the"Principles"and their Implications,paras.5–6。

[32] 韩国 Code,Application of the"Principles",paras.3–5。

足够的说服力。韩国CGS应定期调查参与和实施这些原则的趋势,以评估资本市场管理活动的整体水平。此外,CGS应定期监测和考虑最佳实践文化从韩国和海外的管理活动相关的改善原则的具体内容、资本市场的发展阶段、国外的管理规范、与国内和国际监管趋势等。[33]

(2)韩国Code的内容

原则1.机构投资者,作为一名管理及运营客户、受益人等他人资产的受托人,应当制定并且公开一个清晰的政策来忠诚地履行他们的责任。

原则2.机构投资者应当就关于如何解决在履行受托人责任活动过程中由利益冲突产生的实际或者潜在的问题制定并且公开一个有效且明确的政策。

原则3.机构投资者应当为了增强投资对象公司的中长期价值并且由此保护和提升他们的投资价值而定期地监督投资对象公司。

原则4.机构投资者致力于与投资对象公司达成共识,有必要的话,他们应当就履行受托人责任的活动时间、程序以及方式制定内部的指导方针。

原则5.机构投资者应当制定且公开一个为了忠诚地行使表决的政策,这个政策要包括指导方针、程序,以及详细标准,并为了把握表决权行使的适当性,要公开具体的表决权行使内容及其理由。

原则6.机构投资人应当定期地向客户或者受益人报告他们的表决权行使及履行受托人责任的活动。

原则7.机构投资人应当具备能力和所需的专业知识去以一种积极且有效的方式来履行受托人责任。

二、主要国家引入“Stewardship Code”的方式比较

日本版和韩国版Stewardship Code都是以英国Code为基准且按各国市场现实状况改善引入的。因此通过比较分析各国引入Code方式的特点,可导出Stewardship Code关于向中国市场引进的适合性及注意点。

(一)关于Stewardship概念的比较

Stewardship和投资者的信义义务是否有区别,或者Stewardship是否为机构投资者信义义务的具体化?信义义务是一项在英美法系国家广泛使用的规则,该规则适用的范围在近百年来一直处于扩张状态。它要求受信人为了委托人的最大利益行事,是一种利他性的义务。严格来说,在普通法律体系的国家中适用,但在拥有其他法律体系的国家中也存在相应的法律关系,并在这种情况下,一般赋予受托人类似于信义义务的核心内容的义务承担。[34]

Stewardship的概念是比被翻译成信义义务的fiduciary duty,可调整更广泛的关系。[35] 英

---

[33] 韩国Code,Application of the“Principles”,para.7。

[34] See Joakim Sandberg,“Socially Responsible Investment and Fiduciary Duty:putting the Freshfields Report into Perspective”,101,*Bus. Ethics* 143,145(2011);UNEP FI Freshfields Report,p.7.

[35] See Kim、Soon suk,“Legal Issues Regarding the Introduction of Stewardship code”,*The Korea Journal of Securities*,17(2),2016,p.14.

国 Code 使用“Stewardship”一词的理由也可以看作为了包容不符合适用信义义务的情况，以便广泛地设定范围。日本将20世纪70年代作为财务会计报告中公司管理层对股东的责任（受托人管理保全责任）的 Stewardship（スチュワードシップ）概念[36]扩展到目前的 Stewardship Code。在日本 Code 中也可发现，“Stewardship”“Stewardship 责任”等概念以规范的核心内容被纳入 Code 里。那么为何 Code 采用 Stewardship 概念，而不是“受托人信义义务”概念？[37]

法理上受托人的信义义务是根据合同、法律等明确的信托关系构成。日本制定日本 Code 时，针对受托人信义义务的范畴还进行过讨论，但是由于投资运用的复杂化，仅凭受托人信义义务概念规定，仍存在一定限度。[38] 比如说，受托人信义义务无法包含在投资链条中会出现的受托关系以外的情形。并且采用 Stewardship 这一比较模糊范畴的概念，不仅能包含受托关系中的信义义务，还能包含对最终出资人的责任，结果可达到以提高上市公司价值，为资产所有者及最终受益人的利益作出贡献的目标。

与此不同，韩国则采用了受托人“责任”一词。因为韩国法律上没有对股东的忠实义务的规定，一般被理解为股东们必然会朝着自己的个人利益最大化的方向行动。如果在韩国寻找机构投资者 Stewardship 责任的法律依据的话，可视为基于《资本市场法》上集合投资业者的财产管理以及表决权行使的善管义务和忠实义务。[39] 对其他机构投资者的信义义务，则没有针对性的规定，只能依据民法上的信义义务适用。因此可见，赋予机构投资者 Stewardship Code 的法律依据，是对资金委托人的受托人责任。

但是表决权行使咨询机构等的机构投资者与客户或受益人不在于信托关系，法律上不用承担受托人责任。在采用受托人“责任”一词的情形下，难以解释咨询公司要向客户承担责任的法律关系。[40] 因此韩国 Code 还是需要采用“Stewardship”的概念以反映实践性的问题，以达成引入 Stewardship Code 的根本目的。

（二）关于责任履行方式的比较

在英国以股东至上主义（shareholder supremacy）为公司治理的基本原理，对机构投资者为了提升股东价值而积极干预投资对象公司的经营战略等方面，存在值得肯定的背景。股东至上主义被认为将会最有效地实现社会整体的财富的原理，如果股东至上主义不被认同，代理人成本则会增加同时社会上的财富会减少。[41] 之后持有上市公司股份的主体从个人投资者变成机构投资者，但是因为机构投资者没有发挥好股东原来的作用，所以公司管理层不受监管的情况出现了。Stewardship Code 正是在这样的情形下，为强化机构投资者起到作为股东监

㊱ 榊原英夫，スチュワードシップ概念と歴史的原価主義. 富大経済論集 22(3)，1977。

㊲ 关于机构投资者信义义务的规定，1974年制定的《雇员退休收入保障法案》（Employee Retirement Income Security Act，ERISA 法案）具有代表性。ERISA 法案将有权管理及投资基金的人定为受托人（fiduciary），向他们赋予诚信义务和注意义务。相反日本没有针对机构投资者书托人义务的规定，而个别制定1997年的《关于厚生年金基金基金的资产运用相关人员的作用及责任的方针》（厚生年金基金の資産運用関係者の役割及び責任に関するガイドライン）以及2001年的《确定给付企业年金法》，使年金基金管理人承担受托人信义义务。

㊳ ［日］笠原基和，責任ある機關投資家の諸原則」＜日本版スチュワードシップ. コード＞の概要，商事法務 2029，2014，第61页。

㊴ See Kim、Hee chul，“Rethinking on the First of Korean Stewardship Code”，*The Korea Journal of Securities*，13（1），2016，p. 307.

㊵ 因此在目前韩国 Code 中特意规定表决权行使咨询机构纳入适用范围内。参见韩国 Code，Objectives of the“Principles”and their Implications，para. 2。

㊶ Frank H. Easterbrook & Daniel R. Fischel，*The Economic Structure of Corporate Law*，1991，pp. 36－38.

督公司经营的作用被引入的。

与此不同,日本对股东行动主义持比较消极的态度。[42] 如果投资者全面依股东至上主义而干预公司的经营,投资对象公司、其管理层及利害关系人很有可能大为反对,致使结果不能达成本来的目的。而且日本 Code 鼓励机构投资者以股东至上主义向公司提出多种要求的行为,投资对象公司也会强烈反对,因此机构投资者也难以接受。[43]

因此,日本 Code 没有反映英国 Code 中的“行动的扩大”(escalate)、“积极介入”(actively intervene)、“共同行为”(collectively)等的表现,而是采用了“建设性的对话”(建設的な対話)、“形成共识”(認識の共有)等的表现方式,因此避免了机构投资者和公司管理层之间的对立格局。日本 Code 还要求机构投资者基于对公司的理解具备能判断出真伪的实力(適切に行うための実力の養成),以确保机构投资者认清自己的作用。

韩国 Code 规定的活动不仅是表决权的行使,还包括对经营事项的检查、股东提案及诉讼参与等积极活动。如果机构投资者与公司管理层充分沟通以后认为有必要时,还可以推进 Code 的内容以外的积极活动。韩国 Code 又规定了机构投资者需具有适当的力量和专业性,这是英国 Code 里没有的规定,而是采用了日本 Code 的特点。

关于机构投资者共同行为的部分,韩国 Code 将其排除了,这是因为机构投资者他们的集体表决权行使可能会给公司经营造成压力。在英国,公司的股份一般比较分散,而上市公司里大部分没有控股股东或影响力巨大的股东,因此,机构投资者想要召开股东大会的话,则需获取一定比例的机构投资者的支持。[44] 但是在韩国,机构投资者的共同行动会使选任监事时大股东的票决权限制、[45]以 5% 持股为基准的大量持股者披露条件[46]等少数股东保护措施形骸化。

(三)关于负责制定机关的比较

英国 Code 是民营机构投资者协会,即 ISC 自主制定规范,后来被英国金融服务管理局(Financial Service Authority, FSA)设立的 FRC 变成 Stewardship Code, Code 的管理及运用由 FRC 负责。[47] 即英国 Code 起始于民间机关,但由准公共机关性质的机关负责后续措施,这种方式在与民间机关互相协助而保障 Code 的灵活性同时,可保证 Code 的执行力及增强实效性。[48]

日本 Code 是作为政府强有力的政策之一推进的。当时日本政府设立了“关于日本版 Code 的专家审查会”制定日本 Code,但是此专家审查会机构由日本金融厅管理,即日本 Code 的运用主体视为金融厅。在这样的背景下,实行日本 Code 三年以来,取得了许多机构投资者

---

[42] [日]神作裕之,日本版スチュワードシップ.コードと資本市場,企業法研究 30(2),2016,第 50 页。

[43] 田中亘,コーポレートガバナンスの観點から見た日本版スチュワードシップ.コード－英国コードとの差違に着目して,信託フォーラム(1),2014,第 37～38 页。

[44] 召开股东大会需要最少 5% 的投票权;《2006 英国公司法》第 303 条。

[45] 韩国《关于资本市场与金融投资业的法律》第 380 条第 5 款。

[46] 韩国《关于资本市场与金融投资业的法律》第 147 条第 5 款。

[47] 英国引入 Stewardship Code 的目的为公司治理的改善,因此担任上市公司的公司治理规范的 FRC 负责制定 Code。

[48] 到 2015 年 11 月为止有 300 余家机构加入英国 Code; Korea Economic Research Institute,《关于机构投资者责任及作用的 Stewardship code 的本质和争议点》, Keri seminar, 2016 年 7 月 19 日,第 5 页。

参与签名的成就。[49]

韩国的情况是,刚开始学界建议由金融监督院来负责运用 Stewardship Code,这是因为有监管权限的国家机关负责该制度才能顺利地落地实施。但是为了发扬软法的意义以及反映机构投资者的实践问题,最终决定由民间机关负责运用 Code。韩国 Code 实行半年以来,还没有机构表示要遵守,但是 2017 年 5 月 24 日韩国私募基金 JKL Partners 决定遵守签名韩国 Code,并由韩国公司治理院发表了 23 家机构投资者将持续遵守签名韩国 Code 的决定。在韩国资本市场具有巨大影响力的韩国养老基金(国民年金)也发表了要制定遵守韩国 Code 政策的决定,目前有望进入新的局面。

三、中国的借鉴

中国的市场系统与英国的市场现实情况的差别很大,因此相互之间不能盲目借鉴。拥有与中国类似的经济系统的日本、韩国等一些国家已经引入了 Stewardship Code,其主要原因是在每个资本市场的机构投资者的作用越来越重要,而维持资本市场的健全性还需要各方面共同监督公司治理。

在中国,机构投资者持有上市公司股份的趋势持续增加,并且机构投资者在市场中的影响力也继续增强,截至 2015 年年末,沪、深两市机构投资者持有的已上市流通股占 A 股流通市值比例达 70.18%。[50] 而且在 2017 年 5 月中国证监会公开《养老型公开募集证券投资基金指引(试行)》初稿之后,在中国证券市场里出现巨大影响力的基金并随之而带来的变化值得期待。

因此,目前还是需要关注机构投资者作为受托人的责任以及作为股东的责任。日本和韩国具有引入 Stewardship Code 的经验,各国按照自己的环境采取英国 Code 的方式、态度及实践会给中国带来重要的启示。

(一)关于机构投资者的受托责任的思考

信义义务概念最初源自英美衡平法上的信托理论,意指对他人的财产通过信托或代理关系的管理人,应对此进行忠诚和诚实的管理。目前我国监督机关与专家集团为了改善公司治理及提高投资对象公司的市场价值,达成了共识,即使机构投资者尽到作为受托人的作用。与其他股东不同,机构投资者受托他人财产而运营资产,因此机构投资者要承担信义义务,其义务可以表现为机构投资者的受托人责任。

机构投资者需为了保障受益人的经济利益而尽到应尽的责任。如果机构投资者忽略受托人义务而发生损失的话,则会受到委托人追究责任,尤其是在表决权行使领域中可能成为诉讼当事人。并且目前上市公司所有权结构从个人投资者变成机构投资者持有的形态,个人投资者一般通过机构投资者间接持有上市公司的股份,由此会产生个人投资者与机构投资者之间、机构投资者与投资对象公司之间的双重代理的问题。在这样的情况下,机构投资者不

---

[49] 到 2016 年 12 月为止有 214 家机构加入日本 Code;日本金融厅官网,"スチュワードシップ・コードの受入れを表明した機関投資家のリスト",载 http://www.fsa.go.jp/news/27/sonota/20160315-1.html,最后访问日期:2017 年 5 月 26 日。

[50] 中国人民银行金融稳定分析小组:《中国金融稳定报告(2016)》,中国金融出版社 2016 年版,第 53 页。

监督公司管理层的，公司管理层实际上不受股东的监督，由此公司追求过度的风险而导致投资损失的，会归属于机构投资者的责任。因此机构投资者需要认清自己具有对客户和受益人的受托人责任，并诚信履行自己的义务。

中国资本市场中的机构投资者的地位已经显著提升，许多学者已讨论过机构投资者参与公司治理的优点。有学者指出，现阶段中国机构投资者已经开始通过参与股东大会、提交股东提案、征集代理投票权的方式，发挥监督公司经营的作用。[51] 但是在中国有关机构投资者信义义务的法律制度中，对于受托人信义义务的法律规范过于简单笼统。面对现实错综复杂的信托法律关系，仅以抽象而模糊的法律规范，难以在司法实践中被用来有效地保障受益人的信托利益。[52] 机构投资者履行受托责任的方式可分为两种，一是最大限度地扩大买卖差价，二是在持股期间提高股票价值。提高股票价值基于投资对象公司治理的改善，为此机构投资者应当通过积极参与公司经营活动而起到监督及管控的作用。在这个过程中，最基础性的手段应该是表决权行使。

（二）关于机构投资者行使表决权的思考

证券市场的发展给投资者带来了新的趋势，使他们随着市场变动而追求短期收益，而不是通过公司成长的中长期收益。但个人股东愿意集中于买卖差价并忽略股东权的行使，以致使股东大会的形骸化，并且随着证券市场结构的分散化，个人股东的监督功能逐渐降低了。

机构投资者的股份比例比个人股东较大，并随着融资能力及资金规模的扩大，机构投资者对上市公司的影响力增大，因此公司价值的影响力更强。如果通过监督公司经营从而提升公司价值的话，机构投资者能得到的利益也会增加，可视为要消耗大量的监督成本的奖励更大，同时可以与对象公司沟通，以更少的费用采取为保护股东权的行动。因此有些学者主张机构投资者的表决权行使也属于一种资产管理行为。

这种原理在中国也可同样适用。中国机构投资者规模的增长以及基金品种的日益丰富成为机构投资者要参与公司治理主张的依据。机构投资者参与公司治理，有助于解决上市公司治理中的“内部人控制问题”，有利于保障中小股东的利益。[53] 而且对开辟新的投资途径及在公司外部治理结构的优化方面，也会有很大的帮助。

中国《上市公司治理准则》第 11 条规定：“机构投资者应在公司董事选任、经营者激励与监督、重大事项决策等方面发挥作用。”2012 年 12 月，中国基金业协会发表了《基金管理公司代表基金对外行使投票表决权工作指引》，以规范基金公司参与上市公司投票表决工作，并鼓励基金公司参与上市公司投票表决。但是在我国公司治理实践中，机构投资者积极行使表决权、监督上市公司控制股东和公司管理层的能力还有一定的限制。与此同时，中国证券市场的投机与短期性、机构投资者自身的发展程度以及上市公司治理水平的局限性，也都影响着机构投资者对公司治理的有效监督。[54]

---

[51] 参见蔡奕、于忠泊：《关于推进机构投资者参与上市公司治理的若干法制建议》，载《金融法苑》2015 年第 50 期。
[52] 参见赵昭：《机构投资者受托人信义义务述评》，载《人民论坛》2015 年第 20 期。
[53] 参见刘丽萍：《论机构投资者与公司治理》，载《生产力研究》2008 年第 24 期。
[54] 参见陈美颖：《上市公司机构投资者表决权行权机制深析：日本经验与中国借鉴》，载《现代日本经济》2015 年第 5 期。

目前虽然对机构投资者为参与公司治理改善而积极行使表决权已经达成共识，但是还缺乏可操作性的规范。如果在其他的环境完备之前，中国立法政策有必要推进机构投资者行使表决权的话，通过 Code 形式的任意性监管开始扎根法文化也是个好的对策。需要注意的是，机构投资者受托他人财产获得的股票行使表决权，与拥有自由选择权的一般股东不同，因此机构投资者行使表决权时，要充分认知自己对受托人义务具有法律责任，既要慎重又要积极行使表决权。

（三）关于任意性监管有效性的思考

Stewardship Code 的核心运用原理是遵守原则，不遵守原则则需加以说明，即"遵守或解释"模式。Code 的优点在于不是通过制定法的依法控制，而是以原则为基准的自律规制，由此给遵守 Code 的对象提供了更大的灵活性，并允许加入对象较为迅速地对市场变化作出回应，根据具体情况适当适用。

"遵守或解释"模式带给机构投资者不遵守原则的裁量权，不遵守不会引发监管行的执行程序或诉讼。为了保证机构自由挑选而保障执行力，该模式要求必须对这种选择予以解释性披露。不遵守原则的理由需在官网上解释，个人投资者会自主判断和评估机构投资者的解释，并且反映到选择委托资金机构的标准中。

像这种市场对机构投资者提供了必要的约束，相较于强制性监管模式，任意性监管模式能大幅降低证券市场中的各项成本。[55] 但是，中国目前的监管体制，面临两难的困境，一方面，证交所虽然处于一线监管的地位，但其享有的权力有限；另一方面，证监会享有广泛的调查权和处罚权，却身居二线。现行监管体制的困境，使"遵守或解释"模式中的解释性披露义务无法得到有效监管。

结语

随着在中国证券市场中机构投资者所占比例的日益上升，为了促进长期性及可持续性的经济成长，笔者认为，已到了该讨论引入 Stewardship Code 合适的时机。根据中国目前的证券市场的情况引入 Stewardship Code，使机构投资者履行自身的所托人责任，并通过机构投资者参与完善公司治理，提升公司的价值，最终为国家经济活性化作出贡献。

---

[55] 楼秋然：《上市公司治理的监管模式选择》，载《证券市场导报》2017 年第 1 期。

美国社会企业组织新类型的立法观察

郑又瑞*

因为公益事业与公民社会在全中国的蓬勃发展，促进了非政府组织的崛起，政府也意识到和非政府组织的合作能帮助解决社会问题。早在2011年，第12个五年计划中就提出了发展公益事业、建立更多公益组织并颁布新的管理规定等目标，然而有不肖人士利用人民善心而设计骗局使群众对公益事业有所怀疑，制度不完备以及公益组织的不透明更加剧了这种情形；随着经济发展步入新常态，公益捐助的幅度减小，公益组织运营的可持续性受到考验，这成了公益事业发展必须克服的挑战。

在公益事业发展的道路上，社会企业（social enterprise）这种借由商业运作解决社会问题的新创组织形态，在欧美和亚太国家如日本、新加坡扮演日益重要的角色，这些法制先行国家在实践中发现，通过法律创设新形态的组织，能更贴近社会公益组织运作的需求，因此研究侧重于新形态企业组织的建构，和非营利公益组织分进合击，在不同领域共同为增进社会公益而努力。相较于域外对于社会企业的研究，我国法律学者尚未有足够关注，因此本文尝试以美国社会企业立法行动为题，就其社会企业立法目的、规范基础与学说进行研究，并以公司法律组织架构为分析重心，观察发展迅速的美国各州法制（实证面），期待能抛砖引玉，吸引更多研究者投注眼光，共同为我国公益组织法律制度的完善（规范面）指出足资参考的方向。

一、社会企业的概念

（一）社会企业的涵义与特征

根据经济合作与发展组织（Organization for Economic Co-operation and Development, OECD）的定义，社会企业泛指所有依据企业战略组织，但其主要目的不是利润最大化，而是实现某些社会目标和经济目标，并且为社会排挤和失业问题带来创新性解决办法的社会经济组织。美国学者赖泽教授进一步认为，社会企业是利用商业方法达成社会目标而设立的组织，[①]

---

* 清华大学法学院2015级博士研究生。

① See Dana Brakman Reiser, "Theorizing Forms for Social Enterprise", 62 *EMORY L. J.* 681, 681 (2013).

并获得其他学者的赞同。[②] 欧洲进行“社会经济研究指标”(Targeted Socio-Economic Research,TSER)研究的迪夫尼教授,则将社会企业从企业(entrepreneurial side)和社会(social indicators)两个指标进行界定,[③]前者包含:(1)持续性的生产财货或销售服务的活动;(2)高度的自主性;(3)显著程度的经济风险;(4)支薪员工极小化。后者包含:(1)让共同体受益的明确目标;(2)由公民团体倡议的创新方案;(3)决策不是依据资本权,即一人一票,而非持股的多寡;(4)具有参与本质,相关人皆受到活动的影响;(5)有限的利润分配。

根据上述见解,我们归纳出社会企业具有三个特征:(1)实现公益为主要目的;(2)社会创新的组织,具有高度自主性;(3)通过商业方式维持营运。社会企业虽然通过直接向社会提供各种商品和服务获得收入,但社会公益目标才是其首要宗旨,因此其在利润分配、组织运作上不同于传统商业组织的以营利性优先。本文并认为,社会企业在社会公益事业上具有两种正面效益:一是借由商业组织介入能适时舒缓政府失能的问题;二是通过企业有所为、有所不为的自我节制,大幅降低企业因盲目追求私利所引发市场失灵或经济风暴问题的概率。

(二)我国现有法制不利于社会企业发展

社会企业可依企业设立目的、资金募集、内部管理等因素,从现有法制类型中区分营利组织(For-profit Organization)与非营利组织(Non-profit Organization)两种形态。但现有法制设计中,因为营利与非营利组织传统上为了达成单一任务(营利或公益),但社会企业带有营利与公益双重任务,复合型目的在现实运作中无论选择营利还是非营利组织形态都有操作困难。

非营利组织面对可持续性经营效率低、法律规范复杂且不完备和社会信赖不足等问题。首先,非营利组织禁止以利润形式分配任何收入对成本的剩余,但在竞争市场中,长期以利润外的其他目标经营,由于内在驱动力不足,将导致企业萎缩,甚至破产。[④] 其次,非营利组织虽然可以营利,但是该收益须保留以供日后实现组织设立目的所用,企业活动有盈余也无法分配给其经营者或成员。基于上述非营利组织的本质与法规限制,投资者无法通过投资非营利组织取得报酬,使非营利组织资金来源大多来自捐助。但是在改革开放背景下,政府与非营利组织的关系发生转变,政府在财务、人员、场地等方面与非营利组织脱钩,不再为其提供直接的资金支持,而工商注册的非营利组织获取资金的途径更少,政府购买服务和基金往往也会将其排除在资助名单外,资金投入的犹豫与退却将使非营利组织在财务上捉襟见肘,从而使其在公益作为上相当受限;同时非营利组织的捐助者往往无法控制非营利法人的董事会,这将存在严重的代理成本问题。再次,我国关于社会企业并没有专门的法律规定,造成创立者选择适用的企业组织形式迥异并依情形适用不同法律,因此各类社会企业在所有权、税收减免、利润分配、治理模式等方面受烦琐的规则规制。最后,长期以来欠缺健全的监管环境,慈善公益组织的信用形象不佳,历年来丑闻事件屡见不鲜,信任危机有待处理。

营利组织则有公司营利性、代理成本、诚信义务及公司并购等法律问题。首先,公司是以

---

② See Robert A. Katz & Antony Page, “The Role of Social Enterprise”, 35 *VT. L. REV.* 59, 59(2010).

③ See Jacques Defournv, *Introduction: From Third Sector to Social Enterorise*, in THE EMERGENCE OF SOCIAL ENTERPRISES, London & New York: Routledge, 16 – 21 (1st ed., 2001). 国内翻译参见[美]雅克·迪夫尼:《从第三部门到社会企业:概念与方法》,丁开杰、徐天祥译,载《经济社会体制比较》2009 年第 4 期。

④ 参见[美]理查德·波斯纳:《法律的经济分析》(第 7 版),蒋兆康译,法律出版社 2012 年版,第 629 页。

营利为目的的企业法人,投资者希望使持有的资产价值最大化:尽量增加创造收益的交易,并降低实现利润的成本。[⑤] 然而社会企业以社会公益为主要营运目的,在追求公益过程中势必会减少利润或增加成本,与公司利润最大化目的发生冲突。虽然公司社会责任对公司利润最大化有所修正和补充,但仍须通过法律制度的安排加以确认,[⑥]因为法律责任是公司社会责任的底线,虽然道德准则对于企业社会责任理念相当重要,但企业社会责任仍须通过原则性立法加以确立,并与时俱进地将日益明确的社会责任具体内容通过立法方式落实,以规制手段促使公司落实企业社会责任。[⑦] 我国《公司法》第5条虽然规定"公司从事经营活动必须遵守社会公德、商业道德,诚实守信,接受政府和社会公众的监督,承担社会责任",但企业社会责任条款如何具体落实,以及公益与营利冲突时如何取舍,在司法实践中有待立法及司法机关的努力才能更加明确。在代理成本问题上,企业营利性及公益目的可能形成"一仆侍二主"(一部分为了股东利益,另一部分为了公益目的),可能让公司管理者独立于双方,却又不用对双方真正负责,面对任一方要求公司管理者可以将另一方利益做推诿,如此不仅增加了代理费用也减少了社会财富。其次,理论上股份公司和有限责任公司可以通过修订公司章程规定不进行剩余利润或者剩余财产分配,但想通过股东会决议对股东不进行剩余利润分配而用在公益目的时,在股东会上可能出现意见对立和利益冲突,其结果显然不利于少数的反对股东,而产生董事或控制股东诚信义务的争议。最后,社会企业以公司形态经营,此时公司就有被他人并购的可能,当收购者无意维持原定的公益目的时会停止原有公益作为,将不符合创立社会企业的原意,而董事等公司负责人在面对并购案时的考虑、抉择与回避,也可能产生诚信义务的争议。

(三)小结

非营利组织与营利组织(公司)皆能成为社会企业的选项,但非营利组织由于制度使然,无法向投资人募集资金或受到重重限制,因此公司形态经营的社会企业对于初创事业更为有利。但公司不可避免的营利性本质、代理成本、诚信义务、被并购等问题也不利于社会企业的发展,所以新组织形态、能形成兼具公益和营利的复合型企业,在利益导向的资本市场中既可以维持公益目标的优先性,也能实现可持续性经营,成为当前社会公益创新的潮流。本文以推行新创企业组织法制迅速的美国立法作为研究目标,逐一介绍低利润有限责任公司、共益公司和其他类型社会企业的立法模式。

二、低利润有限责任公司(low-profit limited liability company,L3C)

(一)发展背景

美国的社会福利与公益事业主要是通过各种非营利组织完成,而非营利组织的发展与税

---

⑤ 参见[美]弗兰克·伊斯特布鲁克、丹尼尔·费希尔:《公司法的经济结构》(第2版),罗培新、张建伟译,北京大学出版社2014年版,第28页。

⑥ 参见卢代富:《企业社会责任的经济学与法学分析》,法律出版社2002年版,第264~266页。

⑦ 参见朱慈蕴:《公司的社会责任:游走于法律责任与道德准则之间》,载《中外法学》2008年第1期。

赋制度紧密相关。一般公共慈善事业或基金会属于美国国内税法第501(c)条[8]的免税机构(tax exempt organization),其收入原则上免税,为鼓励捐献,个人或企业对慈善机构进行捐赠的金额还可列为税赋扣除额。而美国早在1969年,就发展出慈善机构"计划相关投资"(Program-Related Investment,PRI),[9]鼓励其利用投资扩大资产,不仅可计入每年至少5%的法定公益支出,收益还能再投入公益活动,可说是低利润有限责任公司发展的远因。

近因则是近年来"有限责任公司"(Limited Liability Company,LLC)的盛行。虽然1977年怀俄明州(Wyoming)就制定有限责任公司法,但1988年美国国税局才将有限责任公司归类为合伙而非股份有限公司(corporation),使此类闭锁型公司投资人享有税赋优势,全美开始流行制定有限责任公司法,[10]统一州法委员会全国会议(National Conference of Commissioners on Uniform State Laws)为此制定了统一有限责任公司法(UNIFORM LIMITED LIABILITY COMPANY ACT)。有限责任公司法最大的特色是允许大量的任意性/原则性条款(enabling/default statutes),股东间权利义务可通过契约自行决定,相当具有弹性的发展空间,部分州如特拉华州,在保障契约默示的诚信(good faith)与公平交易(fair dealing)的契约(covenant)前提下,更允许股东或经理人通过契约排除、减轻或扩张其对其他股东或公司的诚信义务。[11] 也因为有限责任公司制度较为宽松,许多社会福利机构和法律界人士以其为基础设计低利润有限责任公司(L3C)架构。

(二)法制探讨

2008年4月,L3C法首先在佛蒙特州通过,目前共有9个州[12]有相关立法。本文从最早立法的佛蒙特州L3C的立法作简介,并以经济大州伊利诺伊州及最新立法的罗得岛州立法做对照。

佛蒙特州法(VT. STAT. tit. 11,Ch. 21)[13]首先规定,公司章程应订明公司为低利润有限责任公司,而公司名称中应包括低利润有限责任公司的缩写,即L3C或l3c。[14] 且L3C必须符合四个目的性条件:[15](1)该公司必须明显地促成美国国内税收法第170(c)(2)(B)条[16]中一个或多个慈善或教育目的;且若非以慈善或教育为目的,公司不得成立;(2)该公司没有显著以产生收入或财产增值为目的;然而,若一人产生了相当收入或资本增值,在缺乏其他因素下,不会被认定具有收入产生或财产增值上显著目的之决定性证据;(3)公司成立的目的不可是美国国内税法第170(c)(2)(D)条中的政治或立法上目的;(4)如果公司在成立时符合上述

---

⑧ 26 U.S.C. §170(c)(2)(B),Section 170(c)(2)(B) of THE INTERNAL REVENUE CODE OF 1986.

⑨ "计划相关投资"条件大致为:(1)投资的主要目的是达成国内税法第170(c)(2)(B)条规定中的一个或多个目的(慈善目的);(2)投资中没有显著的目的是要产生收入或增值财产;(3)投资不是为了国内税法第170(c)(2)(D)条规定的一个或多个目的(此指政治目的影响,例如立法或选举)。

⑩ 参见何曜琛:《美国有限责任公司法概述》,载《法令月刊》1999年第6期。

⑪ DEL. CODE ANN. tit 6, §18-1101(c)(2012).

⑫ 9个州分别为佛蒙特(Vermont)、伊利诺伊(Illinois)、路易斯安那(Louisiana)、缅因(Maine)、密歇根(Michigan)、北卡罗来纳(North Carolina)、罗得岛(Rhode Island)、犹他(Utah)、怀俄明(Wyoming),另外还有3个联邦管区也订有L3C法。参见http://www.americansforcommunitydevelopment.org/laws.html,最后访问日期:2017年11月25日。

⑬ NO. 106. AN ACT RELATING TO LOW-PROFIT LIMITED LIABILITY COMPANIES.

⑭ VT. STAT. tit. 11, §§3005(a)(2),3023(a)(6).

⑮ 11 V.S.A. §3001(23).

⑯ 26 U.S.C. §170(c)(2)(B),Section 170(c)(2)(B).

定义，嗣后无法符合任一条件，但符合本章（有限责任公司专章）其他条件者，应立即终止低利润有限责任公司资格，继续以有限责任公司存在，且公司名称上的公司种类文字应做变更。

伊利诺伊州与佛蒙特州立法的不同处在于，股东间签订的营运契约（operating agreement）不得除去或减少低利润有限责任公司设立时的义务或目的。[17] 至于罗得岛州，只特别注明其他有限责任公司仍旧可以选择以慈善或教育目的为其事业全部或部分、低利润有限责任公司除适用 L3C 法的特别规定外也适用有限责任公司法所有规定[18]。

由 9 个州的立法大同小异可知，立法技术上，L3C 属于有限责任公司下的新类型，除非法律特别规定，L3C 应适用有限责任公司相关规范；而且对 L3C 的特别规定很少，这展现了规范上的宽松特色，但 L3C 也面临了以下质疑。

1. 无法达到税赋奖励目的

立法之初法制推动者对联邦国会和各州议会同时展开游说行动，但在联邦层级的修法没有具体成果，因此当前 L3C 法制的最大问题是其与联邦税法的兼容性。目前，各州对 L3C 的管理十分宽松，州政府并不稽查公司是否真能显著促进符合美国国内税法上的教育或慈善目的；但在联邦层级，国税局不会因为公司在各州注册为低利润有限责任公司就认定其行为必然合乎税法规定，对于其营运行为仍然具体审查，这造成 L3C 的设计没有达成原先的设计目标。[19]

2. 没有必要单独制定 L3C 法制

2006 年修订的统一有限责任公司法（UNIFORM LIMITED LIABILITY COMPANY ACT 2006, Last Amended 2013）第 108（b）条中，并未要求公司以营利为目的，任何合法目的皆可。因此有学者认为，各州有限责任公司法基本上都扬弃了公司营利目的，所以社会企业选择有限责任公司从事公益或低利润目的即可；[20]虽然有学者提出品牌理论（branding theory）解释低利润有限公司的价值，当公司挂出 L3C 的招牌，就是要告诉社会大众其将社会公益列为优先目标，以此吸引从事相关投资的慈善机构、投资者与产品用户，并与其他有限责任公司作区别，[21]但其效益仍然无法证实。

3. 诚信义务（fiduciary duty）冲突

L3C 制度的另一个问题是，分层性投资（tranched investment）导致的诚信义务冲突。在设计者眼中，低利润有限责任公司如果要成功，可以将资本与投资人切分成数等级来吸引不同投资理念的参与人。但这种分层性投资设计可能使公司的执行业务股东或经理人，面对不同投资期待的投资人产生诚信义务上的冲突，特别是企业并购中面对不同收购条件时，各投资人由于投资目的分层的不同在利益上将难以调和。[22] 即使预先在股东间适用契约规范，也未必能够涵盖所有冲突情况。但有学者认为低利润有限责任公司开宗明义标榜促进公益目的，

---

[17] 805 ILL. COMP. STAT. 180/15 -5(b)(6.5).

[18] R. I. GEN. LAWS §7 -16 -76(d)&(e).

[19] See Daniel S. Kleinberger, "A Myth Deconstructed: The 'Emperor's New Clothes' on the Low-Profit Limited Liability Company", 35 *DEL. J. CORP. L.* 879, 905 -906(2010).

[20] See Daniel S. Kleinberger, "A Myth Deconstructed: The 'Emperor's New Clothes' on the Low-Profit Limited Liability Company", 35 *DEL. J. CORP. L.* 896 -897(2010).

[21] See J. Haskell Murray & Edward I. Hwang, "Purpose with Profit: Governance, Enforcement, Capital-Raising and Capital-Locking in Low-Profit Limited Liability Companies", 66 *U. MIAMI L. REV.* 1, 22 -23(2011).

[22] Kleinberger, *supra* note 20, at 899 -900.

即使是期待有市场报酬率等级的投资人，在投资时已被告知此投资特质；公司经营者也完全了解公益目的优于获利性，所以理论上不构成利益冲突。[23]

（三）小结

低利润有限责任公司的发展“瓶颈”在于联邦税法的限制，不利于鼓励慈善机构以计划投资方式投资地区性的L3C；此外，美国律师协会（American Bar Association，ABA）的商业法律部（Business Law Section）明确反对低利润有限责任公司的州立法，其立论不外乎前述三个法律问题的质疑立场，[24]是否会减缓各州采纳此一制度，有待观察。

三、共益公司（benefit corporation）

（一）发展背景

共益公司，是指依共益公司法所设立的特别形态公司，除营利外，章程可将一般公益（general benefit）或特定公共利益（specific benefit）列入公司共同目的，让公司具有双重目的，而公司经营者做经营决定时不仅应考虑股东利益，更应将利害关系人权益纳入考虑范畴。[25]

2010年4月，共益公司首先在马里兰州（Maryland）立法通过，加利福尼亚州（California）、纽约州（New York）等重要大州也陆续完成立法，公司法重镇特拉华州（Delaware）更在2013年6月通过增订公司法第15节共益公司（Public Benefit Corporations）的法案。截至目前，有33个州及首都华盛顿特区通过共益公司法，另外还有6个州正在立法审议。[26] 目前各州在形式上都将共益公司归类在股份有限公司（corporation），在股份有限公司法中另立专章规范。共益公司立法之所以在美国快速推广，当属2006年创立的非营利组织B-Lab居功厥伟，具体行动包括架设推广网站、提出政策白皮书（WhitePaper）与提出《共益公司模范法草案》（Model Benefit Corporation Legislation，以下简称《模范法》），而大多数州也参考该模范法来制定自己的共益公司法。

（二）法制探讨

各州立法内容或有不同，仅就正式名称而言，大多数的州称共益公司为Benefit Corporation，而特拉华州却称为Public Benefit Corporation，至于法律规范细节部分也存有歧异。尽管如此，与追求利益最大化的一般公司相较，共益公司仍可归纳出几点特征。本文以下介绍B-Lab草拟的《模范法》与长期居于公司法发展主导地位的特拉华州公司法

---

[23] Murray & Hwang, *supra* note 22, at 40.

[24] Kleinberger教授是美国律师协会商业法律部下有限责任公司合伙与非股份有限公司组织委员会（Committee on Limited Liability Companies, Partnership and UnincorporatedEntities）所属的低利润有限责任公司审查小组（L3C ReviewSubcommittee）主席，其一贯采取LLC的灵活弹性即足以达成公益目的、L3C是叠床架屋的立场。

[25] See J. Haskell Murray, "Social Enterprise Innovation: Delaware's Public Benefit Corporation Law", 4 *Harv. Bus. L. Rev.* 345, 349 (2014).

[26] 美国最新的共益公司立法动态，可参考非营利组织B-Lab为推动共益公司法制所架构的共益公司信息中心网站：http://benefitcorp.net/policymakers/state-by-state-status? state = tennessee，最后访问日期：2017年11月25日。

(GENERAL CORPORATION LAW)。

1. 载明公益目的

除营利外共益公司更以追求公益为目的,《模范法》第 201 条要求共益公司应将公司追求“一般公益目的”(general public benefit purpose)加载于章程;公司若有“特殊公益目的”(specific public benefit purpose),[27]也可以在章程中载明,但公司有自由决定权;另外,无论是实践“一般公益目的”还是“特殊公益目的”,都符合公司最佳利益,因此公司经营者可勇于履行章程设定的公益目的,纵使其行动不符合股东权益最大化,也无需顾虑违反诚信义务。《特拉华州公司法》第 362 条则规定,除一般公司章程应记载的经营目的外,共益公司需要另外在章程中载明公司想促进的特殊公益(specific public benefit),[28]并就何谓公益订有具体规范,也可以在特定目的外加入概括条款,使公司之后不必变更章程就能弹性增加新的公益目的。本文认为《模范法》的“一般公益目的”概念较抽象,虽能给予董事会较大的斟酌空间,但缺点是若未有明确指引,董事会将无所适从,而《特拉华州公司法》对共益公司的公益目的规范较明确。

另外,一般公司与共益公司之间可进行形态转换。《模范法》第 104 条和《特拉华州公司法》第 363 条都有相似规定,非共益公司经由 90% 以上持股股东同意变更章程,可转换为共益公司,或并入其他共益公司,法律也有让不同意的股东行使股份收买请求权的退出机制;相对地,共益公司也可由持有已发行股份总数 2/3 以上股东同意,修正章程中的公益条款成为一般公司或并入其他一般公司。

2. 保护董事机制

为免董事容易遭到违反诚信义务的指控,《模范法》第 301 条设有免责条款。原则上,董事依章程作出决定,或未达成章程上公益目的所造成的损失,董事不负赔偿责任;董事对公益目的之受益人并无义务,因此董事会未能履行公益目的时该受益人不得向董事主张赔偿;此外,《模范法》将经营判断原则条文化,规定董事若不具利害关系(disinterested)、有充足信息(informed)或合理相信其判断合于公司最佳利益,则视为已诚实履行其义务。就保护董事规范部分,《特拉华州公司法》与《模范法》大致相同,董事的经营决定受经营判断原则保护,若信息充分、不具利害关系、该决定非明显恶意时,则推定该决定合法,除诉讼上原告可举反证推翻外,应认为董事已尽诚信义务。[29]

3. 信息披露

要求公司定期提出公益报告,让股东与社会大众检视公司绩效,是确保共益公司遵循法规的重要手段。《模范法》第 402 条要求公司必须每年制作公益报告给股东,并应在公司网站公开电子文件,或经请求无偿对外提供纸本。《特拉华州公司法》第 366 条则规定,公司至少每 2 年提供股东报告,具体应载明:(1)董事会为实现公益所设定的目标;(2)董事会衡量公司实效的标准;(3)公司达到目标的客观事实;(4)公司达到目标的评估。相较于《模范法》要

---

[27] “特殊公益目的”包括提供有益产品与服务,或促进贫穷者就业、维护环境、增进人类健康、促进艺术或科学知识,或任何对社会或环境有益的事项。

[28] 特拉华州法的“特殊公益”除股东利益外,为对人、组织、小区、利益等团体有正面效果(或减少负面效果),而此效果包括(但不限于)艺术、慈善、文化、经济、教育、环境、文艺、医学、宗教、科学或技术等领域。

[29] DGCL § 365(b).

求“每年”“对公众”提出年度报告,《特拉华州公司法》对于信息披露仅规定“每 2 年”“对股东”提出报告即可。有学者认为,《模范法》与《特拉华州公司法》就公益报告规范在信息披露上均有所不足,但增加报告次数又加重规模普遍不大的共益公司营运负担,为平衡两者冲突,因此建议增加具体披露事项时辅以豁免微型(extremely small)事业提出报告的义务。[30]

4. 第三方标准

为避免公益目标没有客观标准供股东及社会大众参考,《模范法》第 401 条使用“第三方标准”(third party standard),[31]通过完整(comprehensive)、独立(independent)、可信(credible)、透明(transparent)等要件衡量共益公司的公益实效。而《特拉华州公司法》则不要求第三方标准,但为求更能取信大众,其第 366(c)条规定个别公司得在章程或办事细则制定更严格的披露标准。有学者认为,若无法确保报告皆符合预期质量,特拉华州的做法似乎较为可行。[32] 但亦有学者认为“第三方标准”为共益公司的核心,外界可借此检视共益公司是否的确达成其宣称之公益任务。[33]

5. 公益履行诉讼

《模范法》与《特拉华州公司法》皆有公益履行诉讼(benefit enforcement proceedings)制度,以确保共益公司名实相符、创造共益公司的品牌性。《模范法》第 305(b)条规定,公司得自行或由持有公司已发行同级或同系列股份 2% 以上者、董事、持有 5% 以上该共益公司的母公司之所有股份者、章程或细则列举之人提起公益履行诉讼;《特拉华州公司法》第 367 条则规定原告股东起诉时的持股比例,须达公司已发行股份总数 2%,若该共益公司在全国交易所上市,持股市价达 200 万美元也可起诉。

(三)小结

共益公司能快速立法,除归功于 B-Lab 促成外,金融危机后社会对公司制度的反抗力量也促成了此波的立法行动。但共益公司同时追求营利与公益两个目标,如何确保两者均确实执行(尤其是公益部分)是对共益公司法制的最大挑战。本文认为将公益目的列为比获利更为优先的目标,才能使共益公司与一般公司明显区别,摆脱传统上公司法可能遭遇诚信义务的问题,也更符合社会企业立法的需求。

四、其他社会企业立法模式

(一)共益型有限责任公司

略晚于共益公司法,马里兰州 2011 年在有限责任公司法中增加“共益型有限责任公司”(Benefit Limited Liability Company,BLLC)的新类型。全文仅 8 条,如无特别规定,共益型有

[30] Murray, *supra* note 26, at 361.
[31] Model Act § 102.
[32] Murray, *supra* note 26, at 362.
[33] Reiser, *supra* note 2, at 690 – 1.

限责任公司适用有限责任公司(LLC)的相关规定。但不同于共益公司,共益型有限责任公司本质较倾向低利润有限责任公司。但马里兰州又将共益公司的一些特征放入共益型有限责任公司法内,例如载明公益目的、公司负责人保护机制、每年制作公益报告以达成信息揭露等规范。换句话说,共益型有限责任公司是将共益型公司规范套用在有限责任公司上,再除去与有限责任公司架构不兼容的机关规定,将公益任务归由公司实际经营者即经理人负责,并给予相同的免责条款保护,且保有公正第三人标准与公益报告的要求。

(二)弹性目的公司

2011 年,加州通过《公司弹性法》(Corporate Flexibility Act of 2011),[34]有了一种新的企业组织:弹性目的公司(Flexible Purpose Corporation, FPC)。有趣的是,加州的共益型公司与 FPC 几乎是同时间通过立法并在隔年施行,让投资人可以自由选择。FPC 有三点特色:(1)在公司章程中记载营运目的,除了公司与股东的长、短期利益外,必须有社会慈善或公益目的;(2)董事经营 FPC 时可将公司章程所订的社会目的与公司长短期利益进行综合衡量,并赋予董事类似共益公司的制度保护;(3)FPC 通过网站或电子方式进行信息披露,包含年报应附随的"管理阶层对特别目的的检讨分析"(management's discussion and analysis of special purposes, special purpose MD&A)和重大事件发生后 45 天内公告"特别目的现况报告"(special purpose current report)。相较于共益公司偏重在公正第三人标准,有利于强化公众对公司的信赖,FPC 则着重较仔细的信息揭露,似乎期待股东的信息解读与监督。加州立法者让有心投资社会企业的投资人,能够依照各自需求选择公司形式,似乎更有利于推动社会企业的蓬勃发展。

(三)社会目的公司

华盛顿州在 2012 年 6 月通过社会目的公司(Social Purpose Corporations, SPC)法,[35]SPC 在架构上属于股份有限公司,但其内容不同于共益公司之处在于:(1)要求公司名称必须标出社会目的公司或 SPC 缩写,并强制要求章程中加入下列文句:[36]"社会目的公司的使命,与为股东极大化获利或营收,或在处分、合并、并购或类似公司行动中极大化股东价值,未必兼容或甚至相抵触";(2)未采用共益公司法的公益履行诉讼,而回归一般公司法的股东诉讼,即公司侵害股东权利或董事违反诚信义务有损公司时,只有股东可提起直接或衍生诉讼;[37](3)SPC每年应制作公益报告并交付股东,并将报告披露在公司网站上,但该报告内容较为宽松,除非章程有特别规定,不须依照公正第三人标准制作,而且公司没有提出公益报告也不影响公司行为的有效性。

五、结论

我国目前非营利企业设立门槛高、内部治理结构有待完善、行政监管烦琐,原则上禁止从

---

[34] CAL. CORP. CODE § §2500 – 3503(2012).
[35] WASH. REV. CODE §23B. 25.
[36] WASH. REV. CODE §23B. 25. 040(1)(e)(2012).
[37] WASH. REV. CODE §23B. 25. 080(2012).

事营利性活动等，造成非营利企业经营效率低、阻碍其可持续性发展。另一方面，《公司法》第5条虽然在2005年订入了企业履行社会责任，中央和地方政府也陆续出台倡导企业履行社会责任的指导性文件，但仅通过现有公司形式推动现代意义的社会公益目的则力有未逮。本文认为，若能从法制上支持社会企业创新形态发展，对于抒解政府财政压力、市场失灵，突破我国公益事业面临的营业性"瓶颈"等问题都会有所帮助。也正因如此，美国社会企业的发展情况，具有一定的借鉴意义。2012年以来，美国各州的社会企业立法有加快趋势，由L3C、共益公司等型态衍生出各种变形公司模式，在制度上虽然有些纷乱，但社会企业创新现在还处于发展阶段，交由市场机制决定哪一种模式最符合社会企业发展需求，也算是美国企业法制发展以来的一大传统特色。本文以下总结美国社会企业制度创新立法。

（一）公益目的设计超越税赋优惠需求

低利润有限责任公司是首先发展的社会企业，设计者企图在经营结构上复制美国国内税法对慈善或教育机构的营运定义，来吸引非营利组织对其进行相关投资，可惜在立法游说上仅停留在州立法层级，并未达成原先的制度设计目标。即便如此，后续各州的新形态社会企业陆续立法，以及社会企业的不断创立，可以发现公益目的作为社会企业的创业动机，已经超越原来税捐减免的金钱价值。

（二）公司内部由股东、外部以第三人标准与信息披露作为监管机制

在内部监管层面，以低利润有限责任公司为例，因为公益目的必须优先，为避免违反公益目的导致无法维持公司型态，有必要在营运契约中预先规范。佛蒙特州法营运契约或许能调整某些诚信义务内容，但注意义务（duty of care）是不能免除的。[38] 而在诉讼技术上，有限责任公司法中订有经营者违反股东诚信义务造成公司损害时，股东可代表公司向经营者请求赔偿的衍生诉讼，[39]所以股东作为内部监管机制仍有一定效能。

至于其他类型社会企业，由于营利与公益目的没有先后之分，在设计上给予经营者极大的裁量权与免责权，在美国经营判断原则架构下，股东主张经营者违反诚信义务在举证上确实不容易，但这是美国公司法给予经营者弹性空间的文化，以及通过低度规范鼓励新制度发展使然。而目前美国社会企业属于闭锁型公司，股东人数较少，各州的共益公司及加州的FPC立法，在公司进行修改章程、公司转型成营利型公司、处分重要资产、合并等重大事项时，通常要求较高的决议门槛；加上基本的股东选任解任董事权利、不同意见股东的股份收买请求权，具有社会目标的股东因此保有一定的监管效能。

在外部监管层面，要求公司揭露社会目的成果是最有效的方法。从立法州数量上进行比较，共益公司数量之所以后来居上，可能是因为低利润有限责任公司欠缺信息披露机制所致。信息披露不仅是对股东，更是对包括潜在客户的所有社会大众披露；采用公正第三人标准，在业务竞争、对外营销与社会形象上也存在明显优势。华盛顿州的SPC与加州的FPC，虽然没

[38] VT. STAT. ANN. tit. 11, § 3003(b)(3)(2003).
[39] Reiser, *supra* note2, at 715, note 133.

有要求依照第三人标准披露信息，但披露信息对于投资人仍有参考价值，而且当公司发展到一定规模，也更有能力和动机采用第三人标准，来提升公司的品牌价值。

（三）社会企业法制多元发展是趋势

因为推动社会企业立法的游说团体很多，出现了低利润有限责任公司与共益公司两种方向，有些州甚至两者兼采（伊利诺伊、路易斯安那、佛蒙特州）。有区别自然有比较和修正，参酌其他因素后各州发展出新的设计，例如马里兰州 BLLC、加州 FPC 和华盛顿州 SPC。因此通过企业的实践、法院诉讼案件的累积，与专家学者的参与，在一段发展时间后，在市场机制下终将形成更明确的法律架构与共识，以切合社会公益组织的需要。

斯德哥尔摩商会仲裁院的历史发展与现状

王 瑞*

斯德哥尔摩之所以世界闻名,不在于她是瑞典首都,主要是因为她的斯德哥尔摩商会仲裁院(Arbitration Institute of the Stockholm Chamber of Commerce,SCC)。早在20世纪70年代,斯德哥尔摩商会仲裁院就已发展成为世界领先的商事争议解决机构之一,成为瑞典人的骄傲。

一、斯德哥尔摩商会仲裁院产生的历史文化背景

斯德哥尔摩商会仲裁院成立于1917年,隶属于斯德哥尔摩商会但独立于斯德哥尔摩商会,其设立的目的在于解决工业、贸易和运输领域的争议。斯德哥尔摩商会仲裁院总部设在瑞典的斯德哥尔摩,下设理事会和秘书处,为瑞典和国际当事人提供高效的争议解决服务。在瑞典和其他国家的公司希望以法庭诉讼以外的方式解决争议时,斯德哥尔摩商会仲裁院能够为其提供仲裁和调解的方式。这种平和的、非诉讼的解决争议和纠纷的方式,与瑞典的中庸和谐的社会思想和妥协政治的历史文化传统有很大关系。

受北欧气候和自然条件的影响,瑞典人性格内向、朴实、温和、理性,这样的民族性格决定了他们在解决许多问题时,尽量避免采用不友好的、偏激的个人主义方式,而选择中庸的、实用的、集体的解决方式。瑞典语里有个词是"lagom",来源于维京时代的"laget om",指代当时的人们一桌人分酒,轮到每个人的时候你要取不多不少刚刚好的大家平分的量。后来到今天,该词指代的意思是适量、合适之意。瑞典人觉得差不多、合适、保持平衡是最好的,而不追求特别突出。更多的时候,"lagom"是对完美的一种追求。在生活中,瑞典人也常常用这个词来表达对某件事之完美的赞誉。比如,有瑞典人来你家中做客,你问他这菜做得如何,他很可能会回答说:"lagom!"在这里,该词的意思就是恰到好处,而不是"一般般"。这种理念延伸到企业的精神,就是对研发、工艺和生产的精益求精,就是对创造一流产品的追求;这种理念延伸到社会分配领域,也就产生出了一种对公平与效益之完美平衡的追求。

瑞典人的很多行为里都有这种中庸思想。比如吃东西,主张不要吃得太多也不要太少;

---

* 北方工业大学法律系副教授,清华大学法学博士。

比如穿着,人们非常统一地穿着黑白灰卡其色,鲜少有人穿着鲜艳明亮的颜色;在人际交往中,瑞典人也是保持了惯有的中庸思想,不会像西方其他国家那样直白地各抒己见,彰显自己,而是尽量避免冲突,避免和别人的不同。这种态度在经济和工业政策的制定,以及儿童保育、老人照料、卫生保健、教育和劳资关系等服务行业都能得到体现。在发生争议的解决方式方面,瑞典人一般采取调解和仲裁的方式,而不是到法院去进行诉讼,根据2003年3月17日至3月29日,我国司法部和最高人民法院一个联合考察组赴瑞典了解的情况,现代瑞典的民事纠纷中有95%通过调解和仲裁解决,只有5%的民事纠纷通过法院判决。

在介绍瑞典政治的小册子中,有这样一段话:"考虑到我们对强行出头和正面冲突天生的反感,人们也就不会奇怪为什么在20世纪欧洲分裂为资本主义和社会主义两大阵营时,瑞典却能独善其身了。"由一种原始的分配模式逐步形成了一种独特的民族精神,再逐步扩展到国家和民族生存的道路选择,这就是"lagom"这个词的历史意义。理解了这一点,我们也许就不难理解,被称为"中间路线""第三条道路"典范的瑞典模式为什么会在这个北欧国家取得成功。

19世纪末20世纪初,社会问题和社会政策开始受到瑞典思想界的强烈关注。瑞典学派的出现正是这个时代需求的产物。早期瑞典学派奠基人威克塞尔(Knut Wicksell)认为,"我们一旦认真开始把经济现象看作一个整体,并为这个整体寻求增进福利的条件,就必须为无产阶级的利益进行考虑"。[①] 改善无产阶级福利水平的主要办法是通过税收改革实现公平税收,进行收入再分配。另一个代表人物卡塞尔(Gustaf Cassel)认为,只要财富的再分配还没有变成创造财富的一种障碍,社会政策基本上就是实现社会进步和经济增长的一种手段。[②] 20世纪二三十年代,瑞典学派进入形成阶段,该学派在经济政策和社会政策方面的主张成为瑞典建立和谐社会的重要思想基础。

19世纪末,瑞典社会民主主义开始兴起。瑞典社会民主主义创始人布兰亭(Hjalmar Branting)认识到进行社会改革和建立有效的社会保障制度的重要性。他指出:为了实现更高的社会发展目标,必须使资本成为全社会共有的财产,要完成这一任务,必须通过社会改革运动。而社会民主主义将推行正常工作日、社会保险及其他各种创造一个自由、平等和稳定的社会所必需的措施。[③]两次世界大战之间,瑞典社会民主主义进一步发展,并成为推动瑞典现代和谐社会发展的理论基础。瑞典社会民主主义思想可以概括为以下几个方面:首先,提倡社会平等、民主与合作;其次,主张实行经济社会化;最后,主张建立完善的社会保障制度。

可见,从瑞典学派的出现到社会民主主义的兴盛,瑞典科学调节经济的思想,大力发展社会保障的思想和迫切追求平等、合作价值理念的思想逐渐受到社会重视,并成为指导瑞典经济、政治和社会发展的重要理论依据。瑞典合理的经济结构、稳定的政治格局和完善的福利制度与瑞典社会经济思想的发展密不可分,和谐思想的出现和发展促使瑞典建立了和谐社会。[④]

---

① 转引自李珍主编:《社会保障理论》,中国劳动和社会保障出版社2001年版,第41~42页。

② Sven E. Ollson, *Social Policy and Welfare State in Sweden*, Lund, 1993, pp. 61－63.

③ See Tim Tilton, *The Political Theory of Swedish Social Democracy: through the Welfare State to Socialism*, Oxford, 1990, pp. 22－32.

④ 参见丁建定、杨斌:《瑞典现代和谐社会的建立与发展》,载《当代世界与社会主义》2012年第5期。

1955年,一个叫丹克瓦特·A.罗斯托的人写了一本名为《妥协政治》的书,分析了瑞典的政治过程。自此以后,"妥协政治"作为瑞典社会的一个显著特征吸引了越来越多的人。"妥协政治"一词也流行起来,成为人们评析瑞典政治所喜用的术语。确实,人们只要了解一下瑞典社会的发展,就会注意到人们所说的"妥协政治"是一个突出现象,它在社民党的瑞典模式中拥有独特的地位与作用。按照我们的理解与说法,所谓"妥协政治"不外乎指的是:以改良为宗旨,通过阶级合作、政治妥协来实现社会进步、国家演变。

瑞典具有较长久的民主传统。最早的4个等级议会在1435年建立,17世纪议会已往成为国家机器的固定部分。拿破仑战争以后,瑞典既无外战,也无内战。立宪统治的1809年宪法至今是瑞典4个根本法之一。这一宪法完成了瑞典从封建君立制向资本主义民主制的和平过渡。此后民主制在比较安定的社会环境下不断发展。妥协政治的出现和制度化与此密切相关。瑞典人的政治文化、生活价值观也是值得一提的。他们崇尚的是机构的灵活伸缩性,提倡合法主义,讲究中庸,重谨慎,恶暴力。在20世纪30年代大萧条中,瑞典的劳资矛盾最为尖锐,曾发生政府军士兵向罢工者开枪,打死5名工人的事件,这一事件在全国引起震惊,这既是几十年前所未有的,此后也没有再发生,政治妥协、阶级合作代替了社会冲突。政治文化、生活价值观是历史的产物,也是现实生活的反映,它们一经形成,对人们的行动为会产生影响,还有,瑞典政治制度中的机制也为妥协政治创造了机会,这种机制在很大程度上是瑞典社民党人在长期的政治活动中促成的。

发达的经济为妥协政治提供了必要的物质基础,20世纪30年代之后,瑞典就已摆脱了贫困落后的面貌,进入了世界发达富裕国家之列,使它在战后建立了所谓"福利国家",即形成了一套"从摇篮到坟墓"的福利体系。现代瑞典,人均收入一直是世界最高的国家之一,人均工业产值高于英法,略逊于美国。丰富的物质财富为妥协政治提供了较大余地,也向各政党、劳资双方及社会其他成员表明了妥协政治的合理性、可取性,"把蛋糕做大"成为有吸引力的口号。总而言之,瑞典妥协政治是一系列因素、力量交融作用的结果。⑤ 政治领域的妥协思想与平民社会中的中庸和谐思想一起,相互支持,相互影响,对瑞典民商事纠纷解决机制的选择起到了决定性的作用。

二、斯德哥尔摩商会仲裁院为什么如此有名

瑞典的商事仲裁历史悠久,体制完善。早在1359年瑞典就有一个地方法典把仲裁作为解决纠纷的手段列入其法令条例当中。1669年,瑞典通过立法赋予了仲裁裁决书司法上的强制执行力。1887年,瑞典颁布了自己的第一部《仲裁法》,1929年,制定了第二部《仲裁法》,经过70年的发展,1999年4月,瑞典制定了第三部《仲裁法》。由于瑞典的仲裁制度历史悠久,有一套完整的仲裁规则和一大批精通国际商事仲裁的专家,因此,其仲裁的公正性在国际社会享有很高的声誉。斯德哥尔摩商会仲裁院现已发展成为国际社会中一个非常重要的国际商事仲裁中心。

---

⑤ 参见魏力:《试论瑞典的"妥协政治"》,载《政治学研究》1988年第4期。

斯德哥尔摩商会仲裁院之所以出名，主要还是赶上了一个好机遇，那就是冷战时期，美苏两大阵营的对立。冷战时期，美苏两国都是世界上的超级大国，属于社会制度完全不同的国家。虽然它们之间矛盾重重，但是，又有利害共同之处，经贸往来不可避免，如果出现商事纠纷，通过哪一方的仲裁和司法机关解决都不合适，因为双方的敌对状态使得他们相互之间极端地不信任。这时，就迫切需要一个中立的第三方站出来主持公道。瑞典是不结盟国家，也是中立国，很少参与到国际纠纷中，一般也就是站出来说说环境问题，参与或者主导一些对世界落后地区的援助行动。瑞典在军事上一直奉行不结盟政策，并且将不结盟政策视为中立政策的基石。瑞典在军事上既没有加入北约，也没有其他同盟国。因此，瑞典的中立国地位非常适合这一需要，而且瑞典又是苏联的邻国，处在欧洲，地理位置非常适合，再加上很多瑞典人都精通英语和俄语，和纠纷双方交流起来没有任何语言障碍，所以，美苏双方都认可选择瑞典作为解决商事纠纷的第三方。

为了促进彼此间经济贸易的发展和便利商事合同的制定，在20世纪70年代，美苏双方不得不撇开矛盾，通过各自非政府性的常设仲裁机构，费尽心机商订了一个平等互利的双方都同意接受的典型仲裁协议，名曰："美苏贸易合同中应用的选择性仲裁条款（1977年）"。[⑥]这个条款是由美国仲裁协会（American Arbitration Association，AAA）、苏联工商联合会（USSR Chamber of Commerce and Industry）在瑞典斯德哥尔摩商会的协助下合作商订的。在商订过程中，三个国家有关商事仲裁的专家、学者以及高等法院法官等都积极参与，进行研究和商讨，前后历时达四年之久，直至1977年1月这个条款始经两国有关的仲裁机构同意通过并宣告生效。这个条款可以说是一个最早采用"联合国国际贸易法委员会仲裁规则"的国际协议，因为它是在联合国大会于1976年12月通过决议，向各方推荐使用该规则的一个月之后就开始采用的。

---

⑥ "美苏贸易合同中应用之选择性仲裁条款，1977年"（美国仲裁协会与苏联工商联合会制定）"Optional Arbitration Clause For Use in Contracts in USA-USSR Trade - 1977"（Prepared by AAA and USSR Chamber of Commerce and Industry）：

第一条：由于本合同而发生的或与本合同有关的任何争议、争端或要求，或有关本合同的违约、终止或失效，应以仲裁方式予以解决。仲裁员的裁决应为终局性的，对各方当事人都具有约束力。

第二条：仲裁应依照在本合同订立日期时有效的"联合国国际贸易法委员会仲裁规则"进行，但如果该规则与本合同条款规定有抵触时，则应依本合同规定办理。

第三条：除了第五条第一款和第二款特别规定者外，斯德哥尔摩商会应当充任有任命权的机构（appointing authority）。

第四条：仲裁员人数应为三人。

第五条：每一方当事人应指定仲裁员一名。在收到申诉人告知其指定之仲裁员一名的通知后十五天内，被诉人没有以电报或直通电传方式通知申诉人其所指定的仲裁员姓名时，则第二名仲裁员的任命应依下列方式进行。（1）如果被诉人是苏联的外贸组织，则此第二名仲裁员应由苏联工商联合会任命。（2）如果被诉人是美国的法人或自然人，则此第二名仲裁员应由美国仲裁协会任命。（3）在收到申诉人的请求十五天内，如苏联工商联合会或美国仲裁协会，根据各自具体情况，没有以电报或电传方式把第二名仲裁员的姓名通知申诉人时，则该第二名仲裁员应由斯德哥尔摩商会任命。

第六条：经这样指定的两名仲裁员应选定第三名仲裁员担任仲裁庭的主席。如果在第二名仲裁员指定后的三十天内，两名仲裁员未能就首席仲裁员达成协议，则经一方当事人的请求，首席仲裁员应当由斯德哥尔摩商会依照下列方式任命。（1）斯德哥尔摩商会应向双方当事人各提交一份相同的名单，名单上载明苏联工商联合会和美国仲裁协会当时制定的通行的首席仲裁员共同名册中所列入的全体人员的姓名。（2）当事人每一方在收到名单后十五天内，可在名单中剔除其所反对的人员的姓名，但不得超过名单中人名的半数以上並将其余的人名按照自己选择定当之优先顺序依次编号排列，然后将该名单送还斯德哥尔摩商会。（3）在上述期间届满后，斯德哥尔摩商会应就送还的名单上没有被剔除的人名中按照双方当事人所表明的选择优先顺序任命一名首席仲裁员。（4）如果当时未能获得共同名册或被当事人剔除后在名单上剩下来的人员都不愿或不能担任首席仲裁员，则斯德哥尔摩商会应在共同名册以外指定一名不属于苏联或美国国籍的人员担任主席仲裁员。

第七条：仲裁，包括裁决的作出，应在瑞典斯德哥尔摩进行。

第八条：双方当事人尽最大的努力就仲裁过程中使用单独一种语言达成协议，借以节约时间和费用。但如果双方当事人未能就使用单独一种语言取得协议时，则：（1）当事人每一方都要以英文和俄文呈递各自的申诉书或答辩书和其他书面的陈述。（2）任何其他文件或证件仅在仲裁员认为必要时才需予以翻译。（3）在所有的口头审讯中都必须提供俄文和英文两种口译。（4）裁决及其作出的理由都要以俄文和英文两种书面的形式作出。

美苏两国的商人,如果在订立合同的时候,认为"美苏贸易合同中应用之选择性仲裁条款,1977 年"全文太长,也可以采纳条款的简略格式:

"由于本合同而发生的或与本合同有关的任何争议、争端或要求,或有关本合同的违约、终止或失效,应按照美苏贸易合同中应用之选择性仲裁条款(1977 年)的规定予以解决。"(美国仲裁协会与苏联工商联合会制定)此外,应当注意的是在条款全文第 6 条第 1 款中曾提到苏美常设仲裁机构制定的"首席仲裁员共同名册",但是这个名册究竟是如何制定的,条款中却未加以说明。由于首席仲裁员的决定关系重大,足以左右仲裁裁决的结果,因此,美国仲裁协会和苏联工商联合会共同制定了一个由 18 名著名律师和法官组成的名册。为了保证公平合理,在此 18 名人员中,6 名选自瑞典,6 名选自东欧各国(不包括苏联),其余 6 名则选自西方国家(不包括美国)。当情况需要时,第三名仲裁员(即主席仲裁员)应由斯德哥尔摩商会依照上述条款第 6 条第 1 款至第 3 款规定的"名单剔除"办法任命。

为了配合美苏选择性仲裁条款的订立和适应世界贸易发展的新形势,瑞典立法机构也在这个条款的商订过程中同时对其有关的仲裁立法进行了一次广泛的研究,结果于 1976 年也对本国的仲裁法规作了相应的修订。同时,斯德哥尔摩商会在一些杰出的法官、律师等的协助下也于 1976 年对其仲裁院的仲裁规则进行了修订,并且还发行了一本英文版的《瑞典的仲裁》(Arbitration in Sweden),对瑞典仲裁的做法进行介绍。

总之,这个条款的订立对美苏两国间的经济贸易往来而言是意义重大的,这个条款订立后,美国仲裁协会和苏联工商联合会都发表声明对此表示满意。在双方换文中,他们一致认为这个条款完全可以订进两国间的商事合同中并且认为它是选择性的,听凭两国订约人根据各自需要自由选择采用:采用与否、部分采用或以简略形式采用都可。看来,这个集中三国智慧、历经四年苦心商订的仲裁条款,无疑对美苏两国来说是平等互利的,从而起到了促进两国间经济贸易发展的作用。而且,这个仲裁条款也使瑞典仲裁在国际间的地位大大地提高了,因为条款中规定在美苏两国之间发生商事争议时,瑞典的斯德哥尔摩商会应充任仲裁员指定的权力机构(见该条款第 3 条)。从此,斯德哥尔摩商会仲裁院从开始设立之初的主要解决瑞典国内纠纷的国内仲裁机构,一跃而成为一个主要解决国际商事纠纷的国际商事仲裁机构。

斯德哥尔摩商会仲裁院在 20 世纪 70 年代为美国和苏联所承认,成为中立的东西方贸易争端解决中心。中国也于同一时期承认斯德哥尔摩商会仲裁院为新中国解决国际争端的机构。此后,斯德哥尔摩商会仲裁院不断扩展其在国际商事仲裁领域的服务,从而成为国际上最重要的、经常被选用的仲裁院之一。据美国 CORI 数据库的统计资料,在美国与其他国家签订的含有仲裁条款的合资企业合同中,相当高比例的条款规定仲裁由斯德哥尔摩商会仲裁院进行。[⑦] 而驰名中国的百事纠纷案、达能娃哈哈"分手"案等纠纷亦被提交斯德哥尔摩商会仲裁院解决。近年来,斯德哥尔摩商会仲裁院国内与国际案件的受理量均显著增长。国际案件数量占比接近 50%,这无疑体现了斯德哥尔摩商会仲裁院作为备受国际商界青睐的争议解决机构的优势地位。每年,来自多达 40 多个国家的当事人选择使用斯德哥尔摩商会仲裁院的服务。斯德哥尔摩商会仲裁院的国际地位由此可见一斑。斯德哥尔摩商会仲裁院国际地

⑦ 参见《国际仲裁科学探索》,陈福勇、丁建勇译,中国政法大学出版社 2010 年版,第 76~77 页。

位的造就，除得力于瑞典在美苏冷战时期的中立国地位外，还与其未对《纽约公约》做任何保留和当事人意思自治原则受到高度重视密不可分。

瑞典在加入1958年《纽约公约》之前，早在1929年就已经加入了1923年的《日内瓦仲裁条款议定书》和1927年的《关于执行外国仲裁裁决公约》。第一次世界大战后，对国际商事仲裁的需求增多导致了在巴黎重新建立的国际商会建议给仲裁订立一项国际公约，通过该公约修改当时不利的一些立法。例如，当时许多国家的法律规定只能将已经发生的纠纷经过当事人的约定提交仲裁，而不能事先约定将未来的纠纷提交仲裁。也就是说，把将来发生的纠纷提交仲裁的约定或条款是无效的。后来国际联盟采纳了这一建议，随之产生了1923年的《日内瓦仲裁条款议定书》（简称日内瓦议定书）。该议定书第1条宣布：无论将已有的或将要发生的纠纷提交仲裁的协议都是有效的。该协议书还规定了缔约国法院有义务命其受理的争议的当事人将双方已同意仲裁的争议提交仲裁。随着仲裁条款的国际有效性和强制效力的确立，下一步即关于仲裁裁决的国际执行并未花很长的时间。在国际联盟的倡导下，《关于执行外国仲裁裁决的公约》（简称日内瓦公约）于1927年在日内瓦缔结。该公约调整有关按照1923年日内瓦议定书项下的仲裁协议作出的仲裁裁决的执行事项。虽然这两个条约在1958年加入《纽约公约》的时候对瑞典和加入《纽约公约》的成员国之间就已经失效了，[⑧]但是，这两个条约在1958年之前（1929年至1958年），对瑞典与其他参加国之间维持一个良好关系，还是起到了很大的促进作用。

非常值得我们称道的是：瑞典在1958年加入《关于承认和执行外国仲裁裁决的公约》的时候，未做任何保留，态度非常决绝与彻底。《纽约公约》在其适用范围上确立了广泛性原则，即要求缔约各国承认和执行在任何外国（无论该外国是不是缔约国）作出的仲裁裁决。但是，这一新观念未能得到参加当年《纽约公约》谈判国家的一致接受。正因如此，为了使更多国家成为公约缔约国，《纽约公约》的起草者同时给了持传统观念的国家一种选择，即允许该类缔约国声明将该公约适用范围保留在“仅适用于在本国以外其他缔约国领土内作出的裁决”。这便是《纽约公约》第1条第3款所规定的“互惠保留”。例如瑞典是该公约的缔约国，但瑞典并未作“互惠保留”，因而在任何外国（并不限于缔约国）作出的仲裁裁决都可以依据《纽约公约》在瑞典申请承认和执行。从参加和批准公约的情况来看，目前大约有2/3的缔约国在公约的适用范围上作出了互惠保留。我国加入《纽约公约》时也作了互惠保留。这是因为如果我国不作互惠保留，那么我国不仅有义务承认和执行在其他缔约国领土内作出的裁决，而且同样有义务承认和执行在其他非缔约国领土内作出的裁决。相反，这些非缔约国却无义务按《纽约公约》承认和执行在我国境内作出的仲裁裁决，这显然对我国的仲裁裁决在境外的承认和执行不利。所以，根据我国已作出的互惠保留，我国仅有义务承认和执行在其他缔约国作出的外国裁决。到目前为止，已经有包括我国在内的142个国家和地区加入了这一重要公约。缔约国的范围已经遍及世界各地，包括发展中国家和发达国家、东方国家和西方国家、社会主义国家和非社会主义国家。由此可见，瑞典与许多国家存在有关仲裁的良好条约关系，

---

⑧ 根据1958年《纽约公约》第7条第2款的规定：1923年日内瓦仲裁条款议定书及1927年日内瓦执行外国仲裁裁决公约在缔约国间，于其受本公约拘束后，在其受拘束之范围内不再生效。

所以,斯德哥尔摩商会仲裁院仲裁庭所作出的裁决在世界范围内得到了广泛的承认和执行。也正是由于这许多方面的原因,国际商事关系中的中国当事人,在外方当事人要求选择在非中国商事仲裁机构进行仲裁时,大多会考虑选择在斯德哥尔摩商会仲裁院进行仲裁。

在瑞典法上,仲裁协议被视为当事人之间的契约,其有效性及相关解释依合同法而定;当事人可通过排除协议排除法院的审查,以充分保障仲裁的独立性;公共秩序保留规则在国际商事仲裁中被审慎地适用等。当事人意思自治原则不仅意味着对当事人合意的高度尊重,亦涵盖了当事人的自由受有合理约束之意,如仲裁协议的形式要求、仲裁协议的必要条款、仲裁庭对当事人选择的合理补足等。在起草仲裁法时,瑞典立法者就已经认识到当事人意思自治原则是瑞典仲裁法的核心原则。[9]《瑞典仲裁法》虽含有强制性条款,但大部分为非强制性条款,而 SCC 的成功,则很大程度上归功于其对当事人意思自治的着力维护。

瑞典的仲裁规则是很灵活的。如 SCC 没有仲裁员名单。当事人可自由指定任何国家、任何身份的人作为仲裁员,只要他们是完全民事行为能力人。通常他们选择自己国家的国民作为仲裁员。如果当事人未就仲裁员人数达成一致协议,则仲裁员人数为三人。每方各指定一名仲裁员,第三位仲裁员由仲裁院指定,第三位仲裁员将作为首席仲裁员。如果当事人约定由一名独任仲裁员仲裁,则该独任仲裁员由仲裁院指定。在其他情况下,当事人各指定同等人数的仲裁员,仲裁院指定一名仲裁员担任首席仲裁员。瑞典仲裁员一般是让外国律师用他习惯的方式呈递案件,只要这种不同的方式没有违反瑞典法律即可,并且除非一方当事人的代理律师的做法是肯定不当的,否则首席仲裁员不会干预。最经常的是仲裁庭与各方当事人一起制定出仲裁程序的指导性规范,以便与仲裁员和各方当事人的律师们的法律意见相衔接,其目的是平等地对待各方当事人,并给各方当事人充分的机会,陈明案情。[10]

瑞典的仲裁机构也是非常独立的。斯德哥尔摩大学国际法教授拉斯·耶纳曾撰文指出:瑞典的法院从来不能过问仲裁裁决的是非曲直,并且,法院也不能干预仲裁程序。只有在裁决作出之后,当事人才能向瑞典法院提出异议,而且仅限于程序性问题。所以,在瑞典进行仲裁时,仲裁员并不倾向于把自己看作在瑞典的国家法院处理案件。如果仲裁地选择在瑞典仅是附带性的,并且当事人中没有瑞典人,则更不会这样做。必须强调的是,瑞典仲裁有一种悠久而牢固的传统,即仲裁员必须根据法律裁决,而不是调解或根据公允及善良的原则去解决,除非当事人给予明确授权。[11]

三、斯德哥尔摩商会仲裁院的发展现状

斯德哥尔摩商会仲裁院总部设在瑞典首都斯德哥尔摩,下设理事会和秘书处:秘书处的职责包括日常案件管理、活动组织和出版物制作等。秘书处由秘书长领导,其 9 名成员掌握多种语言。秘书处下设三个分部,每个分部设一名法律顾问和一名办案秘书,可使用英语、瑞

---

⑨ 6. Govt. bill 1998/99;35 p. 43, Franke Magnusson, International Arbitration in Sweden A Practitioner's Guide, 2013, p. 5, www.kluwerarbitration.com.

⑩ 参见张守志:《斯德哥尔摩商会仲裁院国际仲裁的突出特征》,载《中国律师》1995 年第 11 期。

⑪ 拉斯·耶纳:《国际仲裁中的法律选择问题:特别关于瑞典的仲裁》,王晓晔译,载《环球法律评论》1984 年第 4 期。

典语、俄语、西班牙语或德语来管理案件的进行。当事人也可以在仲裁庭组成之后，在仲裁程序中约定使用其他语言。秘书处的办公地点位于斯德哥尔摩 Brunnsgatan 大街 2 号。

理事会由 1 名主席、2 ~ 3 名副主席以及最多 12 名其他成员组成，他们来自瑞典国内外，并且均为国际商事争议解决领域声望卓著和专业水平高超的专家。理事会成员也开始有来自我们中国的专家理事了，现任中国理事是李虎先生（中国国际经济贸易仲裁委员会副秘书长），2015 年 1 月 1 日接任 2014 年 12 月 31 日卸任的中国的专家于健龙先生（中国国际经济贸易仲裁委员会副主任兼秘书长）。理事会的职能是根据仲裁规则做出决定，这些决定的范围涵盖了初步管辖权、仲裁员任命、仲裁员资格异议和仲裁费用等各方面。

斯德哥尔摩商会仲裁院（SCC）为瑞典国内和全球提供商业争议解决服务。在瑞典和其他国家的公司希望以法庭诉讼以外的方式解决争议时，[⑫]SCC 能够为其提供仲裁和调解的方式。SCC 从 1917 年开始就是斯德哥尔摩商会的一部分，因此具有争议解决的长时间的经验。SCC 在这些年中已经发展成为世界上解决东西方争议的最前沿的仲裁院之一，而且已经成长为一个争议解决的国际中心，每年要为来自 40 多个不同国家的争议双方解决问题。目前，SCC 为客户提供以下四个方面的服务（以下内容和数据均来自 SCC 官方网站[⑬]）。

（一）调解

调解是一种快速、经济、有效地友好解决争议的方式。调解灵活而费用低，主要通过独立的第三方来确保双方认同的争议解决方式的可行性。在商业界碰到冲突是难免的，这样的冲突可能会造成很大的损失甚至合作的终止。斯德哥尔摩商会仲裁院制定了调解规则使通过调解建设性并高效地解决商业纠纷更易执行，使许多在法院和仲裁院的争议最终都通过和解解决了。这证明很多时候双方或代理都希望找到共同的解决办法。如果选择调解方式解决争议，不但效率高、费用低，还有可能维持商业合作。一般的调解可以在 1 ~ 2 个工作日完成，但是如果情况复杂可能会需要更多的时间。整个调解流程是建立在双方自愿的基础上。双方可以随时终止调解而选择法院或仲裁流程。选择 SCC 的调解规则有很多优势。在 SCC 调解规则下，调解是保密的，调解规则允许双方选择调解人作为仲裁员并且要求他在一项仲裁中确定和解协议。和解协议因此而具有可执行性。在调解中双方可以控制整个流程。调解员的任务首先是帮助双方确认他们达成的解决争议的决定是经过认真考虑的，无论这个决定是和解还是继续法律程序。调解方式的出发点是双方都认同通过调解员的协助来解决争议。调解协议可以像争议解决条款一样加在商业合同里。当然，即使合同中没有这样的条款，双方仍然可以一致同意按照调解规则进行调解。

（二）仲裁

仲裁是由仲裁机构提供的快速而高效的争议解决方式，此方式快速、高效、保密，其仲裁

---

⑫ 合同双方之所以会选择法庭诉讼以外的方式作为解决争议的渠道，原因是多方面的，而且依据具体情况而定。最常见的原因之一是解决的速度快一些。这样双方就可以很快得到决定并将主要的精力集中在核心业务上。另外一个比较常见的原因是双方有更多的可能来影响解决过程，比如他们可以指定由谁来为他们解决争议。

⑬ 参见《争议解决服务》，载斯德哥尔摩商会仲裁院官方网站：http://sccinstitute.com/chi/争议解决服务，最后访问日期：2017年2月1日。

裁定在150多个国家具有可执行性。仲裁比法庭诉讼耗时短,而且已成为传统并具有悠久的历史,这点不仅体现在争议双方习惯于选择仲裁为解决争议的方式的瑞典。仲裁要求争议各方之间有协议(仲裁协议)。在斯德哥尔摩商会仲裁院仲裁的前提是争议各方一致同意他们之间的争议将按照SCC的仲裁规则通过仲裁方式解决。最常见的方式是合同各方在主合同中加入一个条款(仲裁条款)。如果没有这样的一致意见,SCC将不能受理该争议。争议各方有很大的可能在仲裁中自行形成程序,指定仲裁员并且以此使仲裁庭中某种特殊知识的需求得到满足。仲裁员必须是公正和独立的。SCC在仲裁中的主要角色是根据SCC的规则做出裁决,包括:(1)指定仲裁员;(2)确定仲裁费用;(3)决定资格问题;(4)保证裁决及时作出。

仲裁从争议一方向SCC提出仲裁申请开始。提出仲裁申请的同时,申请方要向SCC支付仲裁申请费。根据SCC的规则申请费为3000欧元(不含增值税),包含增值税的费用是3750欧元。简单的仲裁申请的申请费为2500欧元(未含增值税3125欧元)。在瑞典国外登记的公司不用支付增值税。仲裁裁决是不能上诉的。仲裁员按以下规则选定:如果仲裁庭由一名独任仲裁员组成,当事人应当在10日内共同指定一名独任仲裁员。如果当事人未能在该时限内做出指定,理事会应当指定仲裁员。如果仲裁庭由一名以上仲裁员组成,每一方当事人应指定同等人数的仲裁员,首席仲裁员由理事会指定。如果一方当事人未能在规定时限内指定仲裁员,理事会应当予以指定。如果申请人、被申请人均为多方当事人,争议由一名以上仲裁员予以审理,申请人各方、被申请人各方均应各自共同指定同等人数的仲裁员。如果一方未能做出指定,则整个仲裁庭应当由理事会予以指定。

(三)快速仲裁

快速仲裁适合一些简单的争议。[14] 相比普通规则的仲裁,快速仲裁的流程更快。如果采用快速仲裁,双方也需要同意按照SCC快速仲裁的规则解决争议。一般双方会把此条款加在总合同中(仲裁条款)。如果双方缺少这样的协议,则SCC不可以用该方式处理争议。

按照快速规则,双方允许提供的意见书数量有限,而且通常时间限制比普通规则要短。所以快速仲裁比较适合简单的争议。启动快速仲裁的第一步是由其中一方向SCC递交仲裁申请。递交仲裁申请的同时,申请方要向SCC支付仲裁申请费。

(四)临时措施的快速决定

任何一方需要临时措施的话,可以申请一个应急仲裁员在5日内获得快速决定。有时一方在仲裁程序开始之前,需要得到临时措施的决定以确保该方权利。这时,按照SCC规则,该方可以向SCC申请任命应急仲裁员。在申请人提交应急仲裁员申请的同时,应向SCC支付申请费。申请书的副本由秘书处在收到后尽快发给另一方。SCC会尽可能在收到申请的24小时内任命一个应急仲裁员,应急仲裁员应在收到案件5日内作出决定。

临时决定对双方是有约束力的,但任何一方可以要求应急仲裁员修改或废除临时决定。

---

[14] 争议金额不超过100,000欧元时适用快速仲裁规则。争议金额超过100,000欧元时适用仲裁规则。争议金额超过100,000欧元但不超过1,000,000欧元时仲裁庭应由一名仲裁员组成。争议金额超过1,000,000欧元时,仲裁庭应由3名仲裁员组成。争议金额包括仲裁申请书中的索赔金额以及答复中的反请求金额。

仲裁庭不受应急仲裁员的决定或者论证理由的约束。仲裁庭可以决定使临时决定停止有效。如果仲裁程序在临时决定做出后30日内不启动,或仲裁案件没有在临时决定做出后90日内被提交仲裁庭,临时决定也停止有效。

(五)根据联合国国际贸易法委员会(UNCITRAL)仲裁规则的仲裁

SCC多年来一直在处理适用UNCITRAL仲裁规则的案件,但其通常只是作为委派机构。在该规则下,SCC也将担任案件管理机构的职能。SCC在新规则下的主要管理职能为:(1)委派仲裁员;(2)就对仲裁员的异议做出决定;(3)决定及管理有关仲裁费用的事宜。

当事双方可在争议发生以前或以后达成协议采用规则。对于2015年1月1日之后达成的仲裁协议,如指定SCC为管理机构,则除非双方另有约定,应包括SCC在UNCITRAL仲裁规则下担任委派机构的职能。SCC将根据适用于仲裁协议的具体UNCITRAL仲裁规则版本(1976年版和2010年版)而适用不同版本的规则。

(六)投资争议的处理

瑞典和SCC作为处理投资者与东道国之间的争议的平台在国际上有着领先的地位。1993年SCC受理了第一起投资争议。受理投资争议是1993年以来SCC开展的一项新业务,从此以后SCC陆续受理了大量的投资争议,其中主要是根据所谓的双边投资保护协定(BIT)。SCC是目前世界上解决投资争议的最权威的机构之一。

SCC在投资争议中的角色不尽相同。很大部分投资争议是根据SCC仲裁规则处理的。SCC仲裁规则在最常使用的投资争议规则中排名第三,同时SCC是继世界银行国际仲裁院投资争议解决中心(ICSID)之后世界排名第二的处理投资争议的仲裁院。SCC还可以在处理投资争议时根据联合国国际贸易法委员会仲裁规则作为任命机构。

瑞典和SCC被至少120个广为人知的双边投资保护协定和ECT列为投资者与东道国间争议的解决平台。其中61个投资保护协定说明SCC仲裁规则适用于投资争议。其他60个投资保护协定将SCC作为根据联合国贸易法委员会仲裁规则的任命机构或者将瑞典作为仲裁受理地。

如果引起仲裁的争议是基于一个投资保护协定,根据SCC规则,该仲裁程序的启动与正常的仲裁程序相同。投资者向SCC提交仲裁申请。在提交仲裁申请的同时,投资者要向SCC支付仲裁申请费。

按SCC官方网站提供的数据,2014年,SCC一共审理了183个案件,是1917年SCC成立以来的第五个案件数量最多的年度。2014年是SCC处理投资争议案件最多的一年,共受理了11个投资争议案件。这11个投资争议中,9个是按照SCC规则进行的仲裁,2个是按照指定应急仲裁员的规则审理的。从1993年起,SCC已经受理了一共73个投资争议。其中70%(有51个)的案件按照SCC规则审理。大多SCC的投资争议是基于多边投资保护协定的争议(BIT)(有32个)或者基于能源宪章条约的争议(ECT)(有13个)。但是,也有按照SCC规则由SCC受理的基于投资协议的争议(有6个)。

SCC在2014年受理的183个案件中,49%是瑞典的国内仲裁,51%是国际仲裁。这点清晰地证明了 SCC 是瑞典和国际商业社会解决争议时偏爱选择的机构。2014 年,来自 36 个国家的争议方选择 SCC 解决他们的争议。瑞典争议方依然是 SCC 最主要的主体。国际仲裁的争议方主要来自俄罗斯、英国、中国、德国和法国。2014 年,SCC 审理的仲裁案件涉及很多不同的领域,最常见的纠纷来自股份购买协议、服务合同、发货合同和建筑合同。大部分根据 SCC 规则审理的仲裁从案件登记到做出裁决用的时间是 6 个月到 12 个月。60% 的根据 SCC 规则审理的简易仲裁都在 3 个月到 6 个月期限内得到裁决。2014 年有 4 个申请应急仲裁员的案子,2 个是投资保护协议的合同,1 个股权转让的合同和 1 个建筑合同。

证券法

上市公司章程反收购条款:现状及法律分析

唐林垚*

自2015年"万宝之争"以来,为了防止所谓的"野蛮人"强势举牌争夺公司控制权,中国A股上市公司纷纷修改公司章程。① 根据新华社统计,自2016年以来,超过600家A股上市公司修改了公司章程,在公司章程条款中置入收购防御措施。② 根据《经济日报》的数据,截至2017年6月,超过620家A股上市公司章程中增设了反收购条款。③

一、上市公司章程反收购条款的九种类型

中国上市公司章程中的反收购条款,主要分为以下九种类型。

1. 提高股东提名权持股期限要求条款

第一类公司章程中常见的反收购条款是在公司章程中通过提高股东持股期限要求,限制股东行使提案权、提名权、征集投票权、自行召集和主持股东大会等权利,这也是上市公司章程中最常见、最普遍的一类反收购条款。

例如,《广东金莱特电器股份有限公司章程》第86条规定:董事、监事候选人名单以提案的方式提请股东大会表决。连续90日以上单独或者合并持有公司有表决权股份总数的5%以上的股东可以提出董事、监事候选人。④《岳阳兴长石化股份有限公司章程》第59条和《上海海利生物技术股份有限公司章程》第82条等均有股东连续持股90日以上才能够提名董事、监事候选人的类似规定。⑤ 而《湖南尔康制药股份有限公司公司章程》第83条、《上海二三四五网络科技有限公司章程》第82条、《乐通化工股份有限公司公司章程》第80条等均规定股东必须连续持股180日以上才具有提名董事和监事候选人的资格。⑥《浙江震元股份有限

---

* 中国社会科学院法学研究所助理研究员、博士后。

① 参见唐莹莹:《六百家上市公司改章程增反收购条款,投服中心称部分明显违法》,载http://finance.sina.com.cn/stock/s/2017-05-24/doc-ifyfqqyh8216145.shtml,最后访问日期:2017年11月11日。

② 参见桑彤:《A股600多家上市公司修改章程 "过度防御"或让中小股东沦为"局外人"》,载http://news.xinhuanet.com/fortune/2016-09/26/c_1119625379.htm,最后访问日期:2017年11月11日。

③ 参见温济聪:《逾620家上市公司增设反收购条款》,载http://www.ce.cn/xwzx/gnsz/gdxw/201706/15/t20170615_23634850.shtml,最后访问日期:2017年11月11日。

④ 金莱特公司章程(2014年3月),股票代码:002723。

⑤ 岳阳兴长公司章程(2016年4月),股票代码:000819。海利生物公司章程(2015年修订),股票代码:603718。

⑥ 尔康制药公司章程(2016年10月),股票代码:300267。二三四五公司章程(2017年4月),股票代码:002195。乐通股份公司章程(2016年4月),股票代码:002319。

公司章程》第35条规定:持续持股180日以上单独或者合并持有公司有表决权股份总数的3%以上的股东可以提名董事、监事候选人,每一提案可提名不超过全体董事1/9、全体监事1/5的候选人名额,且不得多于拟选人数。[7] 更有甚者,《上海会畅通讯股份有限公司章程》第55条规定,必须连续365日以上且单独或者合并持有公司有表决权股份总数的3%以上的股东才可以提出董事、监事候选人。[8]《上海大众公用事业(集团)股份有限公司章程》第79条甚至规定,关于公司分立、合并、解散、清算,更换董、监事会成员以及修改公司章程的议案,须连续三年以上单独持有公司20%以上股份的股东方有资格提出。[9]

2. 提高股东提名权持股比例要求条款

第二类公司章程中常见的反收购条款是在公司章程中通过提高股东持股比例要求,限制股东行使提案权、提名权、征集投票权、自行召集和主持股东大会等权利。

例如,《北京天坛生物制品股份有限公司章程》第82条规定,持有或合并持有公司表决权股份总数5%以上的股东,才能向上届董事会提出董事候选人和非职工代表监事名单。[10]《凯莱英医药集团(天津)股份有限公司章程》第96条规定,享有提名董事、监事权的股东,持股须在5%以上;第136条规定,提名独立董事的股东须持股10%以上。[11]《湖南梦洁家纺股份有限公司章程》第102条规定,董事候选人由董事会或占普通股总股份10%以上的股东单独或联合提出。[12] 而《上海移为通信技术股份有限公司章程》第82条规定:由持有或合并持有公司表决权股份总数15%以上的股东,向上届董事会提出董事、非职工代表监事候选人名单。[13]

3. 直接剥夺股东提名权条款

第三类公司章程中常见的反收购条款是通过公司章程直接限制甚至剥夺股东的提名权。

《上海大屯能源股份有限公司章程》第82条规定:董事提名的方式和选举程序,具体要由公司董事会与单独或者合并持有公司股份总额3%以上的股东协商后,由董事会提出拟选任董事的建议名单,董事会决议通过后,再由董事会以提案方式提交股东大会决议。监事提名的方式和选举程序,同董事类似。[14] 根据该公司的公司章程,在董事和监事的提名上,持股3%以上的股东的主要作用是同董事会"协商",而董事会掌握提名董事和监事的实权。《本钢板材股份有限公司章程》第82条规定:董事、监事候选人名单由控股股东推荐,公司当届(或前届)董事会提出,以提案的方式提请股东大会表决。[15] 该公司章程直接剥夺了除控股股东以外所有少数股东的提名权。甚至有一些上市公司章程直接剥夺了所有股东的提名权。《湖南千山制药机械股份有限公司章程》第82条规定:董事、监事候选人名单以提案方式提请股东大会表决。董事候选人由现任董事会提名,股东代表监事候选人由监事会提名,提交股东大会选举。[16]《锦州港股份有限公司章程》第82条规定,董事候选人提名程序为:单独或合并持有

---

⑦ 浙江震元公司章程(2017年4月),股票代码:000705。
⑧ 会畅通讯公司章程(2017年3月修订),股票代码:300578。
⑨ 大众公用公司章程(2017年修订),股票代码:600635。
⑩ 天坛生物公司章程(2016年修订),股票代码:600161。
⑪ 凯莱英公司章程(2016年12月),股票代码:002821。
⑫ 梦洁股份公司章程(2016年2月),股票代码:002397。
⑬ 移为通信公司章程(2017年5月),股票代码:300590。
⑭ 上海能源公司章程(2015年修订),股票代码:600508。
⑮ 本钢板材公司章程(2017年6月),股票代码:000761。
⑯ 千山药机公司章程(2017年6月),股票代码:300216。

公司3%以上股份的股东可以向董事会推荐董事候选人;公司董事会提名委员会对推荐的董事候选人资格进行审查;形成董事资格审查报告,提交董事会审议,确定董事候选人名单,提交股东大会选举。[17]《上海振华重工(集团)股份有限公司章程》第82条规定:下列各方有权提名公司董事、监事候选人:(1)董事会协商提名董事候选人;(2)监事会协商提名监事候选人。[18]

4. 增设收购方信息报告义务条款

第四类公司章程中常见的反收购条款是通过降低公司章程中信息披露的股权比例,增加收购方的信息报告义务。

《四川雅化实业集团股份有限公司章程》第45条规定:投资者通过证券交易所的证券交易,持有或者通过协议、其他安排与他人共同持有公司已发行的股份达到3%时,应当在该事实发生之日起3日内,向公司董事会作出书面报告。股东持有或者通过协议、其他安排与他人共同持有公司已发行的股份达到3%后,其所持公司已发行的股份比例每增加或者减少3%,应当依照前款规定进行报告。[19]

《内蒙古伊利实业集团股份有限公司章程》第38条曾经规定,任何持有或者通过协议、其他安排与他人共同持有本公司股份达到本公司已发行股份的3%以上股份的股东,应按照法律、行政法规、本章程或其他有关规定的要求,向公司及有关监管机构提交书面报告和进行公告。[20] 2017年4月内蒙古伊利实业集团股份有限公司章程修订后,3%的报告比例被提升至5%。[21]

5. 提升股东会表决通过比例条款

第五类公司章程中常见的反收购条款是将公司收购相关事项列为特别决议事项,并大幅度提升股东大会表决通过的股份比例。

2016年9月,方大集团股份有限公司先后修订了《公司章程》和《董事会议事规则》,主要提高了股东大会通过章程修订案及新增发行股份的表决比例至参加股东大会股东所持表决权3/4以上,提高了董事会通过章程修订案及新增发行股份的表决比例至全体董事的3/4以上。[22] 更有甚者,有些上市公司一度将涉及收购方及其一致行动人提交关于购买或出售资产、对外投资、对外担保等内容的议案规定表决通过标准提高至出席股东大会所持表决权的4/5。[23]

6. 限制董事会人事调整条款

第六类公司章程中常见的反收购条款是限制董事会人事调整的条款。类似于英美国家的"交错董事会条款"。交错董事会条款的实质是上市公司将董事会分成若干组,规定每一组

---

[17] 锦州港公司章程(2016年11月),股票代码:600190。

[18] 振华重工公司章程(2008年修订),股票代码:600320。

[19] 雅化实业公司章程(2016年7月),股票代码:002497。

[20] 参见桑彤:《A股600多家上市公司修改章程 "过度防御"或让中小股东沦为"局外人"》,载http://news.xinhuanet.com/fortune/2016-09/26/c_1119625379.htm,最后访问日期:2017年11月11日;伊利股份公司章程,股票代码:600887。

[21] 伊利股份公司章程(2017年4月修订),股票代码:600887。

[22] 参见桑彤:《A股600多家上市公司修改章程 "过度防御"或让中小股东沦为"局外人"》,载http://news.xinhuanet.com/fortune/2016-09/26/c_1119625379.htm,最后访问日期:2017年11月11日。

[23] 参见朱宝琛:《投服中心关注六类不当反收购条款公开发声:公司章程不应超越法律》,载中国资本证券网:http://www.ccstock.cn/stock/gupiaoyaowen/2017-05-24/A1495614939531.html,最后访问日期:2017年11月11日。

不同的任期，以使每年都有一组的董事任期届满，每年也只有任期届满的董事被改选。由于每年只能改选一定比例的董事，即使收购者收购上市公司足额股权，也无法对董事会进行实质性改组，从而无法控制公司。

《维信诺科技股份有限公司章程》第106条规定：董事会由9名董事组成，设董事长1名。为保持公司经营决策的稳定性和连续性并维护公司和股东的合法利益，在公司被恶意收购的情况下，新改组或换届的董事会成员应至少有2/3以上未辞职的原董事会成员（且至少包含1名独立董事）继续留任。[24]《上海中技投资控股股份有限公司章程》第107条规定：董事会由5名董事组成，设董事长1人。为保持公司经营决策的稳定性和连续性并维护公司和股东的合法利益，在发生恶意收购的情况下，新改组或换届的董事会成员应至少有2/3以上的原董事会成员继续留任。[25]《袁隆平农业高科技股份有限公司章程》第106条规定：为保持公司经营决策的稳定性和连续性并维护公司和股东的合法利益，在恶意收购的情况下，新改组或换届的董事会成员应至少有2/3以上的原董事会成员继续留任。[26]《国光电器股份有限公司章程》第95条第3款规定，每届董事会、监事会任职期间，改选（包括免职、增补、更换等）的董事或监事人数不得超过公司章程规定的董事会人数的1/3或监事会人数的2/3。在此期间，如因董事或监事辞职、依法不能再担任公司董事或监事的人数之和超过前述比例的情形除外。[27]

7. “金色降落伞”条款

第七类公司章程中较为常见的反收购条款是借鉴最早产生于美国的“金色降落伞”（golden parachute）条款。“金色降落伞”条款一般规定，董事和高级管理人员在公司被并购接管且被撤换时，将从公司一次性领取一笔巨额补偿金。

2016年6月7日，中国宝安集团股份有限公司（以下简称“宝安集团”）发布了修改《公司章程》的公告，拟在原公司章程第10条中加入“金色降落伞”条款：当公司被并购接管，在公司董事、监事、总裁和其他高级管理人员任期未届满前如确需终止或解除职务，必须得到本人的认可，且公司须一次性支付其相当于其年薪及福利待遇总和10倍以上的经济补偿，上述董事、监事、总裁和其他高级管理人员已与公司签订劳动合同的，在被解除劳动合同时，公司还应按照《中华人民共和国劳动合同法》另外支付经济补偿金或赔偿金。在宝安集团公布修改公司章程公告的当天，深圳证券交易所就向宝安集团发出关注函，要求公司说明相关条款制定的原因、背景及内部审议决策程序等问题。两周后，宝安集团对深圳证券交易所的关注函进行了回复，宝安集团表示，由于宝安集团的股权结构相对分散，容易成为被举牌目标，公司董事会基于公司的长远发展，为防止恶意收购给公司的正常生产经营活动带来混乱，特向股东大会提议修改《公司章程》，修订及增加有关条款。[28] 最终，宝安集团的“金色降落伞”条款成为宝安集团公司章程第10条的正式内容。[29]

---

[24] 维信诺科技股份有限公司章程（2016年10月），股票代码：002387。

[25] 中技控股公司章程（2017年2月），股票代码：600634。

[26] 隆平高科公司章程（2016年1月），股票代码：000998。

[27] 国光电器公司章程（2016年4月），股票代码：002045。参见周芬棉：《黑牛食品等公司奇葩章程严重违法：董事不选举可连任》，载 http://news.xinhuanet.com/fortune/2017-06/15/c_129633286.htm，最后访问日期：2017年11月11日。

[28] 参见谢宏辰：《“金色降落伞”策略是什么鬼？中国宝安出新招收关注函》，载 http://www.nbd.com.cn/articles/2016-06-23/1015388.html，最后访问日期：2017年11月11日。

[29] 宝安集团公司章程（2016年6月），股票代码：000009。

8. 赋予大股东特别权利条款

第八类公司章程中的反收购条款是赋予大股东请求董事会采取防御措施的特别权利。这实际上赋予了董事会依照大股东请求，而不是在股东大会上通过决议方式获得采取反收购防御措施的授权。这一类反收购条款并不常见。

《新疆天康畜牧生物技术股份有限公司章程》第43条规定：当公司面临恶意收购时，除收购方以外的其他单独或合计持有公司20%以上股份的股东有权以书面形式要求董事会采取法律、行政法规未予禁止的反收购措施。董事会接到该书面文件或决议后应立即采取和实施反收购措施。董事会应在采取和实施反收购措施后，立即按公司章程规定的公告方式向股东作出公开说明。[30]

9. 强迫大股东一致行动条款

第九类公司章程中的反收购条款直接规定面对收购时，公司大股东应该"统一行动"，否则将赔偿其他股东损失。

《兰州黄河企业股份有限公司章程》第31条规定：为保持公司稳定发展，保护全体股东的利益，如公司遭遇公开收购或恶意收购的情形时，前五名股东必须保持意思表示及其行动的一致和统一；否则意思表示或行动不一致的股东应以其所持本公司股份的25%作为对其他股东损失的赔偿[31]。[32]

二、反收购条款监管乏力与"内部人控制"问题横行

1. 有关部门监管乏力

很多上市公司在发出修改公司章程公告后，接到了来自上海证券交易所以及深圳证券所分别的问询函，要求披露在上市公司章程中置入反收购条款的依据及必要性，以及该条款是否有利于保护中小股东的合法权益。然而，面对上市公司堂而皇之、林林总总的回答，交易所显得束手无策；这也是为什么，如前文列举，很多上市公司在最新版公司章程中依然存在各式各样不合理的反收购条款。

2016年8月26日，证监会新闻发言人张晓军指出，上市公司章程中涉及公司控制权条款的约定需要遵循法律和行政法规的规定，不得利用反收购条款限制股东的合法权益。证监会依法监管上市公司收购及相关股份权益变动，发现违法违规行为将依法采取监管措施。2016年9月2日，上海证券交易所则在披露当月监管情况说明中表示，除了日常监管内容外，上海证券交易所对上市公司在公司章程中增设反收购条款、举牌方针对权益报告书中关于后续安排表述模糊等方面将加强监管，并加大了对公司章程增设反收购条款的监管问询力度。[33]

2017年5月24日，中国证监会直接管理的证券金融类公益机构——中证中小投资者服

---

[30] 天康生物公司章程(2016年11月修订稿)，股票代码：002100。

[31] 兰州黄河公司章程(2014年12月)，股票代码：000929。

[32] 本章节论述，除各公司章程之外，还主要参考周芬棉：《上市公司章程违法增设反收购条款限制股东提名提案权问题突出》，载法制网：https://www.sohu.com/a/146245421_120809，最后访问日期：2017年6月21日。

[33] 参见唐莹莹：《六百家上市公司改章程增反收购条款，投服中心称部分明显违法》，载 http://finance.sina.com.cn/stock/s/2017-05-24/doc-ifyfqqyh8216145.shtml，最后访问日期：2017年11月11日。

务中心发文称,“公司章程不应当超越法律,反收购条款不应同法律、法规相悖;不合理地限制股东权利或增加股东义务、抬高股东行权门槛,侵害上市公司和其他广大中小股东的合法权益,影响公司正常治理,不利于上市公司长远发展”。中证中小投资者服务中心还表示,将“持续关注此类问题,依法行使质询、建议权,督促上市公司修改章程,对拒不改正、性质恶劣的上市公司将向监管部门报告、提起诉讼、提请法院确认相关决议无效”。

2.“内部人控制”问题严重

中国上市公司章程中屡见不鲜的反收购条款,反映出我国部分上市公司中“内部人控制”现象严重。“内部人控制”是由斯坦福教授青木昌彦(Masahiko Aoki)最早提出来的概念,指现代企业中的所有权与经营权分离,而所有者与经营者利益的不一致,导致经营者或控股股东控制公司,即“内部人控制”的现象。筹资权、投资权、人事权等都掌握在公司的“实际控制人”手中即内部人手中,股东很难对其行为进行有效的监督。由于权利过分集中于“内部人”,因此中小股东的利益受到不同程度的损害。[34] 在分析转轨国家的公司治理时,青木昌彦指出:“在转轨国家中,在私有化的场合,大量的股权为内部人持有,在企业仍为国有的场合,在企业的重大决策中,内部人的利益得到有力的强调。”[35]

中国上市公司中的内部人控制问题,同严重的“国有股东缺位”问题相伴相随。

1979 年 7 月,以“放权让利”为重点的企业改革在全国范围内正式开始;1986 年,股份制试点在国有中小企业中开展起来。自 2005 年股权分置改革后,直到今天,我国多数上市公司中,国有股“一股独大”的情况依然存在。根据万得金融数据库统计,股权分置改革只是略微降低了中国上市公司股权集中的程度:中国上市公司中平均最大持股比例从 2004 年的 41.9% 到 2006 年的 36.2%,再到 2015 年 35%;从 2006 年到 2015 年最大股东持股低于 10% 的上市公司数量轻微上升,最大股东持股 10% ~30% 的上市公司数量轻微上升。[36]

当国有企业改组为公司或国有资产投入上市公司后,名义上,国有股的产权是清晰的,国有股也是明确的,但事实上,没有一个真正的主体对国家的这部分股权负责,甚至包括国有资产管理公司。由于我国的国有资产一直实行的是“国家所有、分级管理”的原则,国有资产实际上由各级政府机构代表国家进行具体管理。由于产权属于国家,国有企业不存在严格意义上的委托人。国有资产部门作为全民的代理人来监管和控制国有资产时,很难找到“一心为公、铁面无私”的管理人,也难以发现和任命有能力的企业家。另一方面,当被任命的资产监督者们无需为自己的选择承担任何风险或者风险损失小于从内部人所获取的收益时,这些资产管理人往往疏于监督,也不负责任。因此,国有资产部门这个代理人的活动主体缺位的现象普遍存在。[37]

公司的存在价值就是谋取利益,但国有股东功能丧失,导致公司治理结构缺损,大股东缺位或者同“内部人”沆瀣一气使中小股东不能有效地约束和激励董事、经理等高级管理人员的行为,引发董事谋私、经理弄权、财务总监腐败、大股东欺压小股东等一系列不良甚至违法犯

---

[34] Aoki, Masahiko, *Toward a comparative institutional analysis*, MIT press, 2001.
[35] 青木昌彦:《对内部人控制的控制,转轨经济中公司治理的若干问题》,载《改革》1994 年第 6 期。
[36] Hui Huang, *Securities and Capital Markets Law In China*, Oxford University Press, 2014, § 10.2.
[37] 参见熊丽:《国有企业两权分离过程中的内部人控制问题》,载《知识经济》2015 年第 18 期。

罪行为。

在国有股东缺位的上市公司中,董事会、管理层往往控制着公司大权;在私有化程度较高的上市公司中,公司大股东尤其是控股股东掌握着公司的绝对控制权。上市公司章程中的反收购条款或赋予董事会更加稳固的地位(不容易被撤换),或赋予大股东直接明令董事会采取防御措施的权力,这从侧面反映出了这些"内部人"对敌意收购的恐惧,也在一定程度上,证明了敌意收购是改善中国公司治理的一剂良方。

无论敌意收购对中国公司治理环境是好是坏,下面我们单从法律规定的角度来探讨上市公司章程中反收购条款的(不)合理性。

三、上市公司章程反收购条款法律分析与应然

1. 损害公司股东"合法权益"的反收购条款应属无效

第一类、第二类以及第三类公司章程中常见的反收购条款,分别通过提高股东持股期限要求、持股比例要求以及直接改变程序的方式,限制股东行使提案权、提名权、征集投票权、自行召集和主持股东大会等权利。这种反收购条款的违法性显而易见,应当属于无效条款。

《上市公司收购管理办法》第8条明确指出,"……被收购公司董事会针对收购所做出的决策及采取的措施……不得损害公司及其股东的合法权益"。因此,股东的合法权益不应该成为董事会采取防御措施的牺牲对象。[38]

那么,何谓"股东合法权益"呢?《公司法》中对股东的几项重要赋权式规定,阐释了收购中"股东合法权益"的内涵。

《公司法》第37条第1项、第7项、第8项、第9项、第10项明确赋予了股东对包括决定公司的经营方针和投资计划,对公司增加或者减少注册资本作出决议,对发行公司债券作出决议,对公司合并、分立、解散、清算或者变更公司形式作出决议以及修改公司章程等事项作出决议;《公司法》第39条、第100条和第101条明确赋予了代表1/10以上股份的股东召开临时股东会会议的权利。[39]《公司法》第102条明确赋予了单独或合计持有3%以上股份的股东在股东大会召开10日前提出临时提案的权利。《公司法》第100~102条赋予了股东召开临时股东大会以及持股3%以上股东提出临时提案的权利;[40]《上市公司股东大会规则》第14条确认了持股3%以上股东提交临时提案的权利。[41] 除此之外,国务院办公厅早在2013年12月就已经明确指出:"……上市公司不得对征集投票权提出最低持股比例限制。完善上市公司股东大会投票表决第三方见证制度……上市公司控股股东、实际控制人不得限制或者阻挠中小投资者行使合法权利,不得损害公司和中小投资者的权益……"[42]

由此可见,提请召开临时股东大会、持股3%以上股东行使临时提案权、对公司重大事项

---

[38] 《上市公司收购管理办法》第8条。
[39] 《公司法》第37条、第39条、第100条。
[40] 《公司法》第100~102条。
[41] 《上市公司股东大会规则》第14条。
[42] 《国务院办公厅关于进一步加强资本市场中小投资者合法权益保护工作的意见》(国办发〔2013〕110号),第四章,健全中小投资者投票机制。

进行决议、召集和主持临时股东大会是《公司法》等一系列法律法规赋予股东神圣不可剥夺的权利,针对该权利不存在其他附加条件,也未对持股期限做任何限制规定。另一方面,董事会收到提案后应当提交股东大会,不得将本来归属于股东大会的董事、监事候选人审查、决策权变相转移至董事会。对于《公司法》等法律设定持股比例3%、持股比例10%以及无期限要求的规定,上市公司不应该出于防御收购的目的擅自提高,并且不应对征集投票权提出最低持股比例限制,否则将会极大地损害股东、尤其是中小股东的合法权益。[43]

2. 不正当限制投资人"交易自由"的条款应当无效

第四类公司章程中常见的反收购条款通过降低公司章程中信息披露的股权比例,增加收购方的信息报告义务。这一类反收购条款对投资者的交易自由构成了不当限制,也应属于无效条款。

《证券法》第86条为证券交易的信息披露以及"小步走规则",均设定了5%的门槛。[44]《证券法》第86条5%的披露线以及"小步走规则"是对大额持股股东施加的信息披露义务,该规定充分考虑了中国证券市场的诸多实际情况,包括信息披露成本、披露的必要性、证券交易效率以及信息披露对股价的综合影响等因素,旨在保护股东知情权、保障证券交易行为的公平、公正、公开以及防止内幕交易及市场操纵行为。然而,对大额持股股东施加的信息披露义务不应该由于目标公司董事会防御收购而被过度放大。将持股披露线以及每次披露比例从5%降至3%,实际上侵害了股东的自主交易权利以及商业秘密的保护权。降低法律规定的披露标准也必然降低商事交易的效率,对投资者交易自由构成不当限制。

3. 提升表决通过比例的反收购条款不应违反公司法规定

第五类公司章程中常见的反收购条款,是将公司收购相关事项列为特别决议事项,并大幅度提升股东大会表决通过的股份比例。

《公司法》第103条对股东大会的决议方式有明确规定。"股东出席股东大会会议,所持每一股份有一表决权。但是,公司持有的本公司股份没有表决权……股东大会作出决议,必须经出席会议的股东所持表决权过半数通过。但是,股东大会作出修改公司章程、增加或者减少注册资本的决议,以及公司合并、分立、解散或者变更公司形式的决议,必须经出席会议的股东所持表决权的三分之二以上通过。"[45]

由此可见,公司的一般事项由股东所持表决权半数通过,而特别事项由股东所持表决权2/3以上通过,除此之外,《公司法》并未规定任何第三种决议的效力形式,也没有公司可自行修改表决权比例的授权性规定。

针对发行优先股的上市公司,《上市公司股东大会规则》对公司特别事项的决议有更严格的规定。第23条第2款、第3款规定:"优先股股东不出席股东大会会议,所持股份没有表决权,但出现以下情况之一的,公司召开股东大会会议应当通知优先股股东,并遵循《公司法》及公司章程通知普通股股东的规定程序。优先股股东出席股东大会会议时,有权与普通股股东

---

[43] 参见周芬棉:《上市公司章程违法增设反收购条款　限制股东提名提案权问题突出》,载法制网:https://www.sohu.com/a/146245421_120809,最后访问日期:2017年6月21日。

[44] 《证券法》第86条。

[45] 《公司法》第103条。

分类表决,其所持每一优先股有一表决权,但公司持有的本公司优先股没有表决权:(一)修改公司章程中与优先股相关的内容;(二)一次或累计减少公司注册资本超过百分之十;(三)公司合并、分立、解散或变更公司形式;(四)发行优先股;(五)公司章程规定的其他情形。上述事项的决议,除须经出席会议的普通股股东(含表决权恢复的优先股股东)所持表决权的三分之二以上通过之外,还须经出席会议的优先股股东(不含表决权恢复的优先股股东)所持表决权的三分之二以上通过。"[46]

不难看出,对于发行了优先股的上市公司,《上市公司股东大会规则》也只是要求出席会议的优先股股东所持表决权的2/3通过,并没有提高《公司法》中规定的2/3门槛。

股东出席股东大会,所持的每一股才具有一表决权。现实的情况是,小股东、甚至中小股东几乎不出席股东大会,因此,大股东手上的股份,实际上具有更大比例的表决权。在很多上市公司的公司章程中,将部分事项的表决权比例提升至3/4,相当于人为设定了大股东的一票否决权,这是对公司"资本多数决"原则的侵蚀,增加大股东和小股东之间的代理成本,让公司"内部人"控制现象严重。大股东具有一票否决权,让大股东可以为了自身短期利益否决任何对公司长远发展有利的提案,严重损害了中小股东的利益。

不过,《公司法》也明确规定了在一定情况下,股东会的议事方式和表决程序可以由公司章程自行规定。《公司法》第43条第1款规定:"股东会的议事方式和表决程序,除本法有规定的外,由公司章程规定。"但是,《公司法》第43条只允许上市公司就"本法没有规定"的事项,采用公司章程规定例外的议事方式和表决程序。因此,人为提升股东大会表决通过的股份比例的反收购条款,要看所表决通过的事项,是否在《公司法》的规定之内;不在《公司法》规定之内的事项,可以自行规定。然而,敌意收购中同公司管理层利益攸关的各项事项(增加减少注册资本、发行新股、公司合并分立等事项),均属于《公司法》已经规定的范围。

4. 限制董事会人事调整的反收购条款不应当过分

第六类公司章程中常见的反收购条款是通过各种规定对董事会人事调整施加限制,这一类的反收购条款也不同程度地侵犯了公司股东的"合法权益"。

《公司法》第4条、第37条和第45条赋予了公司股东依法享有选择公司董事会成员的权利,董事的选举和更换,必须经过股东大会决议。《上市公司股东大会规则》第32条规定了董事的选任在股东大会上可采取累积投票制。

总之,选举董事是公司法赋予股东的基本权利,而股东大会决议是董事产生或更换的必经程序。虽然董事可以连选连任,但前提是股东大会选任了才能连任。公司章程不得剥夺或者限制股东推选董事的权利,也不得通过各种规定变相延长董事法定最长三年的任期。另外,《公司法》第146条规定了董事的任职资格,通过一个负面清单列举了董事的消极资格,并未对董事的积极资格作出强制性规定。因此,上市公司章程中董事资格的限制条款也不宜自由创设董事的积极资格,对公司收购行为作出不合理的限制。

5. "金色降落伞"条款中补偿金额应当适度

第七类公司章程中较为常见的反收购条款是借鉴最早产生于美国的"金色降落伞"

---

[46] 《上市公司股东大会规则》第23条。

(Golden parachute)条款,其实质是一种特殊形式的管理层雇用和薪酬契约。

在实践中,“金色降落伞”条款不仅是一种常见的反收购手段,而且是一种常见的股权激励方式,主要是将公司高管的利益同公司绑定在一起,减少公司管理层同公司股东之间的代理成本。[47]

我国《公司法》37 条规定:“股东会行使下列职权:……(二)选举和更换非由职工代表担任的董事、监事,决定有关董事、监事的报酬事项。……”第 46 条规定:“董事会对股东会负责,行使下列职权:……(九)决定聘任或者解聘公司经理及其报酬事项,并根据经理的提名决定聘任或者解聘公司副经理、财务负责人及其报酬事项。……”可见,股东会决议决定公司董事、监事的报酬,而董事会决议决定经理、副经理以及财务负责人的报酬。[48]

要在公司章程中增加“金色降落伞”条款,只需按照《公司法》第 37 条以及第 43 条的规定,通过股东大会特别决议,以三分之二以上表决权通过公司章程的修改议案就行。因此,理论上而言,《公司法》并不禁止“金色降落伞”条款的使用。而且,中国证监会鼓励上市公司通过股权激励的方式“促进形成资本所有者和劳动者的共同利益体、调动公司高管及核心员工积极性、稳定员工队伍、完善公司治理机制”,[49]并制定了专门的《上市公司股权激励管理办法》,其中,第 2 条第 1 款规定:“本办法所称股权激励是指上市公司以本公司股票为标的,对其董事、高级管理人员及其他员工进行的长期性激励。”第 8 条第 1 款规定:“激励对象可以包括上市公司的董事、高级管理人员、核心技术人员或者核心业务人员,以及公司认为应当激励的对公司经营业绩和未来发展有直接影响的其他员工,但不应当包括独立董事和监事。在境内工作的外籍员工任职上市公司董事、高级管理人员、核心技术人员或者核心业务人员的,可以成为激励对象。”[50]

《上市公司收购管理办法》中,亦没有对“金色降落伞”条款的明确禁止。不过,《上市公司收购管理办法》明确规定,被收购公司的控股股东或者实际控制人不得滥用股东权利损害被收购公司或者其他股东的合法权益。[51]

“金色降落伞”条款一般规定,在公司控制权变更的情形,公司将向原管理层支付一大笔补偿金。根据《上市公司收购管理办法》第 7 条的内涵,该补偿金不宜过度,因为过量的补偿金必然会损害股东的利益。

6. 公司章程自治不能违反强行法规定

第八类公司章程中的反收购条款赋予公司董事会在“大股东”的请求下,采取收购防御措施的权力,这一类反收购条款是对《公司法》《上市公司收购管理办法》相应法律法规赤裸裸的违反。

《公司法》第 37 条、第 46 条分别规定了公司股东会和董事会的相应职权。董事会的基本角色是向股东会提出各项计划和方案,在股东会形成决议后执行股东会的决议,而股东会具

[47] 公司一旦出售,公司管理层便能够获得巨额收益,而公司的出售给股东们也带来了股份溢价。因此,有金色降落伞条款的存在,公司管理层巩固自己控制权的决心就没有那么坚定了。

[48] 《公司法》第 37 条、第 46 条。

[49] 证监会:《〈上市公司股权激励管理办法〉起草说明》,载 http://www.csrc.gov.cn/pub/shenzhen/ztzl/ssgsjgxx/jgfg/sszl/201607/t20160725_301111.htm,最后访问日期:2017 年 6 月 22 日。

[50] 《上市公司股权激励管理办法》第 2 条、第 8 条第 1 款。

[51] 《上市公司收购管理办法》第 7 条第 1 款。

有公司重大事项的决策权。[52] 另一方面,《上市公司收购管理办法》第 33 条明确规定,采取收购防御手段的授权方是股东大会,董事会采取绝大多数防御手段必须得到股东大会批准:"收购人作出提示性公告后至要约收购完成前,被收购公司除继续从事正常的经营活动或者执行股东大会已经作出的决议外,未经股东大会批准,被收购公司董事会不得通过处置公司资产、对外投资、调整公司主要业务、担保、贷款等方式,对公司的资产、负债、权益或者经营成果造成重大影响。"[53]同时,《公司法》第 126 条明确规定了"同股同权"原则,而额外赋予"大股东"请求采取防御措施的权力是对该原则的违反。[54]

以《新疆天康畜牧生物技术股份有限公司章程》第 43 条为例。该条款规定:"当公司面临恶意收购时,除收购方以外的其他单独或合计持有公司百分之二十以上股份的股东有权以书面形式要求董事会采取法律、行政法规未予禁止的反收购措施。董事会接到该书面文件或决议后应立即采取和实施反收购措施。董事会应在采取和实施反收购措施后,立即按公司章程规定的公告方式向股东作出公开说明。"[55]不难看出,《新疆天康畜牧生物技术股份有限公司章程》中的规定,是试图用持股 20% 以上股东的书面请求替代股东会的决议,用董事会的书面公告方式合理化本应由公司股东"资本多数决"作出决议的防御行为。而且,《新疆天康畜牧生物技术股份有限公司章程》也没有对董事会可以采取的"反收购措施"进行进一步规定和说明,明显忽略中小股东的意见而直接赋予了董事会越权采取防御手段的权力。公司章程自治不能违反强行法规定,因此这一类反收购条款应当归于无效。

7. 公司反收购条款不得限制股东决策自由、损害被收购公司股东利益

第九类公司章程中的反收购条款直接规定面对收购时,公司大股东应该"统一行动",否则将赔偿其他股东损失。这一类反收购条款不仅限制了股东决策自由的权利,同时还使用民事赔偿手段来限制商事活动中股东的自由意志。

《公司法》第 4 条明确赋予了股东依法享有资产收益、参与重大决策和选择管理者等权利。[56]《上市公司收购管理办法》第 6 条也明确规定,任何人,都不得利用收购损害被收购公司及其股东的合法权益。[57] 该规定中的任何人,想必也包括被收购公司的股东自己。

以《黄河企业股份有限公司章程》(以下简称《黄河股份公司章程》)第 31 条为例。该条例规定:"为保持公司稳定发展,保护全体股东的利益,如公司遇公开收购或恶意收购的情形时,前五名股东必须保持意思表示及其行动的一致和统一;否则意思表示或行动不一致的股东应以其所持本公司股份的 25% 作为对其他股东损失的赔偿。"[58]

《黄河股份公司章程》第 31 条主要的约束对象,是"公司前五名股东";根据该条规定,前五名股东在公开收购或恶意收购的情形下,必须"统一行动"且"言行一致",这无疑侵犯了《公司法》赋予股东自由决策的基本权利。况且,公司的"前五名股东",本身也都是收购中股份"溢价"的受益人。强迫股东必须同别的股东一致行动,如果不一致行动就必须赔偿,这是

---

[52] 《公司法》第 37 条、第 46 条。
[53] 《上市公司收购管理办法》第 33 条。
[54] 《公司法》第 126 条。
[55] 天康生物公司章程(2016 年 11 月修订稿),股票代码:002100。
[56] 《公司法》第 4 条。
[57] 《上市公司收购管理办法》第 6 条。
[58] 兰州黄河公司章程(2014 年 12 月),股票代码:300216。

赤裸裸地利用收购损害被收购公司股东合法权益。惩罚数额之大(所持本公司股份的25%),也令人啧啧称奇。

总之,这类限制股东决策自由、损害被收购公司股东权益的条款,应当被一概禁止。

四、总结

我国《证券法》及《公司法》均未对反收购行为进行明确限制,不过,反收购行为也并非上市公司董事会或者控股股东的法定权利。中国《公司法》具有“股东会中心主义”的特征,股东大会是公司的权力机构,董事会对股东大会负责,对全体股东负责。《上市公司收购管理办法》第8条第2款明确指出“被收购公司董事会针对收购所做出的决策及采取的措施……不得损害公司及其股东的合法权益”。第33条也明确指出“……未经股东大会批准,被收购公司董事会不得……对公司的资产、负债、权益或者经营成果造成重大影响”。由此可见,股东的合法权益,不应成为公司董事会反收购的牺牲品,而上市公司反收购的决策,股东大会应当具有主要决定权。公司章程不应赋予董事会、控股股东或任何公司“内部控制人”特别权力,不得违反《公司法》和《证券法》等强行法规定、不得违反“同股同权”的强制性法律规定。

诚然,公司章程是实现公司私法自治的载体。2014年《公司法》中有大量授权型和补充型规范,其中出现了86次“可以”,多次出现诸如“公司章程另有规定的除外”“除公司章程规定”等表述,因此公司可以就法律中未有明文规定或强制规范的部分进行意思自治。上市公司修改公司章程,需要通过股东大会特别决议表决通过,《公司法》第22条第1款规定:“公司股东会或者股东大会、董事会的决议内容违反法律、行政法规的无效。”由此可见,不违反法律法规是公司章程自治的前提条件。对于《公司法》和《证券法》未明确规定的事项,公司章程也不得违反基本法理和立法本意。

更重要的是,公司章程具有涉他性,公司章程自治也不得侵犯他人的合法权利,不得有损法律、法规所保护的相关方之合法权利。[59] 中国上市公司章程中的诸多反收购条款,极大地保护了“公司内部人”的利益,却以损害公司、中小股东甚至收购人的合法权益为代价。固化公司董事会、管理层的各类条款,将让我国上市公司中本来就很严重的“内部人控制”问题愈演愈烈;董事会、管理层制定的“金色降落伞”条款如果赔偿金额过高,一旦触发,将极大削减上市公司的净利润,对广大中小股东权益造成实质损害;直接赋权“控股股东”要求董事会采取防御手段的条款赤裸裸剥夺了中小股东在收购中公司事项决策的话语权。

纵观中外公司发展史,市场化收购包括敌意收购能有效促进市场资源的合理配置、公司发展的协同效应。在美国,敌意收购被认为是提升公司治理的良方。[60] 而英国《英国城市收购及合并守则》以及欧洲《欧盟收购指令》为了促进收购产生,一律禁止董事会在获得股东大会的授权之前采取任何可能会挫败要约收购的防御手段。[61] 近年来,证监会采取了一系列促进

---

[59] 参见朱宝琛:《投服中心关注六类不当反收购条款公开发声:公司章程不应超越法律》,载中国资本证券网:http://www.ccstock.cn/stock/gupiaoyaowen/2017-05-24/A1495614939531.html,最后访问日期:2017年11月11日。

[60] See Manne, Henry G., “Mergers and the market for corporate control”, *Journal of Political economy* 73.2(1965):110-120.

[61] The Panel on Takeovers and Mergers, The City Code on Takeovers and Mergers(12th ed. 2016), Part I18, Rule 21.1; Council Directive 2004/25, Art. 9, 2004 O.J. (L142)8(EC).

收购产生的措施。2014 年全国人大常委会修改了《证券法》,取消上市公司收购报告书事前审核行政许可。证监会还修修订了《上市公司重大资产重组管理办法》,对上市公司重大资产购买、出售、置换行为,除构成借壳上市外,全部取消审批。2016 年证监会修订《上市公司收购管理办法》,简化了要约收购义务豁免审批的情形并完善了并购重组股份定价机制。[62]

另一方面,时任证监会主席刘士余在 2016 年 12 月猛烈批评野蛮人强盗式收购是挑战国家金融法律法规的底线,是人性和商业道德的沦丧,根本不是金融的创新,并同时表示挑战刑法将开启牢狱大门。[63] 因此,不可否认,上市公司为防止"野蛮人"入侵、阻止违规收购,在公司章程中置入合法反收购条款无可厚非,也符合立法本意。

但我们必须意识到,上市公司不能因为管理层或者大股东的一己私利而超越法律规定,通过在公司章程中置入反收购条款的方式为正当收购行为设置不合理障碍,损害中小股东合法权益,使现有法律法规形同虚设、恶化公司治理环境、破坏资本市场正常秩序。[64] 对于违反法律法规、明显不合理的公司章程反收购条款如果听之任之,不及时要求改正,后果堪忧。

---

[62] 参见王小伟:《证监会多举措促进并购重组市场化》,载 http://news. xinhuanet. com/fortune/2015 -08/15/c_128131049. htm,最后访问日期:2017 年 6 月 23 日。

[63] 《刘士余批野蛮人强盗式收购:是人性和商业道德的沦丧》,载中国证监会网站:http://finance. sina. com. cn/stock/y/2016 -12 -03/doc-ifxyiayq2182505. shtml,最后访问日期:2017 年 6 月 20 日。

[64] 参见朱宝琛:《投服中心关注六类不当反收购条款公开发声:公司章程不应超越法律》,载中国资本证券网:http://www. ccstock. cn/stock/gupiaoyaowen/2017 -05 -24/A1495614939531. html,最后访问日期:2017 年 11 月 11 日。

台湾地区"金融消费者保护法"内容以及案例介绍

郑韶昉*

2008年金融海啸的发生,是由于对金融产品规范以及金融消费者保护缺乏而引发的灾难;除了对金融机构活动的监管哲学从亚当·斯密转向凯恩斯主义,为了维护全球金融稳定,各国纷纷将金融消费者权益的保护,纳入稳定金融秩序的重点工作。

我国在互联网蓬勃发展的背景下,加速金融活动的发展,开创了新兴产业"互联网金融";我国互联网金融发展的飞速、体量的庞大以及创新程度的爆发,引发国际关注与学习。

互联网金融的诞生,解决了部分融资难的困境,但是也因此引发了诸多金融乱象;我国现行法制下,关于金融消费者的保护除了在"一行三会"的框架下设立的消费者保护局或投资者保护局以及国务院办公厅在2015年11月4日公布实施的《国务院办公厅关于加强金融消费者权益保护工作的指导意见》外,对于金融消费权益实质内容以及保护措施,在我国仍处于立法前夕阶段。

此时,我国台湾地区在2011年12月30日施行的"金融消费者保护法"涵盖"组织法"、"程序法"以及"实体法"的内容,并分别在2014年6月、2015年2月以及2016年12月进行三次修订;如今,我国台湾地区"金融消费者保护法"施行迈向第八年,七年间对金融消费者权益保障的经验,或许可以提供我国大陆落实金融消费者保障的些许想法。

本文主要针对台湾地区"金融消费者保护法"中具有特色的内容进行介绍:首先对组织法进行介绍,其次结合金融消费争议案件对金融消费者权益保障的实体法内容进行介绍,最后梳理金融消费评议中心在处理纷争时适用"公平合理原则"的情形。

一、台湾地区"金融消费者保护法"组织法介绍

首先,"金融消费者保护法"的"立法"目的是以增进金融消费者对市场的信心,保护金融消费者权益为核心;且为了避免金融消费者保障发生真空的状态,金融消费权益保障机构不选择在各监管部门内设立,而选择设立与银行、证券以及保险监管部门同级的金融消费者争

* 清华大学法学院民商法学硕士研究生。

议处理机构，该机构即为“财团法人金融消费评议中心”；该机构实施人事任免以及财务经费的独立，如此实现以及保障该机构设立的唯一目的：落实金融消费者保障。

财团法人金融消费评议中心属于专门处理金融纠纷解决的争议解决的替代机制，主要职责为接受以及解决由金融消费者对金融机构提出的争议案件。

二、台湾地区“金融消费者保护法”“实体法”介绍

（一）金融服务业定义

根据“金融消费者保护法”第3条第1款规定，本“法”所谓的金融服务业包含银行、证券、期货、保险、电子票证以及其他主管机关公告的金融服务业。

因此，台湾地区基于对金融服务业的定义，将金融消费者权益的保障不以区分金融服务业类型而异其争议解决的途径；且根据上述定义已经涵盖多数金融服务的范围，因此具有加强金融消费者保护的力度。

（二）金融消费者定义

“金融消费者保护法”第5条的原则规定将接受金融服务业提供金融商品以及服务的人，皆视为金融消费者；但列举出两项例外，分别是符合主管机关对专业投资机构以及符合一定财力或专业能力的法人或自然人条件者，不属于金融消费者。

参考由“金融消费者保护法”第5条授权制定的《专业投资机构范围及符合一定财力或专业能力之条件》以及相关“法规”的规定，在对“自然人”认定是否属于“符合一定财力或专业能力”条件时，除应符合客观财力以及能力条件外，尚需要该自然人同意签署“属于专业投资人”文件，才符合专业投资人的认定。因此实践中，经常出现已经符合客观财力以及能力条件但是由于未签署同意文件，而仍适用“金融消费者保护法”的情形。

在过去“金融消费者保护法”实施期间，经常发生金融消费者主张相关权益被金融机构侵害而要求赔偿时，金融机构主张相关金融消费者仅是形式上符合该“法”金融消费者资格（如相关交易文件中填写虚假年收入选项等），实质上该金融消费者的资格已构成不在该“法”保护的范围内，因此要求财团法人金融消费评议中心拒绝受理相关争议；为避免争议，本“法”在2016年12月28日公布修正金融消费者定义的修法，将金融服务业对自然人或法人不符合相关金融消费者定义的情形下，协助其创造形式上符合的外观条件时，该自然人或法人仍有该“法”的适用。

再者，“金融消费者保护法”第5条将对金融消费者保护的形式，从金融消费者角度出发规范，而不以金融服务业的行为出发。本条规定“接受”金融服务业提供金融商品以及服务的人，皆视为金融消费者。以金融消费者角度规范对金融消费者保护，可以避免无法穷尽金融服务或商品提供方式的问题，且对金融消费者保护较为全面。

（三）金融消费者权益的具体内容

“金融消费者保护法”第二章是对金融消费者权益的规范，本文将该“法”对金融消费者权益的保障区分为以下6种类型进行说明。

1. 金融服务业与金融消费者订立合同时，应符合公平合理、平等互惠以及诚信原则；合同解释方式采“疑义利益归于金融消费者解释”原则；提供商品服务应尽善良管理人注意义务以及忠实义务。[①]

本条内容为2014年6月修订后增订；首先，关于金融服务业与金融消费者订立合同时除应符合诚信原则外，还应遵守的公平合理、平等互惠原则。本条规定之初，曾经引发业界普遍的不认同。公平合理以及平等互惠原则是首次纳入私法关系适用。

一般认为金融服务合同以及金融产品合同，属于合同当事人皆为民事法律主体，且合同内容仅涉及私人法律关系的合同；公平合理以及平等互惠原则多使用在仲裁制度以及公法关系中，除非相关私法领域合同（诸如供水合同）涉及人民基本生活条件的维持，才会引入平等互惠原则的适用，否则大多数私人法律关系的合同，仍以“当事人意思表示自由”为合同订立的基本原则。

本条规定要求金融服务业在与金融消费者订立合同时，应当遵守公平合理原则以及平等互惠原则，在实践中存在较多争议。

实践中，曾经发生有金融消费者向某保险公司投保健康保险，但遭该保险公司拒绝承保；该名投保人提出其在半年内向其他保险公司投保同种类保险合同的投保确认文件，要求该拒绝承保的保险人依据“公平合理以及平等互惠原则”对其进行同意承保的意思表示；此争议进入金融消费评议中心处理，中心认为保险人可以根据核保规则，选择承保的对象，此选择方式不违反公平合理以及平等互惠原则，因此驳回金融消费者的申请。然而本文认为评议结果虽然既符合保险实践也符合保险制度设计的内涵，但是已经反映出本条要求金融服务业在与金融消费者订立合同时，应当遵守“公平合理原则以及平等互惠原则”，存在一定程度的不可操作性。

金融服务业与金融消费者订立的合同种类以及内容虽然种类繁多，但是都有一个共同点，即使用格式条款订立合同。本文认为，如同多数立法例上对于采取格式条款订立合同的态度，多倾向对“非合同拟订的一方”赋予倾斜式的保护。但是，以保险合同为例，许多财产保险合同中，虽然存在保险人使用格式合同的情形，仍可能发生被保险人对保险合同内容具有较强的谈判能力的情形。此时，关于合同解释的方式是否一概适用“疑义利益归于金融消费者解释”即有争议。原因在于，该被保险人在合同中的地位与保险人对等，因此缺乏该“法”拟实现的保护利益。此外，观察该“法”规定，仅在被保险人不符合金融消费者条件的情形下，才可以豁免保险人（金融服务业）适用本法的情形；反之，现实中则可能发生因此适用“疑义利益归于金融消费者解释”的不合理性。

再者，该“法”将金融服务业提供金融产品以及服务的责任定为善良管理人的注意义务以

---

① “金融消费者保护法”第7条：金融服务业与金融消费者订立提供金融商品或服务之契约，应本公平合理、平等互惠及诚信原则。金融服务业与金融消费者订立之契约条款显失公平者，该部分条款无效；契约条款如有疑义时，应为有利于金融消费者之解释。金融服务业提供金融商品或服务，应尽善良管理人之注意义务；其提供之金融商品或服务具有信托、委托等性质者，并应依所适用之法规规定或契约约定，负忠实义务。

及忠实义务，是反映金融产品以及服务提供期间，金融服务业出现企业本身以及金融消费者权利之间利益冲突的发生的可能性较大，因此除了将合同责任适用台湾地区“民法”规定的可归责责任，更增加金融服务业在面对利益冲突时，应该采取的注意义务。

本条规定是考量金融产品以及服务的特殊性，增加金融服务业义务以及责任，以提供金融消费者更为周全的保障，是该“法”的一大特色。

2. 金融服务业进行产品或服务的广告以及宣传活动时，应确保产品以及服务的真实性，不得有虚伪、欺诈、隐匿或其他足以使人误信的情形；金融服务业与消费者订立合同前，应当履行说明义务。[②]

该“法”制定以前，经常发生的争议为：究竟金融服务业在进行广告以及宣传活动时，有无确保产品以及服务的真实性以及不得虚伪、欺诈、隐匿或使他人误信的义务。

以保险合同为例，保险合同强调的“最大善意原则”是指投保人以及被保险人在订立保险合同时，由于其本身对保险标的的真实性具有“可接近性”，且由于保险合同存在高度的射幸性，因此法律明文规定要求投保人以及被保险人在订立保险合同时，对于保险标的的书面询问事项有据实说明义务；[③]投保人或被保险人违反据实说明义务时，法律赋予保险人在合同成立两年内可解除保险合同并且不退还已经收取的保险费的权利；[④]此违反的效果对被保险人以及投保人的影响至关重大。保险合同争议中，关于投保人或被保险人“违反据实说明义务”的争议占保险争议的80%以上。

如果认为“最大诚信原则”是保险制度得以有效存在的前提，为何“法律”中仅对保险合同的一方当事人进行如此严峻的规定，保险人的“法”定“据实说明义务”却付之阙无。

实践中，经常出现的争议案件是，投保人主张其与保险人订立的投资型保险合同，由于保险人的业务人员对投资回报的虚伪陈述或隐匿该保险具有的投资性质，导致投保人在不了解保险合同内容以及性质的情形下进行投保。在投保人申请保险理赔时，才发现该保险合同因为具有投资性质，保单账户价值需要承受投资亏损，投保人预期可以获得保障的数额发生大幅缩减或甚至保障数额归零的情形。除此之外，也有医疗保险合同在保险业务人员宣传时，向投保人夸大保险承保范围，导致被保险人发生保险事故时，经保险人拒绝理赔的情形。

此时投保人通常主张基于保险业务人员故意的虚伪陈述保险合同内容或欺诈，造成其错

---

② “金融消费者保护法”第8条规定：金融服务业刊登、播放广告及进行业务招揽或营业促销活动时，不得有虚伪、诈欺、隐匿或其他足致他人误信之情事，并应确保其广告内容之真实，其对金融消费者所负担之义务不得低于前述广告之内容及进行业务招揽或营业促销活动时对金融消费者所提示之资料或说明。前项广告、业务招揽及营业促销活动之方式、内容及其他应遵行事项之办法，由主管机关定之。金融服务业不得借金融教育宣导，引荐个别金融商品或服务。

“金融消费者保护法”第10条规定：金融服务业与金融消费者订立提供金融商品或服务之契约前，应向金融消费者充分说明该金融商品、服务及契约之重要内容，并充分揭露其风险。前项涉及个人资料之收集、处理及利用者，应向金融消费者充分说明个人资料保护之相关权利，以及拒绝同意可能之不利益；金融服务业办理授信业务，应同时审酌借款户、资金用途、还款来源、债权保障及授信展望等授信原则，不得仅因金融消费者拒绝授权向经营金融机构间信用资料之服务事业查询信用资料，作为不同意授信之唯一理由。第一项金融服务业对金融消费者进行之说明及揭露，应以金融消费者能充分了解之文字或其他方式为之，其内容应包括但不限交易成本、可能之收益及风险等有关金融消费者权益之重要内容；其相关应遵循事项之办法，由主管机关定之。金融服务业提供之金融商品属第十一条之二第二项所定之复杂性高风险商品者，前项之说明及揭露，除以非临柜之自动化通路交易或金融消费者不予同意之情形外，应录音或录影。

③ 台湾地区“保险法”第64条规定：订立契约时，要保人对于保险人之书面询问，应据实说明。要保人有为隐匿或遗漏不为说明，或为不实之说明，足以变更或减少保险人对于危险之估计者，保险人得解除契约；其危险发生后亦同。但要保人证明危险之发生未基于其说明或未说明之事实时，不在此限。前项解除契约权，自保险人知有解除之原因后，经过一个月不行使而消灭；或契约订立后经过二年，即有可以解除之原因，亦不得解除契约。（2015年2月4日修正通过）

④ 台湾地区“保险法”第25条规定：保险契约因第六十四条第二项之情事而解除时，保险人无须返还其已收受之保险费。

误意思表示，因此主张撤销订立保险合同的意思表示，请求保险人退还加计算法定利率的所缴保险费；亦有主张保险人应该承担侵权责任；亦有援引行政法规的规定，认为保险人也有据实说明义务，因此保险人违反据实说明义务的效果，根据民法关于法律行为无效的规定，应认为保险人违反据实说明义务属于违反强制规定，主张保险合同无效，保险人应退还加计算法定利率的所缴保险费。

但是，基于符合民法中关于错误意思表示内容撤销要件的困难、对于继续性法律关系经错误意思表示撤销的效果存在争议以及司法实践中多认为行政法规规定保险人的说明义务并非效力规定，因此就算保险人违反行政法规规定，只是就此赋予保险业监管部门实施行政处罚的权力，并不可以此否定合同效力。

因此，基于对上述保险人对保险合同内容错误的说明，实质上导致投保人误认保险合同的性质或误信其投保的保险合同可以提供现实中不存在的保障，保险人的恶性应该不亚于投保人以及被保险人违反据实说明义务的情形，因此有必要对保险人关于“对保险合同内容不实说明的法律效果”进行规范，以在符合保险合同“最大诚信原则”的同时，落实金融消费者权益保障。其他类型的金融产品或服务，虽然不存在保险合同中对缔约双方“最大诚信”的要求，但是，基于金融产品以及服务类型的多样化以及复杂程度，增加金融服务业对其提供商品以及服务的说明义务以及确保真实性，是对于保障金融消费者权益必要的方式，且未过分限制金融服务业的权利；因此，通过本条内容，以实现规范金融市场秩序的效果，应该是值得肯定的。

上述情形在“金融消费者保护法”制定之初，即得到重视，并将金融服务业的充分说明义务定位为法定缔约前义务。

3. 金融服务业与消费者订立合同以前的适合度分析义务。⑤

金融危机发生的起源有很多分析，有认为是因为提供房屋贷款的金融业未对房屋贷款的申请人进行适合度分析（包含房屋价值、还款能力、贷款条件等），在提供信用条件较差的申请人房屋贷款后，由于房屋贷款利率的急速上升导致大规模申请人无法偿还分期还款数额，影响提供房屋贷款金融企业的现金流，导致资金链断裂造成金融危机。

因此，在金融危机发生后各国家及地区逐渐承认基于对金融消费者权益保护的适合度分析，并不单纯属于增加金融服务业的义务所进行的对金融消费者的倾斜式保障措施；强制金融服务业实行适合度分析的根本目的，是帮助金融服务业全体妥适地管理自身风险，以达到金融市场稳定的效果。只有建立稳定的金融市场才能发展健全的金融活动，如果采取放任金融活动野蛮生长，其结果将产生劣币驱逐良币的效果，是对健全以及稳定金融市场追求的放弃。

本条规定要求金融服务业在订立金融产品以及服务合同以前，进行金融消费者的适合度分析，是有助于金融产业永续发展的必要措施，金融服务业应考量自身以及全体金融产业利益严格遵守。

---

⑤ “金融消费者保护法”第 9 条规定：金融服务业与金融消费者订立提供金融商品或服务之契约前，应充分了解金融消费者之相关资料，以确保该商品或服务对金融消费者之适合度。前项应充分了解之金融消费者相关资料、适合度应考量之事项及其他应遵行事项之办法，由主管机关定之。

4. 金融服务业违反充分说明义务以及适合度分析的缔约前义务，应负损害赔偿责任。⑥

评议决定对于金融服务业是否违反说明义务以及适合度分析的判断为结合案件事实判断的结果。

以保险人违反适合度分析案件为例，曾发生保险业务人员向在餐厅负责带位、接听餐厅订座电话以及负责收银工作的餐厅工作人员推荐外币保险合同，每年总缴保险费超过人民币6万元的情形。本保险合同的投保人(即该餐厅员工)向金融消费评议中心申请评议，主张保险人违反"金融消费者保护法"适合度分析，保险合同无效，保险人应退还所缴保费并且承担损害赔偿责任。

首先，关于申请人主张保险合同无效的部分，评议中心评议结果认为，根据台湾"民法"以及"保险法"的规定，保险合同是否有效成立，应以合同中必要之点是否达成意思表示合意判断。关于保险合同的必要之点可以分为被保险人确定、保险范围、保险期间、保费数额等；根据案件申请事实，由于申请人未对投保书等保单文件的签名真伪争执、保险审阅期间未提出契约撤销、且在保险期间已经交付保险费，因此可以认为保险合同已经根据双方当事人意思表示的一致而有效成立；因此评议结果认为申请人此部分主张无理由。

其次，申请人根据"金融消费者保护法"规定主张保险人违反适合度分析的法定义务，要求根据"金融消费者保护法"的规定承担损害赔偿责任。评议结果认为，保险人未考量申请人的财力以及社会经济地位，向其推荐外币保险合同，保险合同中所涉及的汇率风险以及保险费数额的多寡，显与申请人自身经济状况不相当，因此认为保险人违反适合度分析的法定义务。但是，在申请人请求损害赔偿的部分，评议中心认为申请人无法证明其损失数额，因此认为损害赔偿的主张无理由。

根据上述案例观察，评议中心虽然肯定申请人可以主张金融服务业违反适合度分析的法定义务，但是无论是保险合同的效力层面还是损害赔偿的主张，都不被支持，由法律效果观察似乎没有办法解决通过对金融消费者保障而促进金融市场稳定发展的效果。

5. 惩罚性违约金规定。⑦

金融服务业因故意违反该"法"规定所致的损害，法院得经金融消费者请求，酌定损害赔偿数额3倍以下的惩罚性；因过失违反本"法"规定的，法院经金融消费者请求，得酌定损害数额1倍以下的惩罚性赔偿。

关于请求惩罚性违约金的适用的消灭失效为自请求权人知有赔偿原因起2年或自赔偿原因发生后超过5年不行使而消灭。

本条规定是在2015年2月4日增订，2015年5月3日实施，且仅法院有权决定金融服务业违反该"法"规定的惩罚性赔偿数额，处理金融消费纠纷的替代解决机构金融消费评议中心，不得受理且不得审理关于惩罚性违约金的申请。

---

⑥ "金融消费者保护法"第11条规定：金融服务业违反前二条规定，致金融消费者受有损害者，应负损害赔偿责任。但金融服务业能证明损害之发生非因其未充分了解金融消费者之商品或服务适合度或非因其未说明、说明不实、错误或未充分揭露风险之事项所致者，不在此限。

⑦ "金融消费者保护法"第11-3条规定：金融服务业因违反本"法"规定应负损害赔偿责任者，对于故意所致之损害，法院得因金融消费者之请求，依侵害情节，酌定损害额三倍以下之惩罚性赔偿；对于过失所致之损害，得酌定损害额一倍以下之惩罚性赔偿。前项惩罚性赔偿请求权，自请求权人知有得受赔偿之原因时起二年间不行使而消灭；自赔偿原因发生之日起逾五年者，亦同。

在台湾地区司法实践中，发生过一起金融消费纠纷，主张根据本条规定，请求金融服务业给付惩罚性违约金的案例；然而，法院认为由于“金融消费者保护法”未对法律适用规定溯及既往规定的适用，因此在该“法”实施以前订立的金融消费合同，因为法不溯及既往的原则，驳回原告对金融服务业的关于惩罚行违约金的请求。

由于“金融消费者保护法”缺乏溯及既往的规定适用，法院审理因此产生的惩罚性违约金诉讼还有待未来的案例才能进一步对法院审理的方式以及理由进行分析。

6. 主管机关对违反本法的金融服务业进行处分的规定。[8]

主管机关对违反该“法”规定的行政处罚措施包括对金融服务业的警告、停止部分或全部金融产品销售、部分或全部业务在一年内的停业处分以及废止营业许可的决定；也包括对自然人，例如金融服务业的董事、理事、监察人、经理人或受雇人停止执行职务或命令金融服务业解除其职务的处分。

此外，该“法”对于违反规定的金融服务业亦规定了罚锾处罚，处罚金额在 30 万新台币至 1000 万新台币不等。

三、金融消费评议中心处理金融消费争议原则介绍——公平合理原则

根据“金融消费者保护法”第 20 条第 1 项[9]揭示了金融消费评议中心处理争议的原则为“公平合理原则”。

公平合理原则适用在金融消费争议处理，并非台湾地区所独有，选择适用公平合理原则作为争议处理的核心准则，是参考英国 FSMA 第 288 条以及金融评议机构章程而制定的。该“法”经过对金融消费争议的多样性以及高度专业性，创设法院以外的金融消费争议解决替代机制，并且在衡平金融消费者以及金融服务业间的专业、信息取得以及财力水平的差距，降低金融消费者举证责任的困难，引进公平合理原则作为金融消费争议解决替代机制处理相关争议的核心方法，以补充司法实践的不足。

金融消费评议中心适用公平合理原则处理金融消费争议，已经有七年的历史，适用公平合理原则处理的案件高达数千件之多。

（一）公平合理原则适用的对象

首先，基于“金融消费者保护法”是对金融消费者权益的保障，因此该“法”的规定大多是对金融消费者的倾斜性保护；因此，可认为该“法”所谓公平合理原则的处理，应该是为了金融消费者权益保障出发而发展的。

然而评议决定的早期却出现了“有利于金融服务业”的公平合理原则的评议结果。以保

---

⑧ “金融消费者保护法”第 12－1 条规定：金融服务业未依第二章有关金融消费者之保护规定办理者，主管机关得限期令其改正，并得视情节之轻重，为下列处分：(1)警告。(2)停止该金融商品全部或一部之销售。(3)对金融服务业就其全部或部分业务为一年以下之停业。(4)命令金融服务业停止其董(理)事、监察人、经理人或受雇人一年以下执行职务。(5)命令金融服务业解除其董(理)事、监察人、经理人或受雇人职务。(6)其他必要之处置。金融服务业未依前项主管机关命令于限期内改正者，主管机关得再限期令其改正，并依前项规定处分；情节重大者，并得废止其营业许可。

⑨ “金融消费者保护法”第 20 条第 1 项：争议处理机构受理申请评议后，应斟酌事件之事实证据，依公平合理原则，超然独立进行评议。

险理赔争议为例，在健康保险中“住院保险金”给付的案件中，保险单条款一般仅对住院定义为被保险人因疾病或意外伤害，经医师诊断必须住院，经正式办理住院手续，并确实在医院治疗者。且条款中关于“申请日额保险金给付”中规定，被保险人符合住院定义，而住院或在医院治疗达 6 小时（含）以上，保险人即按照住院日数乘以住院保险金日额，给付住院日额保险金。

实践中发生了一种争议案件，即关于精神病患接受“日间留院治疗”的情形是否符合保险单条款的住院规定？保险人应给付的保险金数额为何？之所以会发生此争议的原因在于，精神病患的日间留院治疗与一般医疗中住院治疗的内容以及住院期间存在极大的差异，一般而言，精神病患的日间留院治疗内容为团体心理治疗、精神复健、护理支持心理会谈，每次住院期间可达一个月，并且可能反复住院。

此时评议决定采纳保险人对于住院必要性的主张，认为相关住院的必要性，除了必须符合保险单条款中要求的“经实际治疗医师诊断认定必须住院”以外，还应该符合“具有相同专业医师在相同情形通常会诊断住院的必要性”判断，但是此一判断要件实质上并不存在于保险单合同当中，且增加此判断标准的结果将造成金融消费者的不利益。此时，评议决定通过其增加的住院必要性判断后，认定被保险人部分住院日数不具备住院必要性，但是经考量争议的发生是由于保单条款约定未明的情形，因此适用公平合理原则决定保险人补偿的数额。

然而，此部分关于保险单条款内容发生争议的情形，应该首先判断是否存在保险单内容约定不清楚的情形；如有，应该先根据当事人意思表示真意解释原则，如果仍无法解决争议，再根据保险合同解释原则“疑义利益归于被保险人解释原则”对被保险人进行有利的解释。

本文首先认为，保险单条款关于住院的约定，并未有约定不清楚的情形，因此保险人对精神病患日间治疗的情形符合“住院”约定时，必须根据保险合同的约定，给付全额的住院日额保险金。此类型争议仅是出于保险人在对住院日额保险金理赔时，发现给付数额特别巨大而拒绝理赔，此拒绝理赔的主张本属于无法律上原因，不应该得到支持。评议决定未论证相关保险单条款内容是否存在约定不清楚的情形，而径行增加判断条件后，作出不利于金融消费者的判断，已经与该“法”规范的目的相违背；此时再援引公平合理原则决定补偿数额，实质上已经造成金融消费者以及金融服务业对公平合理原则内涵的不信任。

除上述个别争议案件处理情形外，公平合理原则的适用基本上仍然是针对“有利于金融消费者”的方式进行适用，对金融消费者权益的保障确实产生了显著的重要性以及影响力。

（二）公平合理原则适用方式

公平合理原则可以适用在所有类型的金融消费争议中，在适用公平合理原则的评议案件中，首先认为根据公平合理原则决定的给付数额，不属于赔偿性质，而属于补偿的性质。

观察评议决定，适用公平合理原则的通常情形首先为金融消费者无法基于其主张，获得民事法律规范与合同或侵权行为相关的损害赔偿；无法获得损害赔偿的原因不外乎事实、损害赔偿数额、因果关系等举证责任失败导致。公平合理原则适用的，目的是解决金融消费者在金融消费争议中的举证责任困难的问题。

公平合理原则的适用主要是结合金融服务业在提供金融商品以及服务时，违反“金融消费者保护法”的情形以及金融消费者本身对于损失发生的可归责性进行的综合判断，而决定的补偿数额。此数额决定与消费者的损失数额没有必然关系，金融服务业违反该“法”规定的行为以及金融消费者对损失发生的可归责性也不需要与实际损失存在相当因果关系，可以认为，公平合理原则的适用除了是提供金融消费者一个权益保障的途径外，更是一种敦促金融服务业加强金融企业实施风险管理的有效手段。通过上述分析，由于法院审理纠纷，应该严格遵守诉讼法关于举证责任认定的规范，因此公平合理原则在法院审理金融消费争议的可操作性，目前仍存在较大的争议。

(三)公平合理原则适用范围以及启动条件

有论者通过分析美国以及英国关于公平合理原则在金融消费争议适用的情形，对台湾地区公平合理原则提出五点关于公平合理原则适用范围以及启动条件的建议。

第一，适用于承保条件与合同条款解释。

首先，如果合同条款解释以及承保条件受限于文义解释时，将可能导致违反金融消费者对金融服务以及产品提供的合理期待；其次，“金融消费者保护法”第7条第2项规定，合同条款如有疑义时，应作有利于金融消费者的解释，但是当通过有利于金融消费者解释的结果将导致与相关金融交易原理相违背的情形，因此不能适用有利于金融消费者解释的结果。此时，可以通过公平合理原则的适用提供金融消费者适当补偿，以衡平争议双方权益。[⑩]

第二，适用于意外事故与因果关系不明的情形。

以保险争议案件为例，在判断意外事故或自杀情形时，经常出现举证责任的困难，此时司法实践碍于举证责任分配的效果，仅能做出全赔或全部不赔的判决结果，此结果通常对于举证责任失败的一方当事人造成过度不利益。因此评议中心在审理相关案件时，可以通过公平合理原则的适用，对因为客观上举证存在困难程度的不利益，将举证责任不明效果分配给争议双方共同承担，以达到解决争议的效果。[⑪]

第三，对现行“法规”以及司法实践的突破以及补足金融消费者权益保护。

观察英美两国司法判决以及判例中，已经有对金融消费争议处理的原则，但是，在衡平金融消费者缔约上的弱势地位，应认为在现行“法制”框架下仍有对制度规范以及司法先例不足之处进行相当程度补偿的措施。相关补偿措施包括但不限于按比例减少保险给付、保险代位权行使的限制、时效延长等，相关措施的选择即通过公平合理原则的适用加以决定。[⑫]

第四，适用于投资损失以及适度补偿。

在金融服务业违反适合度分析、充分说明义务或推荐过程中出现使金融消费者误信的情形时，将导致金融消费者未能基于有效的信息做出接受金融服务的正确的意思表示。但是，如果根据传统的损害赔偿规定，纵使金融服务提供者存在虚伪不实的行为或其他违反该“法”规定的情形，也不与投资损失存在因果关系，如此将导致金融消费者在无法否定合同效力的同时，也无法向金融服务业请求损害赔偿的困境；对金融消费者权益侵害过甚，且对违法的金

⑩ 参见张冠群、汪信君：《“金融消费者保护法”第20条公平合理原则于保险争议案件之适用》，载《全国律师》2015年8月。
⑪ 参见张冠群、汪信君：《“金融消费者保护法”第20条公平合理原则于保险争议案件之适用》，载《全国律师》2015年8月。
⑫ 参见张冠群、汪信君：《“金融消费者保护法”第20条公平合理原则于保险争议案件之适用》，载《全国律师》2015年8月。

融服务业无法产生制裁的效果。因此,公平合理原则的适用,可以解决金融消费者以及金融服务业对违法效果风险分配不均的问题。

除此之外,基于机会成本的考量,公平合理原则可补偿金融消费者因为选择当前投资而放弃其他使用资金机会的机会成本,以全面考量金融消费者的权益。[13]

第五,适用于精神补偿数额的酌定。

每当金融消费争议的发生,对于金融消费者产生的损失,除了经济上可以衡量的损失以外,更应该包含金融消费者与金融服务业进行磋商、参与申诉以及评议的程序所产生的时间的耗费以及精神上的压力。

因此认为,当评议决定做出有利于金融消费者的决定时,可以根据个案适用公平合理原则对金融消费者酌定额外的精神补偿数额。[14]

四、结论

关于金融消费者权益的保护已经纳入全球金融监管的框架当中,目前金融监管的方式已经从分业监管迈向跨业监管方向改革,台湾地区“金融消费者保护法”的制度保障,即是采取跨业监管方式;不区分金融消费争议涉及的金融产品类别,以“金融服务提供”为实现金融消费者权益保障的行为规范,实现跨业监管以及行为监管的金融监管方式。

此种方式除了有利于金融消费者面对争议时可以更有效率地利用争议解决途径,以行为方式的界定进行金融消费者权益保障,可避免出现监管真空的可能性,因此值得我国建立金融消费者保护制度时学习。

其次,该“法”关于金融消费者权益种类以及违法的法律效果,进行了较为详细的规范,虽然仍存在不足之处,但是已经可以解决大部分所涉及的金融消费纠纷。金融消费争议解决的成功与否,与金融消费评议中心的设立以及评议处理的核心原则采取“公平合理原则”存在较高的相关程度。在同样属于大陆法系的台湾地区引入属于英美法系争议处理机制的“公平合理原则”实验的七年间,获得了金融消费者对“公平合理原则”应用于金融消费争议的普遍认可。因此,我国大陆在考虑建构关于金融消费者权益种类规定、违反效果以及争议解决核心原则——公平合理原则的适用,可以我国台湾地区的实践经验为参考,进行我国相关立法的完善。

我国金融产业的发展日新月异,因此发生的金融消费纠纷类型更是目不暇接,对于金融消费者权益保障以及金融市场秩序维持的法制建设刻不容缓;本文期待通过对我国台湾地区“金融消费者保护法”的介绍,可以带动更多与金融消费者权益保护的研究,以强化我国金融市场发展的稳定性。

---

[13] 参见张冠群、汪信君:《“金融消费者保护法”第20条公平合理原则于保险争议案件之适用》,载《全国律师》2015年8月。
[14] 参见张冠群、汪信君:《“金融消费者保护法”第20条公平合理原则于保险争议案件之适用》,载《全国律师》2015年8月。

论我国大额持股变动规则的趋严性建构*

杨　城**

我国1993年生效的《股票发行与交易管理暂行条例》确立了上市公司收购大额持股变动规则，此后虽然历经修改与完善，①但正如有学者所述，纵观我国证券市场的发展历程，如何科学有效地规制违规大规模增减持股票行为，始终是证券市场立法和执法所共同面临的突出问题。② 近年来，大额持股变动违法行为逐渐增多，③引发了社会的广泛讨论。例如，2016年发生的"宝万之争"举世瞩目，外界多次质疑宝能买入万科股票是否违反大额持股变动的报告义务。④ 此外，针对二级市场上的大股东违规减持行为，证监会也积极适用大额持股变动规则对相关人员实施处罚。但是，为何大额持股变动的违法行为数量高居不下？有学者将其归因于"立法疏漏、行政惩戒不力以及民事救济手段不畅等原因"，⑤有学者将其归因于"违法收益与法律责任的失衡"，⑥也有观点认为是"违规成本远低于超比例违规增持或者减持产生的收益"所致。⑦ 可见，目前学理上普遍认为大额持股变动的违法成本过低，法律规制的有效性不足。如何解决上述问题，笔者认为大额持股变动规则的趋严性建构是一种可行方案，本文将主要基于《证券法》第86条的规范意旨与证券市场执法实践进行分析。

* 本文写作过程中得到清华大学法学院高西庆教授的指导，文章部分观点为高西庆教授在2017年第十二届全国人大第五次会议上的提案。

** 清华大学法学院2015级博士生。

① 例如，《股票发行与交易管理暂行条例》第47条规定持股5%为初始披露点，此后每增减2%即触发公告、报告义务，并且确立了"慢走规则"。而1998年的《证券法》删除了每增减2%即触发公告、报告义务的规定，持股5%以后的增减股份无需履行相关义务，实质上放松了对大额持股变动的监管要求。2006年《证券法》明确了持股5%及此后每增减5%触发公告、报告义务及"慢走规则"。所谓"慢走规则"，是指投资者持有上市公司的股份达到5%时，在3日内不得继续买卖该公司股票，此后每增加或减少5%，应当在3日内报告和公告，在报告期限内及报告和公告后2日内不得继续买卖该公司股票。

② 参见陈洁：《违规大规模增减持股票行为的定性及惩处机制的完善》，载《法学》2016年第9期。

③ 经检索中国证监会行政处罚决定书公示信息，2008年至2016年，中国证监会（包括派出机构）共对113件大额持股变动违法案件作出行政处罚，其中2016年为20件，2015年为46件，近两年查处的案件数量占比达58%。

④ 参见吴晓灵：《宝能收购资金未违规　弥补漏洞需统一监管》，载澎湃新闻：http://www.thepaper.cn/www/resource/jsp/newsDetail_forward_1568939，最后访问日期：2017年3月7日。

⑤ 参见陈洁：《违规大规模增减持股票行为的定性及惩处机制的完善》，载《法学》2016年第9期。

⑥ 参见姚瑶：《公司收购中违反大额持股申报义务的法律责任——基于"上海新梅案"的分析例证》，载《河北法学》2017年第2期。

⑦ 参见李振涛：《我国上市公司大额持股变动的法律责任探析》，载《法律适用》2016年第1期。

一、大额持股变动规则的规范意旨

根据我国《证券法》第86条的规定，所谓大额持股变动是指持有上市公司股份达到5%及后续每增加或减少5%的买入或卖出行为。当然，在不同的法域，对“大额持股变动”的判断标准也有所不同，如英国《披露与透明度规则》规定，持有英国上市公司的股份达到3%及每增加或减少1%即属大额。⑧ 证券市场是一个高度市场化的平台，公开、公平、公正是市场健康发展的基石。但是，市场透明度（即公开原则）本身并不能构成要求外部投资者披露他们购买某一上市公司股票的充分理由，法律一般也不要求他们公开。⑨ 但是，综观当今世界主要经济体国家的法律，普遍在前述一般原则之外创设例外，要求特定情形下的大额持股变动向公众披露。⑩ 这些规定背后的法理基础，主要有以下两个方面。

（一）维持上市公司收购过程中的利益平衡

大额持股可能是上市公司收购的前奏或前期阶段，可能最终导致上市公司实际控制权的转移。⑪ 美国1968年的《威廉姆斯法案》首次规定了大额持股人的披露义务，目的在于警示市场投资者潜在的公司控制权变化，为他们提供机会评估这些潜在变化的影响，⑫并借此阻止被市场痛斥为“星期六之夜特别秀”的突袭式收购。⑬ 我国1993年的《股票发行与交易管理暂行条例》在上市公司收购规则中引入大额持股变动披露制度，要求大股东及时披露其已拥有的大额股份及大幅增加或减少其持股额等事实，主要目的是使投资公众在充分掌握同等信息的基础上及时做出投资判断，而不至于让大股东利用其在公司中的特殊地位或资金优势而形成事实上的消息垄断和对市价的操纵。⑭ 可见，法律最初将大额持股变动纳入监管视野，主要解决的是上市公司收购过程中的信息不对称问题，实现潜在收购者与上市公司管理层之间、潜在收购者与市场其他投资者之间的利益平衡。

1. 潜在收购者与公司管理层的利益平衡

上市公司收购往往直接危及目标公司管理层的地位和利益，⑮突袭式收购更是剥夺了上

---

⑧ See Shearman, Sterling LLP, New UK Rules Relating to the Disclosure of Certain Interests in Major Shareholdings in Listed Companies, http://www. shearman. com/files/Publication/3574bd46 - 2f4d - 4b7a-a560 - 459edad088a1/Presentation/PublicationAttachment/a2746523 - 3173 - 4fc8 - b2ad - 4fe2fa7f20fb/AM_011907. pdf.

⑨ 例如，巴菲特购买了某上市公司2%的股票，其他投资者可能对这个信息比较感兴趣。但是，法律一般不会要求巴菲特或其他投资者必须公开这种购买情况，因为这样的要求可能使其他投资者免费享受巴菲特投资低估值公司的信息，从而可能对这些投资产生不利影响。但是，如果巴菲特买入某上市公司的股份规模较大，足以影响到其他投资者以此作为投资决策信息，那么他就应当公开该种大额持股变动情况。See Lucian A. Bebchuk, Robert J. Jackson, JR, “The Law and Economics of Blockholder Disclosure”, *Harvard Business Law Review*, Vol. 2, Issue 1 (Spring 2012), p. 43.

⑩ 无论是发达国家经济体，如美国、英国、加拿大、日本、法国、意大利等，还是发展中国家经济体，如中国、印度等，均规定了大额持股披露规则，只不过各国设定的触发披露的阈值有所差异。See Michael C. Schouten, “Mathias M. Siems, The Evolution of Ownership Disclosure Rules across Countries”, *Journal of Corporate Law Studies*, Vol. 10, Issue 2 (October 2010), p. 461.

⑪ 参见张子学：《完善我国大额持股披露制度的若干问题》，载张育军、徐明主编：《证券法苑》（第5卷），法律出版社2011年版，第425页。

⑫ See Adam O Emmerich, Theodore N Mirvis, Eric S Robinson, “William Savitt, Fair Markets and Fair Disclosure: Some Thoughts on the Law and Economics of Blockholder Disclosure, and the Use and Abuse of Shareholder Power”, *Harvard Business Law Review*, Vol. 3, Issue 1 (Spring 2013), p. 140.

⑬ 参见张子学：《完善我国大额持股披露制度的若干问题》，载张育军、徐明主编：《证券法苑》（第5卷），法律出版社2011年版，第425页。

⑭ 参见高西庆：《上市公司收购中的若干法律问题》，载《证券市场导报》1993年11月号。

⑮ 参见周友苏主编：《新证券法》，法律出版社2007年版，第319页。

市公司管理层应对收购的机会,使其缺乏足够时间采取相应的反收购措施。[16] 上市公司收购虽然是市场化配置资源的一种方式,能够对管理效率低下的管理层进行改造,通过优胜劣汰机制实现公司利益的最大化。但不可否认的是,不少收购并非是为了促进公司效益的最大化,而是依赖巨额资金实现对上市公司的控制,进而满足收购人自身的利益诉求,最终损害了公司及中小股东的利益。2016 年中国资本市场出现的多起杠杆收购即夹杂着此种类型。[17] 因此,上市公司管理层的利益并不能排除在收购规则的考虑之外,潜在收购者与管理层的利益应当实现法律状态下的均衡,[18]法律应当为管理层提供应对"突袭式收购"的机会,使收购过程出现不同利益主体的理性竞争,而不是放任市场投资者滥用资金优势任意取得上市公司控制权。

2. 潜在收购者与其他投资者的利益平衡

收购会对公司股价产生积极影响,潜在收购者如果在社会公众不知情的情况下完成收购,将会大幅降低其收购成本。此外,不同的证券持有情况,可能会改变投资者对相关证券的估值与定价,[19]例如,一名毫无相关从业经验的普通人控股上市公司与一名行业资深人员控股上市公司相比,投资者对公司未来的预期值肯定不同。法律不能允许潜在收购者"静悄悄"地完成收购,否则将对其他投资者形成不公。但是,法律除了一方面防止小股东受到损害,另一方面也要防止市场效率遭受破坏,不能通过过于严格的限制来抑制大股东,阻止其利用市场收购公司股票或获取公司的控股权。[20] 因此,大额持股变动的监管目标应当是减弱潜在收购者与市场其他投资者之间的信息不对称性,使市场投资者能够在依赖公开信息获得与潜在收购者平等的地位,进而做出有利于自己的投资决策。

(二)不以收购为目的的大额持股变动仍属市场有用信息

虽然最初对大额持股变动的监管是为平衡收购过程中各方主体的利益所需,但随着证券市场的发展,大额持股的目的通常不是谋求公司控制权,而是为了对公司进行监督、对管理层及其他股东施加影响。[21] 对于不以收购为目的的大额持股变动,是否还有足够的理由要求持股人披露自己的持股情况?

2001 年澳大利亚证券与投资委员会在《投资基金:收购与大额持股救济》咨询报告中明确指出,关于任何大额股份控制身份及其取得股份条款的信息,都是对市场有用的信息。[22] 对

---

[16] 上市公司管理层采取反收购措施本身并不为法律所绝对禁止,只是要求在采取反收购措施时不得损害公司利益。如我国《上市公司收购管理办法》第 33 条即明确上市公司董事会在收购期间未经股东大会批准不得对公司造成重大影响,但并没有明确禁止董事会采取反收购措施的权力。

[17] 例如,"宝万之争"事件中,宝能使用的杠杆资金存在相互套嵌现象,可能出现风险传导和交叉蔓延。一旦出现风险事件,不仅杠杆资金的委托人遭受损失,上市公司利益也难免受到损害。

[18] 美国 1968 年《威廉姆斯法案》的发起人威廉参议员在介绍法案时,认为他的提案(即对大额持股披露)着重平衡了上市公司管理层与大额持股人之间的利益。See Lucian A. Bebchuk、Robert J. Jackson、JR, "The Law and Economics of Blockholder Disclosure", *Harvard Business Law Review*, Vol. 2, Issue 1(Spring 2012), p. 45.

[19] See Securities and Exchange Commission, Beneficial Ownership Reporting Requirements and Security-based Swaps, release No. 34 - 64628. 转引自张子学:《完善我国大额持股披露制度的若干问题》,载张育军、徐明主编:《证券法苑》(第 5 卷),法律出版社 2011 年版,第 421 页。

[20] 参见高西庆:《上市公司收购中的若干法律问题》,载《证券市场导报》1993 年 11 月号。

[21] See Lucian A. Bebchuk, Robert J. Jackson, JR, "The Law and Economics of Blockholder Disclosure", *Harvard Business Law Review*, Vol. 2, Issue 1(Spring 2012), p. 56.

[22] Asic, CONSULTATION PAPER 30, Investment funds: Takeover and substantial holding relief, November 2001. 转引自张子学:《完善我国大额持股披露制度的若干问题》,载张育军、徐明主编:《证券法苑》(第 5 卷),法律出版社 2011 年版,第 426 页。

市场投资者而言，大额持股变动信息会从两个方面产生作用：一是大额股份持有人本身会对公司的决策施加影响，使公司未来的发展战略、投资计划等可能存在变数；二是大额持股变动一般会直接引起股票价格的变动，大额持股人增持股份可能对公司股价产生积极影响，而大额持股人减持股份可能对公司股价产生消极影响。也有学者认为，通过大额持股人积极监督、参与公司治理，能够对公司未来产生预期收益，公司股价未来将随着大额持股人的积极行为而大幅上涨，大额持股人通过不予披露该信息则可以获取这部分差价。[23] 总之，即便是不以收购上市公司为目的的大额持股变动，尤其是大股东的大额减持信息，将会对市场产生重大影响，其他投资者应当在获得对等信息的基础上做出投资决策。

综上，大额持股变动的监管虽然发端于上市公司收购领域，但从境外资本市场法域看，美国证监会的执法实践与联邦法域的执法实践中，持股披露的制度早已不限于收购预警；我国香港特区、欧盟针对大额持股的权益披露和上市收购分别有不同的法律规则。[24] 大额持股变动规则的规范意旨已经不局限于收购中的利益平衡，而是扩展到大额持股信息对其他市场参与者的警示。

二、我国大额持股变动法律规制的有效性不足

现行《证券法》第 86 条规定："通过证券交易所的证券交易，投资者持有或者通过协议、其他安排与他人共同持有一个上市公司已发行的股份达到百分之五时，应当在该事实发生之日起三日内，向国务院证券监督管理机构、证券交易所作出书面报告，通知该上市公司，并予公告；在上述期限内，不得再行买卖该上市公司的股票。投资者持有或者通过协议、其他安排与他人共同持有一个上市公司已发行的股份达到百分之五后，其所持该上市公司已发行的股份比例每增加或者减少百分之五，应当依照前款规定进行报告和公告。在报告期限内和作出报告、公告后二日内，不得再行买卖该上市公司的股票。"2006 年《证券法》关于大额持股变动的法律规制比 1993 年的《股票发行与交易管理暂行条例》宽松许多，究其原因，是当时证券市场交易不活跃，监管部门为促进市场的发展、增加兼并收购可能性而推动修改了规则。

在现行规定下，对于违反报告义务和公告义务的投资者，可以适用《证券法》第 193 条的规定处理；而对于违反"慢走规则"的投资者，法律适用存在较大争议。此外，《上市公司收购管理办法》第 75 条规定了中国证监会对违法行为人采取行政监督管理措施的权力。[25] 笔者认为，大额持股变动规则的核心是维持各方主体的利益平衡，评价大额持股变动规则是否严格，主要有三个指标：一是纳入法律约束的大额持股变动的范围；二是大额持股人的法定义务；三是不履行义务的法律责任。以此为标准，我国《证券法》第 86 条及相关罚则符合以下特征。

㉓ See Lucian A. Bebchuk, Robert J. Jackson, JR, "The Law and Economics of Blockholder Disclosure", *Harvard Business Law Review*, Vol. 2, Issue 1 (Spring 2012), p. 50.

㉔ 参见张子学：《完善我国大额持股披露制度的若干问题》，载张育军、徐明主编：《证券法苑》（第 5 卷），法律出版社 2011 年版，第 426 页。

㉕ 即有权对违法行为人责令改正，采取监管谈话、出具警示函、责令暂停或者停止收购等监管措施；在改正前，相关信息披露义务人不得对其持有或者实际支配的股份行使表决权。

（一）大额持股变动的法定范围过窄

首先，与英国、美国、日本及我国香港地区等成熟市场相比，我国大额持股变动的认定标准最严、调整范围最窄。前述提及，英国《披露与透明度规则》规定，投资者持有英国上市公司的股份达到3%及每增加或减少1%，即触发披露义务。美国《1934年证券法》第13－d条规定，在数量上等于或超过一类证券1%的收购或该证券的受益所有权处置将被视为是“重大的”，少于此数量的收购或处置也可能是重大的，具体取决于事实和情况。[26] 日本《金融商品交易法》第27条规定，投资者持股比例达5%及以后每增加或减少1%以上（持有股票总数没有增加或减少的除外），即须履行报告义务。[27] 而作为我国《证券法》蓝本的香港特别行政区《证券及期货条例》第308～315条规定，投资者拥有上市公司的权益达到5%以后，比例每增减达到整数点时即触发披露义务。[28] 可见，我国大额持股变动规则以“5%持股比例”的变动数量为标准，监管规则明显比境外成熟资本市场更为宽松。

其次，从国内规则体系看，《证券法》规定的大额持股变动认定标准严格，纳入监管的范围明显不足。与《上市公司收购管理办法》相比，《证券法》只规定了“通过证券交易所交易方式”的大额持股变动规则，“通过协议转让等其他方式”的大额持股变动并未纳入《证券法》的规制。《非上市公众公司收购管理办法》将“增加或者减少5%”（即其拥有权益的股份每达到5%的整数倍时）视为披露义务的触发时点，相比《证券法》规定的上市公司大额持股变动范围更广（如投资者持有非上市公众公司股份的比例从10.1%降至9.9%，也触发披露义务）。中国证监会发布的《上市公司监管法律法规常见问题与解答修订汇编》扩大了《证券法》第86条的文义解释范围，将“减持股份到5%时点”（变动数量未超5%）视为触发相关义务的情形。[29] 与自律规则相比，如《深圳证券交易所中小企业板上市公司规范运作指引》已将“控股股东、实际控制人”的大额持股变动认定标准降至“持股比例每增加或减少1%”。[30] 总之，无论是中国证监会制定的部门规章、解释规则，还是证券交易所制定的自律规则，其关于大额持股变动的认定标准均宽于《证券法》第86条规定，扩大了触发公告、报告义务的适用范围。

由此可见，从大额持股变动的法定范围来看，我国《证券法》第86条规定的“大额持股变动”标准过于严格，许多本应构成“大额持股变动”的行为并未纳入法律的调整范围，实质上放松了监管。

（二）大额持股人的法定义务“形式为严、实质为宽”

《证券法》第86条课以大额持股人两方面的义务：一是一定期限内的报告、公告义务；二是一定期限内不得再行买卖该上市公司股票的义务。有学者据此认为，我国对大量持股披露

㉖ 参见［美］路易斯·罗思、乔尔·赛里格曼：《美国证券监管法基础》，张路等译，法律出版社2008年版，第448页。

㉗ 参见《日本金融商品交易法》，朱大明译，法律出版社2015年版，第103～105页。

㉘ 参见香港特别行政区《证券及期货条例》第308～315条规定。载https://www.elegislation.gov.hk/hk/cap571！sc@2017－02－13T00:00:00？p0＝1&p1＝1，最后访问日期：2017年5月7日。

㉙ 参见《上市公司监管法律法规常见问题与解答修订汇编》第21条，载中国证监会网站：http://www.csrc.gov.cn/pub/newsite/ssgsjgb/ssbssgsjgfgzc/ywzx/201509/t20150918_284146.html，最后访问日期：2017年3月7日。

㉚ 《深圳证券交易所中小企业板上市公司规范运作指引》第4.2.25条规定：控股股东、实际控制人通过证券交易系统买卖上市公司股份，增加或者减少比例达到1%，应当在该事实发生之日起两个交易日内就该事项作出公告。

的监管要严于美国。[31] 尤其是系我国所特有的“慢走规则”,[32]相对于境外市场单一的“披露预警”制度,更是强制性地增加了收购人的时间成本,对大额持股人显著不利。因此,从大额持股人的法定义务层面看,我国《证券法》第86条的规定显然要严于其他国家。

但是,一个不可忽视的问题是,“慢走规则”在《证券法》第十一章“法律责任”部分并无直接对应的罚则,由此导致凡是违反报告、公告义务的大额持股人,也均违反了“慢走规则”。[33]对于违反《证券法》第86条规定的行为,现行《证券法》提供了两种答案:一种是《证券法》第193条,即虚假陈述责任的规定;另一种是《证券法》第213条,即收购人在上市公司收购活动中未依法履行公告、发出收购要约、报送收购报告书等义务而应承担责任的规定。[34] 上述规定均未涉及“慢走规则”的法律责任问题。即便是中国证监会勉强使用《证券法》第204条对违反“慢走规则”的行为予以处罚,但这种执法态度并未一以贯之,[35]且当事人多对此提出异议,理论上对此也存有争议。[36] 因此,鉴于执法实践中对违反“慢走规则”行为处罚的不一致性,“慢走规则”的实际法律效果远小于预期。

(三)未履行法定义务的法律责任过轻

根据《证券法》第193条的规定,大额持股变动违反公告、报告义务的,所承担的行政责任为“责令改正,给予警告,并处以三十万元以上六十万元以下的罚款”。相对于以亿为计算单位的上市公司收购金额而言,上述行政处罚力度显然过小。[37]《上市公司收购管理办法》第75条规定了比经济制裁更有效的责任,即在投资者改正前限制其行使违规增持部分的股份表决权。但是,由于“责令改正”为“对信息披露违规情形的改正,并不包括在禁止交易窗口期买卖股票的改正问题”,[38]“限制表决权行使”的责任上难以发挥实际作用,违法行为人只要事后补充公告或报告即可恢复表决权的行使。此外,有学者认为,《上市公司收购管理办法》有关表决权限制的规定,因违反《立法法》的规定、与《证券法》的规定相冲突而不具有法律效力。[39]由此导致监管部门对大额持股变动违法行为人采取“限制表决权行使”措施时,不得不考虑自身的执法风险而放弃使用。[40] 因此,大额持股变动违法行为所受到的法律制裁,仅仅是金额不

---

[31] 参见李振涛:《我国上市公司大额持股变动的法律责任探析》,载《法律适用》2016年第1期。

[32] 查诸相关主要国家和地区的立法例,并无关于上市公司权益变动“慢走规则”的规定,因此可以说“慢走规则”系我国所特有。参见吴建忠:《上市公司权益披露规则与“慢走规则”法律适用》,载《证券市场导报》2013年1月号。

[33] 中国证监会(包括派出机构)作出的113项行政处罚决定显示,所有案件的违法行为人在违反报告、公告义务的同时,均未履行停止买卖股票的义务。可见,“慢走规则”的规定对大额持股人而言形同虚设,并未形成足够的法律威慑力。

[34] 参见李振涛:《我国上市公司大额持股变动的法律责任探析》,载《法律适用》2016年第1期。

[35] 中国证监会(包括派出机构)作出的113项行政处罚决定显示,其中有44起案件适用《证券法》第204条对违法行为人予以处罚,而另外69起案件并未适用《证券法》第204条。

[36] 违反“慢走规则”是否能够适用《证券法》第204条处罚,理论上一直存在较大争议。李振涛博士认为,《证券法》第86条所述在禁止交易窗口期买卖股票行为,《证券法》第204条对应的条款是第38条,即“依法发行的股票、公司债券及其他证券,法律对其转让期限有限制性规定的,在限定的期限内不得买卖”。而《证券法》第38条主要针对投资者已经持有的股票再转让的行为。因此适用第204条处罚较为牵强。上述内容参见李振涛:《我国上市公司大额持股变动的法律责任探析》,载《法律适用》2016年第1期。徐聪博士亦认为,《证券法》第86条立法本意是允许持有者继续买卖股票,但要信息披露并让市场了解信息;《证券法》第38条立法本意就是不允许具有特殊身份的股东在一定期限内卖出股票,两者的立法本意差距是明显的。因此用《证券法》第86条同时对应第193条和第204条是不妥当的。上述内容参见徐聪:《违反慢走规则买卖股票若干争议法律问题研究》,载《法律适用》2015年第12期。

[37] 参见姚瑶:《公司收购中违反大额持股申报义务的法律责任——基于“上海新梅案”的分析例证》,载《河北法学》2017年第2期。

[38] 参见李振涛:《我国上市公司大额持股变动的法律责任探析》,载《法律适用》2016年第1期。

[39] 参见陈洁:《违规大规模增减持股票行为的定性及惩处机制的完善》,载《法学》2016年第9期。

[40] 经检索中国证监会及各派出机构的网站公开数据,目前并无一例大额持股变动违法行为被采取“限制行使表决权”的监管措施。

高的经济制裁而已。

综上所述,我国的大额持股变动规则对违法行为的规制严重不足,这种不足既体现在本应纳入调整范围的“大额持股变动”不受监管,纳入调整范围的大额持股人的法定义务形同虚设,也体现在针对大额持股变动违法行为的法律责任过轻。

三、大额持股变动规则进行趋严性建构的理论基础

过于宽松的规则将会损害市场其他投资者的利益,导致市场突袭收购频发,扰乱市场正常秩序。但是,过于严格的监管会使收购方的潜在收购行为过早地为市场所知晓,提高了其收购成本,并可能阻碍收购行为的发生。[41] 目前我国的大额持股变动规则偏于宽松,有利于促进上市公司的兼并重组以提升公司治理效率。因此,一个不容忽视的问题是:我国证券市场是否需要更加严格的大额持股变动规则?

(一)市场现状需要更加严格的大额持股变动规则

首先,中国资本市场的股权分散型上市公司逐渐增多。一个国家的股权披露规则的严格程度与该国的股权分散程度呈正相关性。[42] 随着权利保护的事实改善和风险分担的意识加强,控股股东倾向于选择股权分散的股权结构,股权分置改革也大大促进了股票自由流通,加之机构投资者开始大举进入市场,我国资本市场在悄然进入股权分散时代。[43] 截至2016年第三季度,在2900多家上市公司中,共有230家上市公司的第一大股东持股比例低于15%,[44]公司股权结构呈现分散化特征。因此,随着我国股权分散型上市公司的逐渐增多,必然要求更加严格的大额持股变动规则。

其次,市场上大股东大额减持上市公司股份现象频发。据记者统计,2016年A股市场共有1145家公司发生重要股东的大规模减持股份行为,累计减持金额达3030亿元,而其中减持金额过亿元的上市公司就有527家。[45] 而在2015年上半年,便已有1224家上市公司大股东减持股份,减持金额高达4601亿元。[46] 可见,近两年来我国资本市场上大股东大额减持股份现象频发、减持金额巨大。有学者直呼上述将市场视为“提款机”的大股东为“打劫者”,公然挑战证券法公开、公平、公正的三公原则,肆意侵吞中小股东的利益。[47] 前述评价虽然过于从道德层面指责大股东的肆意减持行为,但频繁发生的大股东大额减持行为对中小股东利益的损害不容忽视。因此,对大额减持上市公司股份行为实施更为严格的监管,是保护中小投资

---

[41] 参见苗华:《持股预警披露制度的比较研究》,载《福建金融管理干部学院学报》2007年第5期。

[42] See Michael C. Schouten、Mathias M. Siems, “The Evolution of Ownership Disclosure Rules across Countries”, *Journal of Corporate Law Studies*, Vol. 10, Issue 2(October 2010), p. 480.

[43] 参见郑志刚:《股权分散时代如何选择公司治理模式?》,载《证券市场导报》2016年第12期。

[44] 参见刘歆宇:《大股东持股不到15%这230家上市公司会被野蛮人盯上吗》,载 http://www.thepaper.cn/newsDetail_forward_1538249,最后访问日期:2017年2月28日。

[45] 参见夏芳:《1145家公司股东去年套现总计3030亿元　吉艾科技等多家公司遭遇大股东“清仓式”减持》,载证券日报网:http://www.ccstock.cn/gscy/gongsi/2017-01-11/A1484069351427.html,最后访问日期:2017年2月28日。

[46] 参见刘淑培、邬川:《今年逾千家上市公司大股东减持,套现4000亿》,载 http://finance.qq.com/a/20150709/008400.htm,最后访问日期:2017年2月28日。

[47] 参见黎四奇:《对我国上市公司股份减持法律制度的检讨与反思》,载《中南大学学报》(社会科学版)2016年第2期。

者利益的必然需要。

(二)严格的规则可以倒逼监管部门从严惩治违法行为

首先,我国大量的大额持股变动违法行为未被追究行政责任。正如有学者所述,总体上看,我国证券市场给人以不少应当披露的大额持股信息并未公开浮出水面的印象。[48] 部分违法减持行为未被监管部门采取行政处罚,而是仅采取了行政监管措施,[49]也有不少大额持股变动违法行为只被证券交易所出具了自律监管措施而未予行政处罚。[50] 可见,大量的大额持股变动违法行为被监管部门、证券交易所"内部消化",并未被实施公开的行政处罚。

其次,目前对大额持股变动违法行为的行政处罚力度明显不足。在中国证监会作出的113项行政处罚决定中,违法行为人均违反"慢走规则",甚至有投资者违规增持股份达30.31%而未进行任何披露。[51] 其中,有69起案件只依照《证券法》第193条规定给予30万元至60万元的罚款,个别案件只给予违法行为人警告的处罚。[52] 2015年以来,监管部门加重了对违规增减持行为的处罚力度,同时适用《证券法》第193条和第204条对违法行为人行政处罚,个别案件最高罚款金额达3040万元。[53] 但是,上述法律适用的思路并未一以贯之,此后的多项处罚决定又回到单一适用《证券法》第193条处罚的老路。[54] 可见,执法实践中,对大额持股变动违法行为的处罚力度仍难以产生足够的威慑力。

综上,在我国大额持股变动规则并不严格的情况下,执法实践更趋向于保守。部分违法行为仅被交易所采取自律监管措施,相当于违法成本为零;部分违法行为虽然被监管部门予以行政处罚,但处罚力度显然不足。因此,必须通过制定更加严格的大额持股变动规则,以此倒逼监管部门加强对违法行为的监管和惩处。

(三)大额持股变动的监管趋严是国际趋势

有学者通过对25个国家的股权披露规则(ownership disclosure rules)的研究,发现在1995年至2005年,各国的股权披露规则变得更加严格。[55] 并且,最近的发展表明,未来各国的股权

---

[48] 参见张子学:《完善我国大额持股披露制度的若干问题》,载《证券法苑》(第5卷)2011年第2期。

[49] 参见湖南证监局行政监管措施决定〔2016〕5号、6号,大连证监局行政监管措施决定〔2016〕8号,江苏证监局行政监管措施决定〔2016〕24号,山东证监局行政监管措施决定〔2017〕1号;经检索目前中国证监会的行政处罚决定,目前上述违法行为人并未受到行政处罚。前述决定书内容参见各证监局网站"信息公开"专栏中"上市公司行政监管措施决定"部分。此外,中国证监会自2016年9月1日起才逐渐公开上市公司的监管措施,以往类似情形或许更多,只是目前无法求证。

[50] 如深圳证券交易所"监管措施"信息公开专栏显示,2015年共对超比例增持、减持违法行为作出监管措施44项。经笔者将其与中国证监会公布的行政处罚案例对比,有15件违法增减持案件未被证监会行政处罚。载深圳证券交易所:http://www.szse.cn/main/disclosure/jgxxgk/jgcs/#。

[51] 例如,山东京博控股发展有限公司违法增持案件中,最高持股比例达30.31%,整个增持过程中并未履行披露义务,也未遵守"慢走规则",最后中国证监会对公司罚款70万元,对直接负责的主管人员罚款30万元。参见中国证监会行政处罚决定书〔2012〕6号,http://www.csrc.gov.cn/pub/zjhpublic/G00306212/201203/t20120327_207813.htm?keywords=。

[52] 参见中国证监会行政处罚决定书〔2013〕42号,载http://www.csrc.gov.cn/pub/zjhpublic/G00306212/201310/t20131029_237083.htm?keywords=。

[53] 参见中国证监会行政处罚决定书〔2015〕53号,载http://www.csrc.gov.cn/pub/zjhpublic/G00306212/201511/t20151125_287180.htm?keywords=。

[54] 2016年的行政处罚决定中,有12项行政处罚决定仅依据《证券法》第193条给予当事人行政处罚。如中国证监会行政处罚决定书〔2016〕32号、〔2016〕39号、〔2016〕100号、浙江证监局行政处罚决定书〔2016〕1号、广东证监局行政处罚决定书〔2016〕4号、〔2016〕8号等。

[55] See Michael C. Schouten, Mathias M. Siems, "The Evolution of Ownership Disclosure Rules across Countries", *Journal of Corporate Law Studies*, Vol. 10, Issue 2 (October 2010), p. 480.

披露规则可能会更加趋于严格。[56] 这种规则严格的趋势不仅体现在披露的阈值方面,监管部门还可以通过扩大触发披露的"股份"的定义来应对金融创新,也可以要求大额持股人披露更多的信息以便其他投资者和发行人能够充分评估影响。[57] 此后,美国、日本等相继修改各自的法律,实施更为严格的大额持股变动规则。

例如,美国《1934 年证券法》规定的大额持股"10 日内披露"的义务一直被认为要求过宽,2010 年通过的《多德 – 弗兰克法案》在 929R 条款增加了投资者大额持股披露的时限要求,即"在证监会依法设定的较短时限内"完成披露义务,赋予了证监会缩短披露时限的权力。[58] 甚至有学者提议证监会应当把披露窗口期从 10 日减为 1 个工作日,以应对当今市场交易量呈指数级增长、电子交易和衍生品的广泛使用等新情况对短期内积累大量股份的影响。[59]

再如,日本 2006 年将原证券交易法更名为《金融商品交易法》,并将原规定的持股比例每增减 2.5% 以上就要提交报告,修改为持股比例每增减 1% 以上即要报告。对违反大额持股报告义务的行为,《金融商品交易法》将原规定的三年以下有期徒刑或 300 万日元以下罚金或两项并罚(法人两罚制 3 亿日元以下)提高到五年以下有期徒刑或 500 万日元以下罚金或两项并罚(法人两罚制 5 亿日元以下)。[60]

四、大额持股变动规则趋严性建构的路径

如前所述,我国《证券法》第 86 条规定的大额持股变动规则在调整范围、法定义务和法律责任三个方面均有缺陷,由此导致对违规大额持股变动行为的法律规制不足。笔者认为,大额持股变动规则的趋严性建构也应当从上述三个方面切入。

(一)持股 5% 以后每增减 1% 股份作为触发相关义务的时点

我国目前将持有 5% 股份视为大股东的标志,也是触发相关义务的始点,这符合国际通行惯例。[61] 但是,对于持股达到 5% 以后的变动,仍以"增减 5%"的变动数量作为触发相关义务的标准,则显得过于宽松。衡量究竟多大的持股变动数量应当承担报告、公告等义务,核心标准是"重大性",即能够对股票交易价格产生较大影响。有学者建议,应借鉴美国、日本、韩国及我国香港地区的规定,在投资者持股 5% 以后,增减持数量达到或超过公司股份总数的 1%

---

[56] 虽然到 2005 年初步披露的阈值在 5% 左右趋于相同,但最近的发展表明,未来各国的股权披露的阈值可能会趋于 3% 左右。See Michael C. Schouten, Mathias M. Siems, "The Evolution of Ownership Disclosure Rules across Countries", *Journal of Corporate Law Studies*, Vol. 10, Issue 2(October 2010), p. 480.

[57] See Michael C. Schouten, Mathias M. Siems, "The Evolution of Ownership Disclosure Rules across Countries", *Journal of Corporate Law Studies*, Vol. 10, Issue 2(October 2010), p. 480.

[58] See Joshua Mitts, "A Private Ordering Solution To Blockholder Disclosure", *North Carolina Central Law Review*, Vol. 35, Issue 2 (2013), p. 215.

[59] See Adam O Emmerich, Theodore N Mirvis, Eric S Robinson, William Savitt, "Fair Markets and Fair Disclosure: Some Thoughts on the Law and Economics of Blockholder Disclosure, and the Use and Abuse of Shareholder Power", *Harvard Business Law Review*, Vol. 3, Issue 1(Spring 2013), p. 137.

[60] 参见庄玉友:《日本金融商品交易法述评》,载《证券市场导报》2008 年第 5 期。

[61] 截至 2005 年,世界上 25 个主要经济体国家中,有 17 个国家的大额持股初始披露时点为 5% 股份。See Michael C. Schouten, Mathias M. Siems, "The Evolution of Ownership Disclosure Rules across Countries", *Journal of Corporate Law Studies*, Vol. 10, Issue 2 (October 2010), p. 460.

时将之认定为“较大变化”是可行方案。[62] 笔者同意上述建议，认为将“增减1%”作为触发相关义务的时点，符合制度本意和实践需求。

从实际情况来看，增减5%的变动履行报告、公告义务，有利于大股东的收购或减持行为，但不利于保护中小投资者的利益。例如，上市公司收购中，允许收购人每达到5%的持股变动才须履行相关义务，固然能够降低收购人的成本，但反过来也可以理解为这些“规避的成本”是被其他中小投资者所分摊，最终由中小投资者“埋单”。再如，2015年发生的多起大股东减持事件中，大股东提前抛售5%股份以后市场才知晓减持行为，反而是中小投资者最后出售股票，此时上市公司股票价格已经下跌，利益受损的必然还是中小投资者。正如有学者所述，在规范减持事宜上，我国证券法律制度的“屁股”一开始就坐错了位置，它实质上保护的不是处于弱势地位的中小股东及散户的利益，而是大股东及作为上市公司高级代理人的利益。[63] 上市公司5%股份以上的大股东人数占比本就非常之少，而目前的规则却是以损害广大中小股东为代价维护了少数大股东利益。因此，通过将“每增减1%”作为报告、公告义务的时点，虽然增加了大股东的成本，但能够使市场上中小投资者提前知晓大股东的大规模增持或减持行为，并以此为基础做出投资决策，符合平衡大股东利益与中小投资者利益的要求。

（二）缩短“慢走规则”时限以维护制度协调性

在将增减1%作为触发相关义务的时点后，如果再延续“慢走规则”，势必又会产生“矫枉过正”的效果。美国以及我国香港地区等虽然以增减1%作为触发披露义务的时点，但这些国家和地区的法律中并未规定“慢走规则”，其规制的核心是要求大额持股人如实披露持股的变动情况，而非禁止他们继续买卖股票。在“慢走规则”的规制下，对于上市公司收购而言，如果每收购1%的股份便要停止五天交易，那么将会严重阻碍收购的市场行为，影响市场效率，而这并非大额持股变动规则的本意。[64] 此时，考虑到制度的协调性，必然需要重新审视“慢走规则”的存与废。

我国1993年生效的《股票发行与交易管理暂行条例》即确立了“慢走规则”，随后为现行《证券法》所沿用，成为我国资本市场特有的制度。当时的立法考虑是，由于当时我国通信、传播及市场分析系统均不够发达，大部分投资者对市场上的价格动态也不够敏感，所以需要让大股东们“走”慢一点，以便大多数关心市场动态的小股东们（特别是外地的股东们）可以有一点时间先了解市场的变化，然后再做决定。[65] 时至今日，随着互联网技术的发展与普及，证券市场的信息传播、通信系统已相当发达，不存在再让大股东刻意停下等待信息传递给市场的现实基础，毫无必要再让大股东停止交易2日以等待市场对公开的信息做出反应，目前15至30分钟的时间已足够市场投资者消化大额持股变动的信息。因此，从平衡利益的角度考虑，在降低触发相关义务的持股增减比例时，“慢走规则”应当予以弱化或废除。

笔者认为，现阶段还不适宜完全废除“慢走规则”。“慢走规则”的核心是保护处于弱势

---

[62] 参见陈洁：《违规大规模增减持股票行为的定性及惩处机制的完善》，载《法学》2016年第9期。

[63] 参见黎四奇：《对我国上市公司股份减持法律制度的检讨与反思》，载《中南大学学报》（社会科学版）2016年第2期。

[64] 高西庆教授认为，规则的本意并不是通过过于严格的限制来抑制大股东，阻止其利用市场收购公司股票或获取公司的控股权。参见高西庆：《上市公司收购中的若干法律问题》，载《证券市场导报》1993年第5期。

[65] 参见高西庆：《上市公司收购中的若干法律问题》，载《证券市场导报》1993年第5期。

地位的中小投资者,给他们以充分的反应时间。因此,等到大多数投资者都具备相当的经验,或变成机构投资人的时候,"慢走规则"就可以取消。[66] 目前,我国股票市场的机构投资者尚未形成主力,市场交易仍以散户为主。而一旦取消"慢走规则",意味着大额持股人在完成报告、公告义务的时刻即可以继续交易,此时大额持股人即可实现短期内大量买入或卖出的目的,相对于市场其他投资者形成不公平的优势地位。

因此,可行的方法是对现有的"慢走规则"进行弱化处理。弱化"慢走规则"有两种路径:一是缩短时限,为达到鼓励大额持股人积极履行报告、公告义务的目的,明确大额持股人履行完相关义务之前受到"慢走规则"约束,义务履行完毕后下一个交易日即可继续买卖。此种规制路径虽然在一定程度上降低了"慢走规则"对上市公司收购的限制,但收购人仍需承受每个交易日买入1%股份的制约,破坏了市场效率。

二是赋予大额持股人自由选择权,即大额持股人在履行公告义务时,选择是否披露未来30日的增持或减持计划。如果选择同时披露未来的持股变动计划,则在公告后可继续买卖该上市公司股票,不受"慢走规则"约束;如果选择不予披露未来的持股变动计划,则在作出报告、公告后两日内,不得再行买卖该上市公司的股票。此种规制路径对收购人利益予以恰当考虑,可以在一定条件下满足其快速收购的目的,但同时要求其公开未来持股计划,兼顾了其他投资者的利益,相比第一种方案是一种较优的规制路径。

(三)违法增持和违法减持行为分别设定不同的法律责任

大额持股变动违法行为的法律责任缺陷一直为学者们所诟病,目前也已有不少"药方"开出,加大惩处力度似乎成为共同呼声。有学者从解释论角度,认为禁止交易窗口期买卖股票行为应类推适用内幕交易的处理规则;[67]也有学者从立法论角度,认为未来的《证券法》应当设定超比例增持违法行为的表决权限制条款、对违法行为人实施刑罚。[68] 笔者认为,除了对大额持股变动违法行为加重法律责任外,考虑到违规增持行为和违规减持行为损害的法益不同,应当区分不同情形设定不同的法律责任。

1.违规大额增持行为应以限制表决权为主,加重行政处罚为辅助

投资者违规大额增持上市公司股份,多以对公司施加表决权影响为目的,甚至以短时间内获取控制权为目的,当然也不能排除投资者基于财务投资而违法大规模增持股份的可能。在此基础上,对违规大额增持行为设定限制表决权并辅以行政处罚的法律责任,能够有效地规制违法行为,实现目的阻断式法律制裁。

首先,限制表决权能够有效规制以收购为目的违规大额增持行为。违规者不按规定履行大额持股申报义务,是为了不将敌意收购暴露出来,其目的就是获得控制权,因此对违规方的惩罚应以使其违法目的落空为目标,而限制表决权将直接、严重影响其预期的实现。[69] 而对于以财务投资为目的的违规大额增持行为,限制表决权行使则有助于防止其投资目的的转换

---

[66] 参见高西庆:《上市公司收购中的若干法律问题》,载《证券市场导报》1993年第5期。

[67] 参见李振涛:《我国上市公司大额持股变动的法律责任探析》,载《法律适用》2016年第1期。

[68] 参见陈洁:《违规大规模增减持股票行为的定性及惩处机制的完善》,载《法学》2016年第9期。

[69] 参见姚瑶:《公司收购中违反大额持股申报义务的法律责任——基于"上海新梅案"的分析例证》,载《河北法学》2017年第2期。

(即从财务投资转换为收购),防止以财务投资为名义而实质上以实施收购为目的的规避行为。

其次,以罚款等行政处罚方式作为补充,一方面可以实现对突袭式收购的经济制裁,另一方面可以有效规制财务投资者违规获取超额收益的目的。如果是真正的财务投资者违规大额增持股份,其目的在于以较低市场价格购买股份,以期日后卖出时获取超额收益。因此,限制表决权并不能阻止其违法目的的实现,必须依靠严厉的经济制裁才能对其产生震慑。

2. 违规大额减持行为应以加重行政处罚为主,民事赔偿为辅助

大额持股人之所以违规减持,目的在于先于其他投资者在市场上卖出股份,从而实现高价套现。对违规大额减持行为,最有效的制裁方式即是经济性惩罚,大幅提高其违规成本。具体而言,经济制裁可通过加重行政处罚力度和引入民事赔偿来实现。

首先,加重行政处罚力度的目的在于提高违法成本。如前所述,目前关于大额持股变动违法行为的法定处罚幅度显然过低,违法成本与违法收益不匹配。但执法实践中个别案件适用《证券法》第204条给予违法行为人"买卖股票等额以下的罚款",给执法人员的自由裁量幅度太大,在买卖金额巨大时,反而不好处罚。[70] 因此,从便于执法角度考虑,加重处罚幅度可考虑以违法减持行为所规避的损失为标准设置一倍至五倍的罚则。

其次,民事赔偿目的在于弥补其他投资者的利益损失。提高行政处罚的幅度固然能加大震慑力度,但除了能充盈国库外,并不能弥补受害者的损失。[71] 因此,应当赋予因违法减持而受到损失的投资者以请求民事赔偿的权利。具体而言,大额持股人减持股份到法定比例需要承担报告、公告义务但未履行时,此时其他投资者可参照虚假陈述民事赔偿制度要求其承担赔偿责任。

综上,对于大额持股变动违法行为,《证券法》应当设置专门的法律责任条款,区分违法增持和违法减持行为,分别课以不同的责任。即违法增持行为人需承担违法增持股份的表决权限制和较重的行政处罚的法律后果,而违法减持行为人需承担较重的行政处罚和民事赔偿责任的法律后果。

五、结论

大额持股变动规则的设计,就是力图在两个利益之间找出一个平衡点:一方面大股东应当披露尽可能多的信息,以便投资公众得以依据更加充分的信息做出投资风险的判断;另一方面不能破坏市场效率,不能通过过于严格的限制抑制大股东,阻止其利用市场收购公司股票或获取公司的控股权。[72] 目前,我国大额持股变动规则要求大股东披露的情况过少,大股东违规增减持股份现象频发,客观上造成上述两方面的利益出现失衡。因此,我国大额持股变动规则应当进行趋严性建构。

---

[70] 参见李振涛:《我国上市公司大额持股变动的法律责任探析》,载《法律适用》2016年第1期。

[71] 参见姚瑶:《公司收购中违反大额持股申报义务的法律责任——基于"上海新梅案"的分析例证》,载《河北法学》2017年第2期。

[72] 参见高西庆:《上市公司收购中的若干法律问题》,载《证券市场导报》1993年第5期。

具体而言,可以从三个方面对《证券法》第86条进行趋严性建构:一是持股5%以上的股东每增减1%股份即需履行报告、公告义务;二是弱化"慢走规则",报告、公告义务履行前不得再继续买卖该股票,公告后是否能够继续买卖依赖于大额持股人选择是否披露未来的持股变动计划;三是区分不同违法行为的法律责任,违法增持行为人需承担违法增持股份的表决权限制和较重的行政处罚的法律后果,而违法减持行为人需承担较重的行政处罚和民事赔偿责任的法律后果。

图书在版编目(CIP)数据

商事法论集. 第30卷 / 朱慈蕴主编. -- 北京 : 法律出版社, 2019

ISBN 978 - 7 - 5197 - 3261 - 5

Ⅰ. ①商… Ⅱ. ①朱… Ⅲ. ①商法－世界－文集 Ⅳ. ①D912.290.4 - 53

中国版本图书馆CIP数据核字(2019)第044096号

商事法论集·第30卷
SHANGSHIFA LUNJI · DI 30 JUAN

朱慈蕴 主编

责任编辑 高 山 王 珊
装帧设计 李 瞻

出版 法律出版社
总发行 中国法律图书有限公司
经销 新华书店
印刷 北京虎彩文化传播有限公司
责任校对 王晓萍
责任印制 陶 松

编辑统筹 学术·对外出版分社
开本 787毫米×1092毫米 1/16
印张 11
字数 251千
版本 2019年5月第1版
印次 2019年5月第1次印刷

法律出版社/北京市丰台区莲花池西里7号(100073)
网址/www.lawpress.com.cn
投稿邮箱/info@lawpress.com.cn
举报维权邮箱/jbwq@lawpress.com.cn
销售热线/010 - 83938336
咨询电话/010 - 63939796

中国法律图书有限公司/北京市丰台区莲花池西里7号(100073)
全国各地中法图分、子公司销售电话:
统一销售客服/400 - 660 - 6393
第一法律书店/010 - 83938334/8335
西安分公司/029 - 85330678
重庆分公司/023 - 67453036
上海分公司/021 - 62071639/1636
深圳分公司/0755 - 83072995

书号:ISBN 978 - 7 - 5197 - 3261 - 5
定价:55.00元
(如有缺页或倒装,中国法律图书有限公司负责退换)